中级财务会计学习指南

（第七版）

王君彩　主编

中国财经出版传媒集团
经济科学出版社
Economic Science Press

图书在版编目（CIP）数据

中级财务会计学习指南/王君彩主编．—7 版．
—北京：经济科学出版社，2020.1（2021.2 重印）
ISBN 978－7－5218－1221－3

Ⅰ.①中…　Ⅱ.①王…　Ⅲ.①财务会计－高等
学校－教学参考资料　Ⅳ.①F234.4

中国版本图书馆 CIP 数据核字（2020）第 010530 号

责任编辑：侯晓霞　凌　敏
责任校对：郑淑艳
技术编辑：李　鹏　范　艳

中级财务会计学习指南（第七版）
王君彩　主编
经济科学出版社出版、发行　新华书店经销
社址：北京市海淀区阜成路甲 28 号　邮编：100142
教材分社电话：010－88191345　发行部电话：010－88191522
网址：www.esp.com.cn
电子邮箱：houxiaoxia@esp.com.cn
天猫网店：经济科学出版社旗舰店
网址：http://jjkxcbs.tmall.com
北京密兴印刷有限公司印装
880×1230　32 开　11 印张　300000 字
2020 年 1 月第 7 版　2021 年 2 月第 2 次印刷
ISBN 978－7－5218－1221－3　定价：35.00 元
（图书出现印装问题，本社负责调换。电话：010－88191510）

第七版前言

本书是为了与2019年1月经济科学出版社出版的中央财经大学重点教材之一《中级财务会计（第七版）》配套而修订的。目的是帮助学员很好地理解和掌握财务会计内容，理解和掌握所学重点，并通过做练习增强对会计实务的操作能力。

本书按照《中级财务会计（第七版）》教科书的章节顺序，根据该门课程的教学大纲的要求，针对教材的重点、难点精心设计了各项内容，包括：学习目的与要求；主要名词（中英文对照）；重点内容；复习思考题；练习题（包括：单项选择题、多项选择题、判断题、作业题；各章练习题的参考答案）；最后是主要参考书目。在编写过程中，我们注重理论联系实际，突出重点、难点，使各类练习题具有典型性、科学性、系统性和实用性。复习思考题力求深刻，留有发挥余地。参考答案力求准确、规范。

本书内容较多，应根据各教学层次要求选择使用。本书除适用于财经类本科、专科使用外，也可作为会计职称考试辅导参考资料，还可作为教师备课和命题的参考书。

第六版是在2012年1月由王君彩担任主编的，由刘彩霞、杨金观、余应敏、刘桔、宗文龙、王君彩参加编写的《中级财务会计学习指南》基础上修改的。第六版参加修改的有：王君彩、刘彩霞、宗文龙、余应敏、郑海英。本书是在第六版的基础上，由王君彩担任主编，参加修改的有：刘彩霞、宗文龙、余应敏、郑海英、陈玥。

这次修订一是将有些习题和答案进行了调整和补充，尤其是对投资、收入、报表等部分做了较大修改；二是对发现的错误进行了更正。书中难免还有错误和疏漏之处，恳请读者批评指正。

王君彩

2019 年 10 月

目　录

第一部分　指南内容

第二部分　练习题参考答案

第一部分

指南内容

第一章　总　　论

学习目的与要求

学习本章首先要理解社会经济环境与会计的关系及会计目标。通过本章的学习，掌握会计目标的概念及我国会计目标；理解社会经济关系对会计及会计对社会经济环境的影响关系；熟悉会计的各种分类。

主要名词（中英文对照）

1. 会计	accounting
2. 会计目标	accounting objective
3. 财务会计	financial accounting
4. 管理会计	managerial accounting

重点内容

1. 会计目标的概念。会计目标是开展会计工作所要达到的目的。主要包括以下三个方面理论问题：

（1）会计信息的用途；

（2）提供会计信息的对象；

（3）什么是有用的会计信息。

2. 我国的会计目标的内容。在我国，会计目标主要包括以下三个方面：

（1）会计应该为国家宏观经济管理和调控提供会计信息；

（2）会计要为企业内部经营管理提供会计信息；

（3）会计要为企业外部与企业有经济利害的各种关系人提供用于评价企业经营业绩的会计信息。

3. 会计的分类。按不同的标准，有不同的分类。

（1）按照信息使用者的不同，可以分为财务会计和管理会计；

（2）按照为之服务的对象是否产生盈利，分为盈利组织会计和非盈利组织会计；

（3）按照应用的范围不同，可以分为工业会计、农业会计、商业会计等多种；

（4）按照特定的业务性质，可以分为租赁会计、税务会计等多种专门会计；

（5）按照其内容和管理规范要求的不同，可以分为中小企业会计、金融企业会计和一般企业会计。

复习思考题

1. 何谓社会经济环境？

2. 社会经济环境与会计的关系如何？

3. 会计目标主要涉及哪些理论问题？

4. 会计信息有何用途？哪些人需要会计信息？

5. 对会计可以进行怎样的分类？

6. 简述财务会计的基本特征。

7. 请你谈一谈财务会计的目标是什么，如何才能更好地实现此目标。

练习题

（一）单项选择题

1. 财务会计的目标在于（ ）。
   A. 进行会计核算　　B. 实施会计监督
   C. 编制财务报告　　D. 提供会计信息
2. 下列说法错误的是（ ）。
   A. 管理会计工作不仅要反映过去，而且要能动地利用历史信息来预测前景、参与决策、规划未来、控制和评价一切经济活动
   B. 管理会计是向企业内部各级经营管理人员提供用于短期和长期经营决策、制订计划、指导和控制企业生产经营活动的信息的对内报告会计
   C. 财务会计为企业外部信息使用者服务，管理会计为企业内部信息使用者服务，二者服务对象严格区分，不能交叉
   D. 财务会计主要任务是向企业外部的有关利益集团和个人提供反映企业经营成果和财务状况及其变动情况的会计报表

（二）多项选择题

1. 会计对社会经济环境的影响表现在（ ）。
   A. 为整个国民经济宏观调控提供真实可靠的信息资料
   B. 对企业微观经济管理活动具有重要影响
   C. 对企业外部与企业有经济利害的关系人具有重要影响
   D. 保证合法有序的证券交易和管理
2. 我国的会计目标可以细分为（ ）三部分。

A. 会计应当为国家宏观经济管理提供会计信息
B. 会计要为企业内部经营管理提供会计信息
C. 会计只为企业的投资人和债权人提供相关会计信息
D. 会计要为企业外部与企业有经济利害关系的各种关系人提供用于评价企业经营业绩的会计信息

3. 会计按照信息使用者不同可以分为（　　）。

A. 租赁会计　　B. 管理会计
C. 农业会计　　D. 财务会计

（三）判断题

1. 财务报告的目标会影响到财务会计对其要素的确认、计量与记录，而财务会计的目标最终需要通过财务会计报告来实现。（　　）

2. 财务会计目标规定了使用者需要哪些信息，却不明确可提供的信息应达到什么样的质量标准，一般认为会计信息的质量特征可理解为会计目标的必要补充。（　　）

3. 会计信息要与投资者、债权人等使用者的投资和信贷决策相关，就必须通过帮助使用者对过去、现在和将来事件的结果做出预测或者是证实或改正先前的期望，从而具备在决策中导致差别的能力。（　　）

第二章 财务会计概念框架与企业会计准则

学习目的与要求

重点理解财务会计概念框架的概念和作用，掌握财务会计概念框架的内容；把握国际会计准则和会计准则国际化的含义；明确企业会计准则的性质和作用，了解我国企业会计准则的产生和发展。

主要名词（中英文对照）

1. 财务会计概念框架	conceptual framework of financial accounting
2. 会计主体	accounting entity
3. 会计假设	accounting assumption

重点内容

1. 财务会计概念框架的概念。财务会计概念框架是基于财务会计的基本假设和基本假定，以目标为导向而形成的一整套相互关联、协调一致的会计概念（理论）体系。

2. 财务会计概念框架的内容。

（1）基本假设和基本假定。

① 会计主体；

② 持续经营；

③ 会计分期；

④ 以货币为基本计量单位。

（2）财务报表的目标。

（3）财务会计信息质量特征。

（4）财务会计要素及确认与计量。

3. 我国企业会计准则的内容、性质及作用。2006 年 2 月 15 日颁布的新的企业会计准则体系由 1 项基本准则、38 项具体准则和应用指南构成。

复习思考题

1. 财务会计概念框架的层次组成如何，不同层次在财务会计概念框架中所起的作用是什么？

2. 简述财务会计概念框架的构成内容。

3. 财务会计的质量特征包括哪两个方面，如何协调二者之间的关系？

4. 会计计量模式包括哪几种？各种计量模式的适用条件。

5. 比较中国的会计准则同美国的财务会计准则（FAS）、英国的财务报告准则（FRS）和国际会计准则（IAS）的异同，如何进一步完善中国的会计准则体系？

练习题

（一）单项选择题

1. 下列各项中，体现谨慎性原则的是（　　）。

A. 采用直线法摊销无形资产

B. 对应收账款计提坏账准备

C. 采用加权平均法对存货计价

D. 当期收入与其相关的成本费用相互配比

2. 会计核算的一般原则中，要求前后期间提供相互可比的会计信息的是（ ）。

A. 可比性原则 B. 明晰性原则
C. 及时性原则 D. 客观性原则

3. 企业不应低估负债或费用、高估资产或收益，体现的会计信息质量要求是（ ）。

A. 谨慎性 B. 重要性
C. 可理解性 D. 实质重于形式

4. 财务会计概念框架的前提是（ ）。

A. 财务会计的基本假设和基本假定
B. 财务会计的目标
C. 会计信息质量和财务会计报表要素的确认与计量
D. 会计信息使用者的要求

5. 在会计核算的基本前提中，属于企业会计处理方法和程序的前提条件，也是企业会计处理方法和程序保持稳定的前提条件的是（ ）。

A. 会计主体 B. 会计分期
C. 持续经营 D. 货币计量

6. 企业会计核算必须以实际发生的交易或事项为依据进行会计确认、计量和报告，如实反映财务状况和经营成果，这体现的会计信息质量要求是（ ）。

A. 谨慎性 B. 可靠性
C. 可比性 D. 重要性

7. 在历史成本/名义货币、历史成本/不变购买力、现行成本/名义货币和现行成本/不变购买力四种计量模式中，当前通用的计量模式是（ ）。

A. 历史成本/名义货币 B. 历史成本/不变购买力
C. 现行成本/名义货币 D. 现行成本/不变购买力

8. 关于“我国企业会计准则作用”的表述中，错误的是（ ）。

A. 为其他准则（如具体业务核算与会计报告准则）提供理论基础

B. 为其他准则（如具体业务核算与会计报告准则）提供一般原则

C. 是准则中的准则

D. 不对企业会计制度起规范作用

（二）多项选择题

1. 下列属于财务会计概念框架体系业务操作层次的有（ ）。

A. 确认标准　　B. 财务会计报告

C. 计量单位与属性　　D. 会计报表要素

2. 下列关于财务会计概念框架对会计理论与实务的影响表述正确的有（ ）。

A. 为会计与报告准则的建设与完善提供了一定的理论支持

B. 为会计与报告准则的建设与完善提供了详细的技术支持

C. 有助于提高准则制定的效率

D. 促进了会计准则进一步向着规范化、国际化方向发展

3. 下列组织可以作为一个会计主体进行核算的有（ ）。

A. 独资企业

B. 销售部门

C. 分公司

D. 母公司及其子公司组成的企业集团

4. 会计信息质量特征的普遍约束条件有（ ）。

A. 效益大于所费成本　　B. 谨慎性

C. 重要性　　D. 实质重于形式

5. 会计信息的可靠性源自（ ）。

A. 反映真实性　　B. 可核性（可验证性）

C. 中立性　　D. 重要性

6. 会计信息的相关性必须具有的属性有（　　）。

A. 必须通过财务会计报告来提供

B. 必须具有预测价值

C. 必须具有反馈价值

D. 必须具有及时性或时效性

7. 确认一个项目和有关的信息要符合的标准有（　　）。

A. 符合要素定义　　B. 可计量性

C. 相关性　　D. 可靠性

8. 将计量单位与计量属性相结合就构成了各种计量模式，通常的计量模式包括（　　）。

A. 历史成本/名义货币　　B. 历史成本/不变购买力

C. 现行成本/名义货币　　D. 现行成本/不变购买力

9. 企业会计准则的作用包括（　　）。

A. 是企业财务会计中进行会计要素确认、计量、记录与编制财务会计报告的技术规范

B. 是确定、评估和提高会计信息质量的重要依据或保证

C. 是规范证券市场信息披露、作为市场准入的一项重要规则

D. 是协调各利益相关者经济利益的有效机制

10. 下列各项中，属于我国会计核算原则的包括（　　）。

A. 客观性　　B. 实质重于形式

C. 持续经营　　D. 重要性

（三）判断题

1. 所谓“公认会计原则”，就是指财务会计报表或财务报告的编制要遵循一定的准则而不受任何主观偏见和在会计处理上前后不一致带来的影响。（　　）

2. 一般而言，法律主体必定是会计主体，但会计主体不一定是法律主体。（ ）

3. 会计主体与报告主体是相同的。在存在多个分部的企业里，各分部作为会计主体进行核算的同时也必须向外编送财务报告。（ ）

4. 在会计实务中，相关性与可靠性之间通常能达到统一，一般不需要在二者间加以权衡。（ ）

5. 会计的计量实际上也是一个动态的过程，往往不能一次性完成，多数情况下，随着业务的进行，计量属性随着计量模式会不断地发生改变。（ ）

6. 一般而言，会计准则的制定模式决定了会计准则的地位与权威性，从而直接影响着准则的实施效率与效果。（ ）

7. 有人说，会计要素就是构成会计报表的基本单位。（ ）

8. 在我国境内的企业只能以人民币作为记账本位币。（ ）

9. 根据划分收益性支出和资本性支出原则，某项支出不是收益性支出就是资本性支出。（ ）

10. 某一会计事项是否重要，在很大程度上取决于会计人员的职业判断。对于同一会计事项，在某一企业具有重要性，在另一企业则不一定具有重要性。（ ）

11. 企业一定时期发生损失，则其所有者权益一定减少。（ ）

第三章　货币资金

学习目的与要求

本章重点理解和熟悉货币资金的内容、内部控制规范及核算方法，以保证企业货币资金的安全完整。要求熟悉国家的现金管理制度和银行管理办法；熟悉银行支付结算办法的内容及其有关具体规定；掌握银行存款核对及银行存款余额调节表的编制方法；掌握其他货币资金的内容及其账务处理。

主要名词（中英文对照）

1. 现金	cash
2. 银行对账单	bank statement
3. 银行存款余额调节表	bank reconciliation
4. 本票	promissory notes
5. 支票	checks
6. 汇票	money orders
7. 应收票据	notes receivable
8. 应收账款	accounts receivable
9. 现金折扣	cash discount
10. 商业折扣	trade discount
11. 坏账	bad debts
12. 备抵法	allowance method
13. 账龄分析法	aging method

重点内容

1. 货币资金是指企业生产经营过程中处于货币形态的资产，包括库存现金、银行存款和其他货币资金。

2. 库存现金管理制度的内容主要包括：现金的使用范围、库存限额、不准“坐支”以及其他规定。

3. 银行存款的管理和控制。根据我国《支付结算办法》规定，单位、个人和银行应当按照《银行账户管理办法》的规定开立、使用账户。银行存款账户分为基本存款账户、一般存款账户、临时存款账户和专用存款账户。

基本存款账户是企业办理日常转账结算和现金收付的账户。一个企业只能选择一家银行的一个营业机构开立一个基本存款账户。企业可在基本存款账户以外的其他银行的一个营业机构开立一个一般存款账户。一般存款账户可办理转账结算和存入现金，但不能支取现金。临时存款账户是企业因临时经营活动需要开立的账户，如企业异地产品展销、临时性采购资金等。专用存款账户是企业因特定用途需要开立的账户，如基本建设项目专项资金、农副产品资金等，企业的销售款不得转入专用存款账户。

银行支付结算办法包括银行汇票、商业汇票、银行本票、支票等票据，信用卡以及汇兑、托收承付、委托收款、信用证等结算方式。

其他货币资金的核算。其他货币资金包括外埠存款、银行汇票存款、银行本票存款、信用卡存款、信用证保证金存款、存出投资款等。

复习思考题

1. 简述现金的概念与范围。

2. 现金管理制度的主要内容有哪些？

3. 货币资金内部控制的主要内容有哪些？

4. 银行存款账户如何开立和正确使用？

5. 如何编制银行存款余额调节表？

6. 银行支付结算种类有哪些？它们的主要内容、注意事项以及优缺点有哪些？其账务处理是怎样的？

7. 其他货币资金的内容有哪些？如何进行账务处理？

练习题

（一）单项选择题

1. 在我国会计核算中的货币资金是指（　　）。

A. 银行存款

B. 库存现金

C. 有价证券

D. 库存现金、银行存款、其他货币资金

2. 企业办理日常转账结算和现金收付的账户是（　　）。

A. 基本存款账户　　B. 一般存款账户

C. 临时存款账户　　D. 专用存款账户

3. 有一张托收承付第四联价款5 000元的凭证，月末未从银行取回。在编制“银行存款余额调节表”时应（　　）。

A. 在“银行对账单余额”项下，加：5 000元

B. 在“银行对账单余额”项下，减：5 000元

C. 在“企业存款日记账余额”项下，加：5 000元

D. 在“企业存款日记账余额”项下，减：5 000元

4. 银行汇票的付款期为（　　）。

A. 10天　　B. 1个月

C. 3个月　　D. 6个月

5. 支票的付款期为（　　）日。

A. 5　　B. 10

C. 3　　D. 20

6. 下列各项中，不通过“其他货币资金”科目核算的是（　　）。

A. 信用证存款　　B. 备用金

C. 银行本票存款　　D. 外埠存款

7. 企业一般不得从本单位的现金收入中直接支付现金，因特殊情况需要支付现金的，应事先报经（　　）审查批准。

A. 上级主管部门　　B. 本企业单位负责人

C. 财税部门　　D. 开户银行

8. 企业发现现金长、短款，在查明原因处理之前，应在（　　）科目核算。

A. “其他应收款”　　B. “其他应付款”

C. “管理费用”　　D. “待处理财产损溢”

9. 按照企业会计制度的规定，下列票据中应通过应收票据核算的是（　　）。

A. 银行汇票　　B. 银行本票

C. 商业汇票　　D. 银行支票

10. 企业将款项汇往外地开立采购专用账户时，应借记的会计科目是（　　）。

A. “物资采购”　　B. “委托收款”

C. “应收账款”　　D. “其他货币资金”

（二）多项选择题

1. 按照《现金管理暂行条例》规定，下列各业务可以使用现金的有（　　）。

A. 支付工人工资 20 000 元

B. 向某农民采购农副产品 10 000 元

C. 某职工交回差旅费余款 200 元

D. 购买一台机床 20 000 元

2. 下列款数，符合定额银行本票面额规定的有（　　）元。

A. 100　　B. 500

C. 10 000　　D. 50 000

3. 商业承兑汇票到期日，付款人存款账户不足支付，则（　　）处理。

A. 开户银行应将汇票还给收款人，并对付款人处以罚金

B. 收款单位作：借：应收账款，贷：应收票据

C. 付款单位作：借：应付票据，贷：短期借款

D. 付款单位作：借：应付票据，贷：应付账款

4. 下列事项中，（　　）符合现金管理的有关规定。

A. 企业对于当日送存现金有困难的，由开户银行确定送存时间

B. 因特殊情况需要坐支现金的，应当事先报经开户银行审批

C. 企业从开户银行提取现金，只要由本单位出纳人员签字盖章即可

D. 如果现金长短款是由于单据丢失或记账产生的差错，应补办手续入账或更正错误

5. 下列银行结算方式中，若无商品交易就不能使用的结算方式有（　　）。

A. 托收承付　　B. 支票

C. 商业承兑汇票　　D. 银行承兑汇票

6. 下列项目中包含在资产负债表中“货币资金”项目中的有（　　）。

A. 银行汇票存款　　B. 在途货币资金

C. 信用保证金存款　　D. 备用金

（三）判断题

1. 企业财会部门的出纳人员可以兼管收入、费用、债权、债务等账簿的登记工作。（ ）

2. 将现金存入银行或从银行提取现金可以编制付款凭证，也可编制收款凭证。（ ）

3. 一个企业只能选择一家银行的一个营业机构开立一个基本存款账户。（ ）

4. 银行存款余额调节表是用来核对账目的，不能作为记账的凭证。（ ）

5. 收款人将银行汇票背书转让时，可以超过出票金额的实际结算金额。（ ）

6. 按现行规定，商业汇票的付款期限，最长不得超过9个月。（ ）

7. 办理托收承付款项，必须是商品交易，包括代销、寄销、赊销商品的款项。（ ）

8. 单位信用卡账户的资金一律从其基本存款账户转账存入。（ ）

9. 银行本票可以背书转让。（ ）

10. 企业将款项委托开户银行汇往采购地银行，开立采购专户应借记“银行存款”。（ ）

（四）作业题

1. **资料：**某企业为一般纳税人，申请办理银行本票50 000元，进行采购业务，采购员持发票等报销凭证46 800元予以报销，材料已验收入库。余款退回。

要求：编制有关会计分录。

2. **资料：**某企业对现金清查后，发现现金短缺5 000元，经细查后发现其中3 000元是由出纳员造成的，其余的2 000元不能查明原因，作为管理费用处理。现金溢余 1 500 元，经细查后不能查清原因。

要求： 编制有关会计分录。

3. **资料：** 假设某企业 20××年 3 月发生如下各项经济业务：

（1）2 日出纳员开出现金支票（0615），向银行提取现金 100 元，以备零星现金支用。

（2）3 日付总务部门报销办公用品一批计 25 元。

（3）4 日出纳员开出现金支票（0616）向银行提取现金 19 213 元，供发放本月工资用。

（4）5 日将本月工资 19 213 元如数发给职工。

（5）8 日付李立报销市内交通费 10 元。

（6）15 日将本厂零售部门交来零星货款收入现金 250 元入账。

（7）16 日将零星货款收入 250 元以送款单（2007）存入银行。

（8）20 日王山出差上海，来电要求汇回程旅费 50 元（信汇 108）。

（9）22 日支付市内材料运费 300 元，签付 0857 转账支票一张。

（10）25 日收到银行收款通知（托收承付 NO：1036 收款通知联），托收龙岩机械厂货款 1 000 元，已经收账。

（11）30 日向市第一百货公司购买材料一批计 150 元已入库，签付 0858 转账支票一张。

（12）31 日收到红星机械厂转账支票（9184）一张计 200 元，偿还前欠款。

附银行 20××年 3 月对账单一份（如表 3－1 所示），现金日记账期初余额为 50 元，银行存款日记账期初余额为 21 500 元。

表 3－1 中国××银行对账单

户名：××厂 账号：580000 单位：元 第1页

××年		摘要种类	凭证号码	收入	付出	收或付余额
月	日					
3	1	月初余额				收 21 500
	2	现	0615		100	21 400
	4	现	0616		19 213	2 187
	16	送	2007	250		2 437
	20	信汇	108		50	2 387
	22	转	0857		300	2 087
	25	托收	1036	1 000		3 087
	30	无	036		40	3 047
	31	托收	1050	18 000		21 047

要求：

（1）根据经济业务编制收、付款凭证。

（2）根据收、付款凭证登记现金日记账和银行存款日记账，并进行结账。

（3）根据银行存款日记账与银行对账单进行核对，并编制“银行存款余额调节表”。

4. **资料：**假设某企业某年某月发生如下经济业务：

（1）3日企业按规定存入银行8 000元，并取得银行本票一张。

（2）5日企业将20 000元汇往采购地上海淮海路银行，以便采购员李玉采购材料，汇款手续已办妥。

（3）6日购买原材料一批，增值税专用发票上注明原材料价款20 000元，增值税3 400元，开出商业承兑汇票一张，材料已验收入库。

（4）7 日企业按规定将款项 20 000 元存入银行，并取得银行汇票一张。

（5）10 日企业法人代表人将 5 000 元支票一张连同其他所需资料送交银行，申请办理信用卡，经银行审查，发给信用卡。

（6）15 日购入原材料一批，货款 7 500 元，未取得增值税专用发票，用银行本票支付，材料已验收入库。

（7）17 日收到开户银行通知，将未用完的银行本票余额转回银行结算户。

（8）20 日去上海进行材料采购的李玉，寄回采购材料的发票及运输凭证，增值税专用发票上注明的价款为 15 000 元，增值税 2 550元，材料已验收入库。

（9）25 日企业支付 6 个月期限到期的商业承兑汇票 180 000 元。

（10）30 日，购入原材料一批，增值税发票上注明价款为 10 000元，增值税为 1 700 元，用银行汇票支付。

要求：根据上述经济业务，编制会计分录（列示明细科目）。

5. **资料：**某公司于2018 年 1 月 31 日在工商银行的银行存款余额为256 000元，银行对账单余额为 265 000 元，经查有下列未达账项：

（1）企业于月末存入银行的转账支票 2 000 元，银行尚未入账。

（2）委托银行代收的销货款 12 000 元，银行已经收到入账，但企业尚未收到银行的收款通知。

（3）银行代付本月电话费 4 000 元，企业尚未收到银行付款通知。

（4）企业于月末开出转账支票 3 000 元，持票人尚未到银行办理转账手续。

要求：根据所给资料填制以下银行存款余额调节表（见表 3－2）。

表 3-2　　**银行存款余额调节表**

2018 年 1 月 31 日

单位：元

项　　目	金　额	项　　目	金　额
银行对账单余额		企业存款日记账余额	
加：		加：	
减：		减：	
调节后的余额		调节后的余额	

第四章　应收及预付款项

学习目的与要求

学习本章的目的是理解和掌握应收款项的基本理论及其核算方法。要求熟悉应收及预付款项的基本内容；掌握应收票据、应收账款、预付账款、其他应收款的确认、计量和核算方法，以及应收款项减值的测试、确认、计量和减值损失的核算方法。

主要名词（中英文对照）

1. 应收票据	notes receivable
2. 银行承兑汇票	bank acceptance
3. 商业承兑汇票	trade acceptance
4. 带息票据	interest-bearing note
5. 不带息票据	non-interest-bearing note
6. 出票人	maker
7. 持票人	holder
8. 到期日	due date
9. 到期值	maturity value
10. 面值	face amount
11. 应收票据贴现	notes receivable discounted
12. 贴现期	discount period
13. 贴现率	discount rate
14. 应收账款	accounts receivable

15. 商业折扣	trade discount
16. 现金折扣	cash discount
17. 坏账	bad account
18. 直接转销法	direct write - off method
19. 备抵法	allowance method
20. 账龄分析法	aging method
21. 坏账准备	bad debt reserves
22. 预付账款	advance money
23. 其他应收款	other notes receivable

重点内容

1. 应收票据的取得、期末计息、贴现、到期收回票款的账务处理方法。

设置"应收票据"科目，收到时，借记"应收票据"，贷记"主营业务收入""应交税费——应交增值税（销项税额）"等科目；期末计息时，借记"应收票据"，贷记"财务费用"；贴现时，符合终止确认条件时，借记"银行存款、财务费用"科目，贷记"应收票据"；到期收回票款时，借记"银行存款"，贷记"应收票据"。

2. 应收账款的初始计量及其账务处理方法。

应收账款按公允价值进行初始计量，通常为从购货方应收的合同或协议价款。商业折扣不需要在买卖双方任何一方的账上反映，对应收账款的入账价值的确认没有影响；对于现金折扣，我国采用总价法进行核算。

3. 应收款项减值损失的测试、计量及其账务处理方法。

应收账款减值损失的核算方法有：直接转销法和备抵法。我国采用备抵法。估计坏账损失的方法有应收款项余额百分比法、账龄分析法和销货百分比法。

4. 预付账款和其他应收款的内容及其账务处理方法。

预付账款是指企业按照购货合同规定预先支付给供货方的款项。其他应付款是指企业除应收票据、应收账款、预付账款等以外的其他各种应收及暂付款项。

复习思考题

1. 什么是应收款项？它包括哪些内容？
2. 应收款项应当于何时加以确认？
3. 怎样对应收款项进行计量？
4. 什么是应收票据？它是如何分类的？
5. 如何对应收票据进行初始计量？
6. 应收票据的取得、期末计息和到期收回票款应如何进行账务处理？
7. 什么是应收票据的贴现？应如何进行账务处理？
8. 什么是应收账款？如何对应收账款进行初始计量？
9. 商业折扣和现金折扣有何异同？
10. 如何测试和计量应收款项的减值损失？
11. 对应收款项的减值损失应如何进行账务处理？
12. 什么是预付账款？应如何进行账务处理？
13. 其他应收款包括哪些内容？应如何进行账务处理？

练习题

（一）单项选择题

1. 甲公司2017年6月10日销售产品一批，价款500万元，增值税税率17%，收到期限为6个月的商业承兑汇票一张，年利率为6%。该票据到期时，收到的票款为（　　）万元。

A. 500　　B. 585

C. 598.65　　D. 602.55

2. 乙企业赊销商品一批，标价100万元，商业折扣10%，增值税税率为17%，现金折扣条件为2/10，1/20，n/30。折扣不考虑增值税。乙企业销售商品时代垫运杂费0.5万元，乙企业按总价法核算，则该笔应收账款的入账金额为（　　）万元。

A. 90　　B. 100

C. 105.8　　D. 117.5

3. 在企业按期计提坏账准备的情况，对于已实际发生的坏账损失，应借记（　　）。

A. “坏账准备”账户　　B. “信用减值损失”账户

C. “管理费用”账户　　D. “财务费用”账户

4. 商业承兑汇票的承兑人一般是（　　）。

A. 收款人　　B. 付款人

C. 收款人开户银行　　D. 付款人开户银行

5. 已办理贴现的商业承兑汇票到期，如果付款单位和贴现申请人的银行存款余额均不足支付票款时，银行将作（　　）。

A. 付款单位的逾期贷款处理

B. 付款单位开户行的逾期贷款处理

C. 贴现申请人的逾期贷款处理

D. 贴现申请人开户行的逾期贷款处理

6. 某企业于6月8日将所收甲公司3月10日签发并经银行承兑的商业汇票到银行申请贴现。该票据的面值为20 000元，票面年利率为12%，期限为120天（到期日为7月8日）。已知银行的贴现年利率为9%，则该票据的贴现净额为（　　）元。

A. 20 800　　B. 20 000

C. 20 176　　D. 20 644

7. 甲企业将销售产品所取得的银行承兑汇票背书转让给乙企业，用于支付购买原材料价款时，应贷记的账户是（　　）。

A. “应收账款”　　B. “应收票据”

C. “应付票据”　　D. “银行存款”

8. 2018 年 7 月 18 日，企业将所收到的出票日为 5 月 20 日、期限为 180 天、面值为 100 000 元的票据到银行申请贴现。该票据的贴现天数为（　　）天。

A. 180　　B. 122

C. 120　　D. 121

9. 不单独设置“预付账款”账户的企业，对其预付给供货单位的货款，应当记入（　　）。

A. “应收账款”账户的贷方

B. “应付账款”账户的借方

C. “应付账款”账户的贷方

D. “其他应收款”账户的借方

10. 甲公司按应收款项余额的 5% 计提坏账准备，2018 年 1 月 1 日“坏账准备”科目贷方余额 180 万元。2018 年 12 月 31 日应收账款余额 5 800 万元（其中含预收乙公司账款 200 万元）、其他应收款余额 500 万元。2018 年甲公司实际发生坏账 230 万元，已转销的坏账又收回 150 万元，则甲公司 2018 年末应计提的坏账准备为（　　）万元。

A. 190　　B. 205

C. 215　　D. 225

11. 丁公司坏账核算采用备抵法，并按应收款项余额百分比法计提坏账准备，各年计提比例假设均为年末应收款项余额的 8%。2016 年初“坏账准备”账户的贷方余额为 68 000 元；2016 年客户甲单位所欠 20 000 元按规定确认为坏账，应收款项年末余额为 950 000元；2017 年客户乙单位破产，所欠款项中有 6 000 元无法收回，确认为坏账，年末应收款项余额为 900 000 元，2018 年已冲销的甲单位所欠 20 000 元账款又收回 15 000 元，年末应收款项余额为 1 000 000 元，则该公司在上述 3 年内对应收款项计提坏账准备累计计入信用减值损失的金额为（　　）元。

A. 4 000　　B. 12 000

C. 23 000　　D. 30 000

12. 下列会计事项中，不能表明企业金融资产发生减值的是（　　）。

A. 债权人出于经济或法律等方面因素的考虑，对发生财务困难的债务人作出让步

B. 债务人可能被吸收合并

C. 因发行方发生严重财务困难，使该金融资产无法在活跃市场继续交易

D. 权益工具投资的公允价值发生严重或非暂时性下跌

13. 甲公司于2018年3月29日销售给乙公司产品一批，4月2日收到乙公司交来的一张出票日为4月1日、面值为585万元，票面年利率为3%，期限为6个月的商业承兑汇票一张；6月30日计提了3个月的利息。甲公司于7月1日持票到银行贴现，贴现期为3个月，年贴现率为4%；甲公司在贴现时应确认的财务费用为（　　）元。

A. −28 372.5　　B. 15 502.5

C. 31 005.0　　D. 59 377.5

14. 甲公司4月29日以117 000元（含税）出售一批产品给乙公司，并收到乙公司交来的出票日为5月1日、面值为117 000元、期限为3个月的商业承兑无息票据。甲公司于6月1日持该票据到银行贴现，贴现率为12%。如果本项贴现业务不满足金融资产终止确认条件，则甲公司收到银行贴现时应贷记（　　）。

A. “应收票据”114 660元　　B. “应收票据”117 000元

C. “短期借款”114 660元　　D. “短期借款”117 000元

（二）多项选择题

1. 下列项目中，应通过“应收票据”科目核算的有（　　）。

A. 银行汇票
B. 银行承兑汇票
C. 商业承兑汇票
D. 银行本票

2. 商业汇票的签发人可以有（　　）。
A. 收款人
B. 付款人
C. 承兑申请人
D. 承兑银行

3. 下列项目中，应通过“应收账款”账户核算的有（　　）。
A. 应收销售产品代垫的运杂费
B. 拨付内部单位备用金
C. 应收销售产品货款
D. 应收的各种赔款

4. 下列各项中，应记入“坏账准备”账户借方的有（　　）。
A. 按规定提取的坏账准备
B. 收回已确认为坏账并转销的应收账款
C. 实际发生的坏账损失
D. 冲回多提的坏账准备

5. 下列各项中，应在“其他应收款”账户中核算的有（　　）。
A. 应收出租包装物的租金
B. 应收保险公司的各种赔款
C. 应向职工收取的各种垫付款
D. 为供货单位代垫的运费

6. 下列各项中，会引起期末应收账款账面价值发生变化的有（　　）。
A. 收回应收账款
B. 收回已转销的坏账
C. 计提应收账款坏账准备
D. 结转到期不能收回的应收票据

7. 下列各项中，构成应收账款入账价值的有（　　）。
A. 赊销商品的价款
B. 代购货方垫付的保险费

C. 代购货方垫付的运杂费

D. 销售货物发生的商业折扣

8. 企业在采用备抵法核算坏账损失时，估计坏账损失的方法有（ ）。

A. 账龄分析法　　B. 销货百分比法

C. 加权平均法　　D. 应收款项余额百分比法

9. 下列会计事项中，表明企业金融资产发生减值的客观证据有（ ）。

A. 债权人出于经济或法律等方面的考虑，对发生财务困难的债务人做出让步

B. 债务人违反了合同条款不能按期偿付利息和本金

C. 债务人进行同一控制下的企业合并

D. 债务人将设备以明显低于市场价格的价格出售给关联方

10. 下列会计事项中，应通过“其他应收款”科目核算的有（ ）。

A. 租入包装物支付的押金

B. 拨付各车间的备用金

C. 存出投资款

D. 为取得信用卡按规定存入银行的款项

（三）判断题

1. 企业持未到期的带息应收票据向银行贴现，应按实际收到的款项，借记“银行存款”科目，按票据面额，贷记“应收票据”科目。（ ）

2. 无论是商业承兑汇票还是银行承兑汇票，付款人都负有到期无条件支付票款的责任。（ ）

3. 商业汇票按承兑人不同分为商业承兑汇票和银行承兑汇票。其中，商业承兑汇票由付款人承兑，银行承兑汇票由收款人承兑。（ ）

4. 企业采用直接转销法或者备抵法核算发生的坏账损失，其

确认坏账的标准是不同的。 （ ）

5. 应收款项属于企业的一项金融资产。 （ ）

6. 在备抵法下，企业将不能收回的应收账款确认为坏账损失时，应计入资产减值损失，并冲销相应的“应收账款”账户。 （ ）

7. 企业为客户提供的现金折扣，应在实际发生时冲减当期收入。 （ ）

8. 企业取得应收票据时，无论是商业承兑汇票还是银行承兑汇票，也无论是带息商业汇票还是不带息商业汇票，一般应按其到期值入账。 （ ）

9. 企业无息票据的贴现所得一定小于票据面值，而有息票据的贴现所得则不一定小于票据面值。 （ ）

10. 企业应收款项发生减值时，应将该应收款项账面价值高于预计未来现金流量现值的差额，确认为减值损失，计入当期损益。 （ ）

（四）作业题

1. **资料：**甲公司为一般纳税企业，适用的增值税税率为17%。2017年3月1日，向乙公司销售某商品1 000件，每件标价2 000元，实际售价1 800元（售价中不含增值税额）。已开出增值税专用发票，商品已交付给乙公司。为了及早收回货款，甲公司在合同中规定的现金折扣条件为：2/10，1/20，n/30。乙公司在3月8日按合同规定付款，甲公司收到款项并存入银行。

要求：编制甲公司销售商品（假定现金折扣不考虑增值税）和收到款项时的会计分录。

2. **资料：**2017年3月1日，甲公司销售给A公司一批商品，增值税发票上注明的售价为20 000元，增值税税额为3 400元，货款尚未收到。该批商品成本为16 000元。3月20日，甲公司收到A公司寄来的一张2个月期、面值为23 400元的商业承兑汇票，用以抵付产品货款。4 月 28 日，甲公司将该张应收票据背书转让，取得生产经营所需的原材料，该批材料售价 2 000 元，增值税税率 17%。

要求：根据上述经济业务，编制甲公司 3 月 1 日、3 月 20 日、4 月 28 日的会计分录。

3. **资料**：2 月 1 日，甲公司向乙公司销售一批商品，增值税发票上注明的售价为 30 000 元，增值税税额为 5 100 元。当日收到乙公司签发的不带息商业承兑汇票一张，该票据的期限为 3 个月。该批商品成本为 22 000 元。4 月 1 日，甲公司因急需资金，将该票据到银行办理贴现，且银行拥有追索权，假定不满足金融资产终止确认条件，年贴现率为 10%。

要求：根据上述经济业务，编制甲公司 2 月 1 日、4 月 1 日的会计分录。

4. **资料**：甲企业从 2016 年开始计提坏账准备，采用应收款项余额百分比法进行核算，该企业坏账准备的提取比例为 5‰。2016 年末应收账款余额为 1 000 000 元。2017 年 10 月，企业发现有 1 400元的应收账款无法收回，按有关规定确认为坏账损失。2017 年 12 月 31 日，该企业应收账款余额为 1 200 000 元。2018 年 3 月 20 日，接银行通知，企业上年度已冲销的坏账中的 1 000 元又收回，款项已存入银行。2018 年 12 月 31 日，企业应收账款余额为 1 000 000元。

要求：做出甲企业各年有关计提坏账准备的账务处理。

5. **资料**：A 企业向 B 企业采购材料，共支付价款 30 000 元。按照合同规定，A 企业先预付 50% 购货款，验货后补付其余款项。付款 10 天后，A 企业收到所购货物和结算凭证，货物价款 30 000 元，增值税 5 100 元，A 企业通过银行补付余款。

要求：根据上述经济业务，编制 A 企业的会计分录。

6. **资料**：3 月 2 日，甲公司租入包装物一批，以银行存款向出租方支付押金 5 000 元。3 月 10 日，甲公司将租入的包装物按期如数退回，并收到出租方退回的押金。

要求： 根据上述经济业务，编制甲公司 3 月 2 日、3 月 10 日的会计分录。

7. **资料：** 掌握企业开出、承兑商业汇票、背书转让商业汇票及票据到期的核算。

（1）甲公司销售产品一批，价款为 60 000 元，增值税税额为 10 200元，收到购货方交来一张期限为 2 个月的不带息银行承兑汇票，票面金额为 70 200 元。

（2）甲公司收到上述票据款。

（3）甲公司 8 月 26 日向乙公司销售产品一批，价款为 100 000 元，增值税税额为 17 000 元，已办理了托收手续，但货款尚未收到。9 月 1 日，企业收到乙公司于当日签发并承兑的一张期限为 6 个月的带息商业承兑汇票，票面金额为 117 000 元，票面年利率为 10%。甲公司年末计提该票据利息。

（4）甲公司原向 A 公司销售产品一批，发生应收货款 60 000 元，经双方协商改用商业汇票方式结算，收到 A 公司交来票面金额为 60 000 元、期限为 6 个月的不带息银行承兑汇票一张。

（5）甲公司将上项尚未到期的银行承兑汇票背书转让给某材料公司，用于购买材料一批，买价 80 000 元，增值税税额 13 600 元，并签发转账支票一张，补付货款与票据面值之间的差额 33 600 元。

（6）甲公司销售给乙公司原材料一批，价款 34 188 元，增值税税额 5 812 元，收到乙公司签发并承兑的期限为 3 个月、票面利率为 12%、面值为 40 000 元的带息商业承兑汇票一张。

（7）承（6），3 个月后，上项商业承兑汇票已到期，甲公司如数收回全部票款，并存入银行。

要求： 根据上述经济业务，编制甲公司的会计分录。

8. **资料：**（1）甲公司因急需资金，于 5 月 2 日持从 B 公司收取的出票日期为 3 月 23 日、期限为 6 个月、面值为 110 000 元的不带息商业承兑汇票一张到开户银行申请贴现，银行年贴现率为12%，已办妥贴现手续。

（2）承（1），9月23日，甲公司已贴现的上项商业承兑汇票到期，因承兑人B公司无力支付票款而被开户银行退回，银行同时转来支款通知，已从本企业的存款户扣收票款110 000元。

（3）承（1），假设企业已贴现的上项商业承兑汇票已到期，因承兑人B公司无力支付而被开户银行退回，银行从本企业的存款户扣收已贴现的票款60 000元，并将不足部分50 000元转作对本企业的逾期贷款。

（4）企业因急需资金，于9月12日持一张从乙公司收取的票面额为50 000元、票面年利率为6%、期限为6个月的带息商业承兑汇票到开户银行申请贴现，该票据的出票日为6月1日，到期日为12月1日，银行规定的年贴现率为9%，已办妥贴现手续。

（5）承（4），假设企业于8月3日向开户银行申请贴现，其他条件不变。

要求：根据上述经济业务，计算票据贴现利息并编制甲公司的会计分录。

9. **资料：**（1）甲公司向乙公司销售产品一批，产品的售价为100 000元，由于是成批销售，甲公司给乙公司按售价10%的商业折扣，该公司适用的增值税税率为17%，产品已发出，但货款尚未收到。

（2）甲公司向丙公司销售产品一批，售价为100 000元，增值税税额为17 000元。为了早日收回货款，甲公司给予丙公司“2/20、n/30”的现金折扣条件，产品已经交付并办理了托收手续。

要求：

（1）根据上述经济业务，编制甲公司的会计分录。

（2）在附有现金折扣的条件下，分别编制甲公司在20日内收到货款和20日以后收到货款的会计分录。

10. **资料：**甲公司于2015年末对一组具有类似信用风险特征

的应收款项首次计提坏账准备，确定的提取比例为 10%，当年末该项应收账款的余额为 50 000 元。2016 年 3 月，企业发现有 6 000 元的应收账款已无法收回，按管理权限报经批准后作为坏账转销，其中应收 A 单位的购货款 5 000 元，应收 B 单位的购货款 1 000 元。2016 年末，应收款项余额为 70 000 元，提取比例仍为 10%。2017 年 9 月，企业收到开户银行的收账通知，已转销的上年应收 B 单位购料款 1 000 元又收回，款项已存入银行。2017 年末，应收款项余额为 100 000 元，提取比例仍为 10%。2018 年末，应收款项余额为 90 000 元，提取比例仍为 10%。

要求：根据上述资料，做出甲公司各年末有关坏账准备的会计分录。

11. **资料**：甲公司于 8 月 6 日向 B 公司订购原材料一批，按合同规定预付货款 50 000 元，已从银行存款户支付。9 月 22 日，材料已到货并验收入库，同时收到 B 公司交来的增值税专用发票，注明该批材料的价款为 100 000 元，增值税税额为 17 000 元，企业以银行存款补付剩余的货款。

要求：根据上述资料，编制预付货款、购入材料及结清预付货款的会计分录。

第五章　存　货

学习目的与要求

本章要求了解存货的种类和范围；掌握存货的确认条件和初始计量；掌握存货发出的计价方法以及存货的期末计量；重点掌握材料按实际成本和按计划成本计价的核算方法；掌握周转材料和委托加工材料的核算方法，以及存货盘盈、盘亏和毁损的账务处理。

主要名词（中英文对照）

1. 包装材料	packing supplies
2. 包装物	packaging material
3. 包装物核算	container accounting
4. 材料采购	material purchase
5. 材料成本差异	material cost variance
6. 成本与可变现价值孰低法	lower-of-cost-or-realizable-net-value valuation
7. 存货	inventory/stock/stock on hand
8. 存货跌价准备	allowance for market diminution in value of inventory
9. 低值易耗品	consumable supplies/low-value consumable/low-value and perishable items
10. 个别计价法	identification method

11. 加权平均法	weighted average method
12. 库存商品	goods on hand/ merchandise on hand
13. 先进先出法	first-in first-out method (FIFO)
14. 移动平均法	moving average method
15. 原材料	raw material
16. 在产品	goods in process/jobs in process/unfinished work/ work in process
17. 在途物资	material and supplies in transit

重点内容

1. 存货是指企业在日常活动中持有以备出售的库存商品或商品、处在生产过程中的在产品、在生产过程或提供劳务过程中耗用的材料和物料等。包括各类原材料、在产品、半成品、库存商品、商品以及周转材料（含包装物、低值易耗品）等。存货属于企业的流动资产。

2. 存货在同时满足以下两个条件时，才能加以确认：（1）与该存货有关的经济利益很可能流入企业；（2）该存货的成本能够可靠地计量。

3. 常用的存货数量盘存方法主要有实地盘存制和永续盘存制两种。实地盘存制也称定期盘存制，“以存计耗”或“盘存计耗”，“以存计销”或“盘存计销”。永续盘存制也称账面盘存制。

4. 存货应当按照成本进行初始计量。存货成本包括采购成本、加工成本和其他成本。存货流转包括实物流转和成本流转两个方面。按照《企业会计准则第 1 号——存货》的规定，企业应当采用先进先出法、月末一次加权平均法（包括移动平均法和月末一次加权平均法）或者个别计价法确定发出存货的实际成本。

5. 计划成本法是指存货的收入、发出和结存均采用计划成本进行日常核算，同时将实际成本与计划成本的差额另行设置有关成本差异账户（如“材料成本差异”账户）反映，期末计算发出存货和结存存货应分摊的成本差异，将发出存货和结存存货由计划成本调整为实际成本的方法。

6. 毛利率法是根据本期实际销售额乘以上期实际（或本期计划）毛利率匡算本期销售毛利，据以计算发出存货和期末结余存货成本的一种方法，也是商业批发企业常用的计算本期商品销售成本和期末库存商品成本的方法。一般应在每季季末用上述其他方法进行调整，即每季最后一个月一般不能用此方法。

7. 资产负债表日，存货应当按照成本与可变现净值孰低计量。存货成本高于其可变现净值的，应当计提存货跌价准备，计入当期损益。确定可变现净值时应当以取得的确凿证据为基础，并且考虑持有存货的目的、资产负债表日后事项的影响等因素。《企业会计准则第1号——存货》规定，“企业通常应当按照单个存货项目计提存货跌价准备”。

8. 制造业的原材料按其在生产经营过程中不同作用，一般可分为：原料及主要材料、外购半成品（外购件或外协件）、辅助材料、燃料、修理用备件（备品备件）、包装材料。

9. “周转材料”核算企业周转材料的计划成本或实际成本，包括包装物、低值易耗品，以及企业（建造承包商）的钢模板、木模板、脚手架等。包装物是指为了包装本企业产品而储备的各种包装容器，如桶、箱、瓶、坛、袋等。它包括：（1）生产过程中用于包装产品作为产品组成部分的包装物；（2）随同产品出售而不单独计价的包装物；（3）随同产品出售而单独计价的包装物；（4）出租或出借给购买单位使用的包装物。低值易耗品是指不能作为固定资产的各种用具物品，如工具、管理用具、玻璃器皿，以及在经营过程中周转使用的包装容器等。

10. 企业委托其他单位加工的物资，其实际成本应包括：

(1) 加工中实际耗用物资的实际成本；(2) 支付的加工费用；(3) 支付的税金，包括委托加工物资应负担的增值税和消费税(指属于消费税应税范围的加工物资)；(4) 支付加工物资的往返运杂费。

11. 库存商品指企业库存的各种商品的实际成本（或进价）或计划成本（或售价)，包括库存产成品、外购商品、存放在门市部准备出售的商品、发出展览的商品以及寄存在外的商品等。

12. 企业发生的存货毁损，应当将处置收入扣除账面价值和相关税费后的金额计入当期损益。存货的账面价值是存货成本扣减累计跌价准备后的金额。存货盘亏造成的损失，应当计入当期损益。

复习思考题

1. 什么是存货？按照企业的性质和存货的用途，存货可分为哪几类？

2. 试述确定存货范围的基本原则、存货的具体范围以及工业企业和商业企业在核算存货成本时的异同点。

3. 说明存货的初始计量方法。

4. 存货发出成本的计价方法有哪些？各方法有何优缺点？试分析不同计价方法的采用对资产、收益、纳税和决策将产生什么影响。

5. 什么是计划成本法？一般在何种情况下使用？与实际成本法比较，其优点有哪些？

6. 商业企业是如何运用零售价和毛利率法进行存货核算的？

7. 存货的期末计量的原则是什么？

8. 什么是存货成本与可变现净值孰低法？应如何进行核算？

9. 试述周转材料——包装物的核算范围和摊销方法。

10. 如何对包装物的出租、出借进行核算？

11. 低值易耗品在核算上有何特点？如何进行核算？

12. 委托加工材料如何核算？

13. 在进行委托加工物资核算时，委托加工物资的成本组成都包括哪些内容？各种税金是否应该计入其成本？

14. 对存货清查中发现的盘盈、盘亏和毁损如何处理？

15. 请对《企业会计准则第 1 号——存货》做一个简要的评价，你认为其优点与缺点何在？在哪些方面尚需改进、完善？

练习题

（一）单项选择题

1. 2018 年 12 月 31 日，北方公司库存 B 材料的成本为 10 万元，市场价格为 9 万元，假设不发生其他购买费用。由于 B 材料的市场价格下降，市场上用 B 材料生产甲机器的市场销售价格由 30 万元下降到 28 万元，但生产成本仍为 29 万元，将 B 材料加工成甲机器尚需投入 19 万元，估计销售费用及税金为 1 万元。2018 年 12 月 31 日 B 材料的账面价值为（　　）万元。

A. 8　　B. 9

C. 10　　D. 7

2. 某商业企业采用零售价计算期末存货成本。本月月初存货成本为 10 000 元，售价总额为 12 000 元；本月购入存货成本为 80 000元，相应的售价总额为 96 000 元；本月销售收入为 70 000 元。该企业期末存货为（　　）元。

A. 58 333. 33　　B. 31 666. 67

C. 20 000　　D. 33 333

3. 某增值税一般纳税企业本期购入一批材料 1 000 千克，实际支付价款 11 000 元，支付增值税进项税额 1 870 元。所购材料到达后验收发现短缺 100 千克，其中 5 千克属于定额内的合理损耗，另 95 千克的短缺尚待查明原因。该批材料每千克的计划成本为 10

元。该批入库材料产生的“材料成本差异”为（　　）元。

A. 2 825　　B. 2 588

C. 905　　D. 955

4. 企业发生的原材料盘亏或毁损损失中，不应作为管理费用列支的是（　　）。

A. 自然灾害造成的毁损净损失

B. 保管中发生的定额内自然损耗

C. 收发计量造成的盘亏损失

D. 管理不善造成的盘亏损失

5. 某股份有限公司采用成本与可变现净值孰低法计价。2018年12月31日库存自制半成品的实际成本为40万元，预计进一步加工所需费用为16万元，预计销售费用及税金为8万元。该半成品加工完成后预计销售价格为60万元。假定该公司以前年度未计提存货跌价准备。2018年12月31日该项存货应计提的跌价准备为（　　）万元。

A. 0　　B. 4

C. 16　　D. 20

6. 某商业批发企业采用毛利率法计算期末存货成本。2018年5月，甲类商品的月初成本总额为2 400万元，本月购货成本为1 500万元，本月销售收入为4 550万元。甲类商品4月的毛利率为24%。该企业甲类商品2018年5月末的成本为（　　）万元。

A. 366　　B. 392

C. 404　　D. 442

7. 企业在规定的折扣期内没有付款而丧失的购货折扣，在采用净价法时应该（　　）。

A. 记入“营业外支出”　　B. 冲减材料采购成本

C. 不作账务处理　　D. 记入“财务费用”

8. 存货采用先进先出法计价，在物价持续上涨的情况下，将会使企业的（　　）。

A. 期末存货降低，当期利润减少

B. 期末存货降低，当期利润增加

C. 期末存货升高，当期利润增加

D. 期末存货升高，当期利润减少

9. 在物价不断上涨时期，一个公司可以选用的存货计价方法中，若要使会计报表中的净收益最高，可以采用（　　）的计价方法。

A. 加权平均法　　B. 先进先出法

C. 个别计价法　　D. 可以是 B 或 C

10. 某商品流通企业购进商品，买价 1 000 万元，发生运费 30 万元、包装费 10 万元，不考虑增值税，则该企业商品购进时，存货的入账价值（　　）万元。

A. 1 005　　B. 1 000

C. 1 035　　D. 1 040

（二）多项选择题

1. 下列各项应计入工业企业存货成本的有（　　）。

A. 进口原材料支付的关税

B. 生产过程中发生的制造费用

C. 原材料入库前的挑选整理费用

D. 自然灾害造成的原材料净损失

2. 企业期末编制资产负债表时，下列各项应包括在“存货”项目内的有（　　）。

A. 委托代销商品

B. 发出商品

C. 为在建工程购入的工程物资

D. 未来约定购入的商品

3. 属于周转材料——包装物核算范围的有（　　）。

A. 用于包装产品，作为产品组成部分的包装物

B. 随同产品出售而不单独计价的包装物

C. 租入或借入的包装物

D. 出租或出借给购买单位使用的包装物

4. 低值易耗品发生的维修费用根据使用部门的不同，可以列入（　　）。

A. 管理费用　　B. 销售费用

C. 制造费用　　D. 生产成本

5. 计算存货可变现净值时，应从预计售价中扣除的项目有（　　）。

A. 出售前发生的行政管理人员的工资

B. 存货的账面成本

C. 销售过程中发生的销售费用

D. 出售前进一步加工的加工费用

6. 下列项目中，应计入材料成本的税金有（　　）。

A. 材料委托加工后用于连续生产应税消费品已交的消费税

B. 一般纳税人购入材料的增值税

C. 收购未税矿产品代扣代缴的资源税

D. 小规模纳税企业购入原材料已交的增值税

7. 一般纳税人委托其他单位加工材料收回后直接对外销售的，其发生的下列支出中，应计入委托加工物资成本的有（　　）。

A. 加工费　　B. 增值税

C. 发出材料的实际成本　　D. 受托方代收代缴的消费税

8. 根据现行会计制度规定，企业应当在期末对存货进行全面清查，如由于（　　）等原因，使存货成本高于可变现净值的，应提取存货跌价损失准备。

A. 存货短缺　　B. 存货遭到毁损

C. 存货陈旧过时　　D. 存货销售价格低于成本

9. 库存商品采用售价金额法核算，月末需要调整的账户有（　　）。

A. 库存商品　　B. 商品销售收入

C. 商品进销差价　　D. 商品销售成本

10. “材料成本差异”账户的借方核算的内容有（　　）。

A. 入库材料成本超支差异

B. 入库材料成本节约差异

C. 调减原材料的计划成本

D. 发生材料结转应负担的成本节约差异

11. 下列各种物资中，应当作为企业存货核算的有（　　）。

A. 委托加工材料　　B. 发出商品

C. 低值易耗品　　D. 在产品

12. 下列各项物品中，属于企业的存货有（　　）。

A. 在途材料　　B. 委托加工材料

C. 自制半成品　　D. 特种储备物资

（三）判断题

1. 已经支付货款，但尚未验收入库的在途材料、在途商品属于存货的范畴。（　　）

2. 企业购进材料享有购货折扣，既可以采用总价法，又可以采用净价法，其核算的最终结果是一致的。（　　）

3. 材料采用计划成本法核算时，除单位成本发生很大变动等特殊情况外，为了保持计划成本的相对稳定，在年度内一般不做调整。（　　）

4. 月末计算、分摊材料成本差异时，计算的结果倘若是正数，表示节约；倘若是负数，则表示超支。（　　）

5. 各种包装物如纸、绳、铁丝、铁皮等，应在“原材料”账户内核算。（　　）

6. 在生产过程中领用的包装物应列入“生产成本”账户，在销售过程中领用的包装物应列入“营业费用”账户。（　　）

7. 企业按规定没收逾期未还的出租、出借包装物的押金应全

部作为“营业外收入”核算。（　　）

8. 低值易耗品是指单位价值在2 000元或其他限额以下，并且使用年限在一年以内，能多次使用而不改变其原有实物形态的劳动资料。（　　）

9. 库存商品按售价金额法核算，由于“主营业务成本”账户平时反映商品的售价，因此月末要将其调整为进价成本。（　　）

10. 企业在中期期末或年度终了，如由于存货遭到毁损、全部或部分陈旧过时，或销售价格低于成本等原因而使存货成本不可收回的部分，应提取存货跌价准备。（　　）

11. 存货范围的确认，应以企业对存货是否具有法定所有权和是否存放在本企业为依据。（　　）

（四）作业题

1. **资料：**某企业2018年10月存货收发情况如表5－1所示。

表5－1　存货收发情况

日期	摘　要	数量（千克）	单价（元）
10月1日	期初余额	1 500	400
10月3日	购入	500	420
10月9日	生产领用	1 200	
10月18日	购入	2 000	430
10月24日	生产领用	1 000	

要求：根据上列资料，分别采用“先进先出法”“加权平均法”“移动平均法”确定该材料存货的本期发出成本和期末存货成本。

2. **资料：**甲公司为一般纳税人企业，用实际成本法进行材料收发核算，2×18年10月发生的材料收发业务如下：

（1）3 日购入原材料一批，取得的增值税专用发票上注明的原材料价款为 16 000 元，增值税税额为 2 720 元，发票等结算凭证已经收到，货款已通过银行转账支付，材料已验收入库。

（2）5 日购入材料一批，发票等结算凭证已到，价款为 10 000 元，增值税税额为 1 700 元，货款已经支付，但材料尚未运到。

（3）7 日购入材料价款 4 000 元，增值税发票上的增值税税额为 680 元，供应单位代垫运杂费 400 元（不含税），运费的增值税税率为 11%。材料已到达并已验收入库，但货款尚未支付。

（4）9 日，收到 5 日购入的材料。

（5）13 日，甲公司以一批库存商品换入乙公司一批原材料，换出库存商品账面价值为 20 000 元，甲公司和乙公司的增值税税率均为 17%，假设库存商品的计税价格（与公允价值相同）为 25 000元，材料的计税价格为 23 000 元。甲公司因换出资产以银行存款支付运费 350 元（不含税），运费的增值税税率为 11%。

（6）31 日收到材料一批，并验收入库，但发票等结算凭证尚未收到，货款尚未支付。月末，按照暂估价入账，假设其暂估价为 20 000 元。

要求：根据以上经济业务，编制有关会计分录。

3. **资料：**某企业为一般纳税企业，采用计划成本法进行原材料的核算，有关资料如下：

（1）2×18 年 11 月 1 日，原材料账面成本为 1 000 000 元，材料成本差异为借方余额 20 000 元。

（2）11 月 4 日，购入原材料一批，取得增值税发票上注明的原材料价款为 200 000 元，增值税税额 34 000 元，外地运费为 18 600元（不含税），增值税税率为 11%，有关款项已通过银行存款支付。

（3）上述材料的计划成本为 220 000 元，材料已验收入库。

（4）本月领用材料的计划成本为 800 000 元，其中，生产领用 700 000 元，车间管理部门领用 80 000 元，厂部管理部门领用

20 000元。

(5) 11 月 27 日，购入材料一批，材料已运到，并验收入库，但发票等结算凭证尚未收到，贷款尚未支付。该批材料的计划成本为 70 000 元。

(6) 12 月 6 日，收到 11 月 27 日购进材料的结算凭证并支付有关款项，该批材料的实际成本为 80 000 元，增值税税额为 13 600 元，企业开出期限为 3 个月的商业承兑汇票结算价款。

(7) 12 月 12 日，进口原材料一批，其关税价格为 100 000 元，支付的进口关税为 20 000 元，支付的消费税为 7 200 元，适用的增值税税率为 17%，款项已用银行存款支付。

(8) 上述进口原材料已验收入库，其计划成本为 160 000 元。

(9) 12 月 20 日，接收某企业投资转入一批原材料，按市价评估确认的价值为 400 000 元，该批原材料的计划成本为 500 000 元，投资方适用的增值税税率与本企业相同。

(10) 12 月领用原材料的计划成本为 900 000 元，其中，生产领用 760 000 元，车间管理部门领用 100 000 元，厂部管理部门领用 40 000 元。

要求：根据以上资料，进行 11 月、12 月的材料核算工作，并编制有关的会计分录。

4. **资料：**上海汇南工厂 6 月 1 日有关账户的期初余额如下：

(1) 原材料账户：55 500 元。

所属明细账户：圆钢 20 000 千克，计划单价 2.40 元/千克，金额 48 000 元；扁钢 3 000 千克，计划单价 2.50 元/千克，金额 7 500元。

(2) 材料成本差异账户（贷方余额）：555 元。

该厂 6 月发生下列有关的经济业务：

(1) 3 日，向上海金属公司购进扁钢 2 000 千克，每千克 2.35 元，计货款 4 700 元，增值税税额 799 元，当即签发转账支票付讫。

(2) 5 日，仓库转来收料单，上海金属公司发来 2 000 千克的扁钢已验收入库，予以转账。

（3）10日，银行转来梅山钢铁厂托收凭证，金额为26 628元，内附专用发票，开列圆钢10 000千克，每千克2.20元，货款22 000元，增值税税额3 740元；运杂费凭证一张，不含税金额800元，增值税税率为11%。经审核无误，当即承付。

（4）15日，仓库转来收料单，梅山钢铁厂发来的10 000千克圆钢已验收入库，予以转账。

（5）21日，银行转来马鞍山钢铁厂托收凭证，金额为31 296元，内附专用发票，开列圆钢12 000千克，每千克2.15元，货款25 800元，增值税税额4 386元；运杂费凭证一张，不含税金额1 000元，增值税税率为11%。经审核无误，当即承付。

（6）26日，仓库转来收料单，马鞍山钢铁厂发来的12 000千克圆钢已验收入库，予以转账。

（7）30日，直接制造产品领用圆钢21 200千克，扁钢2 400千克；间接制造产品需用扁钢400千克。对上述领用的材料予以转账。

（8）30日，分摊本月份发出材料成本差异。

要求：

（1）编制会计分录。

（2）开设原材料总分类账户及其所属明细分类账户和材料成本差异总分类账户。

（3）根据会计分录登记原材料总分类账户及其所属明细分类账户和材料成本差异总分类账户。

5. **资料：**东风机械厂2018年3月有关低值易耗品业务如下：

（1）加工车间从仓库领用工具一批，计划成本8 000元；

（2）领用工具采用“五五摊销法”，按工具原计划成本的50%计算摊销额计入制造费用；

（3）报废一批工具计划成本2 000元，残料收入为60元，残料已入生产库房；

（4）结转报废工具分摊的材料成本差异额（假设材料成本差

异为节约 2%）。

要求：根据上述资料编制有关会计分录。

6. **资料：**某企业本月发生有关委托加工材料的经济业务如下：A 企业委托 B 企业加工材料一批（属于应税消费品）。原材料成本为 50 000 元，支付的加工费有 13 000 元（不含增值税），消费税税率为 10%，材料加工完毕验收入库，加工费用等尚未支付。双方适用的增值税率均为 17%。

要求：若 A 企业收回加工后的材料用于继续生产应税消费品，应如何进行会计处理；若 A 企业收回加工后的材料直接用于销售，应如何进行会计处理。

7. **资料：**某企业 2017 年年末某材料的账面成本为 100 000 元，由于市场价格下跌，预计可变现净值为 80 000 元；2018 年 3 月 31 日，该材料的账面成本为 100 000 元，由于市场价格有所上升，该材料的预计可变现净值为 95 000 元；2018 年 6 月 30 日该材料的账面成本为 100 000 元，由于市场价格进一步上升，该材料的预计可变现净值为 111 000 元。

要求：计算该企业 2017 年年末、2018 年 3 月 31 日、2018 年 6 月 30 日的存货跌价准备，并作相应会计分录。

第六章　投　　资

学习目的与要求

本章重点掌握交易性金融资产、债权投资、长期股权投资的核算。通过本章的学习，掌握交易性金融资产的账务处理；掌握债权投资的账务处理；熟悉其他债权投资、其他权益工具投资的账务处理；掌握长期股权投资的账务处理；熟悉金融资产的分类；熟悉交易性金融资产、债权投资、其他权益工具投资、其他债权投资、长期股权投资的概念。

主要名词（中英文对照）

1. 投资	investment
2. 金融资产	financial asset
3. 交易性金融资产	trading asset，trading security
4. 债权投资	bond investment，debt investment
5. 其他债权投资	other debt investment
6. 长期股权投资	long-term equity investment
7. 债权性证券	debt securities
8. 权益性证券	equity securities
9. 混合性证券	hybrid securities
10. 其他权益工具投资	other equity investment，other equity instrument

重点内容

1. 金融资产的含义与分类。金融资产，是指企业持有的现金、其他方的权益工具以及符合下列条件之一的资产：

（1）从其他方收取现金或其他金融资产的合同权利。例如，企业的银行存款、应收账款、应收票据及发放的贷款等属于金融资产。

（2）在潜在有利条件下，与其他方交换金融资产或金融负债的合同权利。例如，企业购入的看涨期权或看跌期权等衍生工具。

（3）将来须用或可用企业自身权益工具进行结算的非衍生工具合同，且企业根据该合同将收到可变数量的自身权益工具。

（4）将来须用或可用企业自身权益工具进行结算的衍生工具合同，但以固定数量的自身权益工具交换固定金额的现金或其他金融资产的衍生工具合同除外。金融资产主要包括现金、应收账款、应收票据、贷款、垫款、其他应收款、应收利息、债权投资、股权投资、基金投资、衍生金融资产等。

金融资产的分类是金融资产确认和计量的基础。企业应当根据其管理金融资产的业务模式和金融资产的合同现金流量特征，将金融资产划分为以下三类：一是以摊余成本计量的金融资产。二是以公允价值计量且其变动计入其他综合收益的金融资产。三是以公允价值计量且其变动计入当期损益的金融资产。对金融资产的分类一经确定，不得随意变更。

2. 以摊余成本计量的金融资产的确认、计量及会计处理。金融资产同时符合下列条件的，应当分类为以摊余成本计量的金融资产：（1）企业管理该金融资产的业务模式是以收取合同现金流量为目标；（2）该金融资产的合同条款规定，在特定日期产生的现金流量，仅为对本金和以未偿付本金金额为基础的利息的支付。以摊余成本计量的金融资产应当按取得时的公允价值和相关交易费用之和作为初始确认金额。支付的价款中包含的已到付息期但尚未领取的债券利息，应单独确认为应收项目。

企业一般应设置“银行存款”“应收账款”“债权投资”等科目核算以摊余成本计量的金融资产。“债权投资”科目应当按照其类别和品种，分别设置“成本”“利息调整”“应计利息”等进行明细核算。

以摊余成本计量的金融资产在持有期间应当按照摊余成本和实际利率计算确认利息收入，计入投资收益。实际利率应当在取得以摊余成本计量的金融资产时确定，在该金融资产预期存续期间或适用的更短期间内保持不变。

3. 以公允价值计量且其变动计入其他综合收益的金融资产的确认、计量及会计处理。金融资产同时符合下列条件的，应当分类为以公允价值计量且其变动计入其他综合收益的金融资产：（1）企业管理该金融资产的业务模式既以收取合同现金流量为目标，又以出售该金融资产为目标。（2）该金融资产的合同条款规定，在特定日期产生的现金流量，仅为对本金和以未偿付本金金额为基础的利息的支付。

以公允价值计量且其变动计入其他综合收益的金融资产应当按取得时的公允价值和相关交易费用之和作为初始确认金额。支付的价款中包含的已到付息期但尚未领取的债券利息或已宣告发放尚未领取的现金股利，应单独确认为应收项目。

企业一般应设置“银行存款”“其他债权投资”“其他权益工具投资”“其他综合收益”等科目核算以公允价值计量且其变动计入其他综合收益的金融资产。“其他债权投资”科目应当按照其类别和品种，分别设置“成本”“利息调整”“公允价值变动”等进行明细核算。“其他权益工具投资”应当按照其类别和品种，分别设置“成本”“公允价值变动”等进行明细核算。

4. 以公允价值计量且其变动计入当期损益的金融资产的确认、

计量及会计处理。按照前述分类为以摊余成本计量的金融资产和以公允价值计量且其变动计入其他综合收益的金融资产之外的金融资产，企业应当将其分类为以公允价值计量且其变动计入当期损益的金融资产。

以公允价值计量且其变动计入当期损益的金融资产应当按照取得时的公允价值作为初始确认金额，相关交易费用应在发生时计入当期损益。支付的价款中包含已宣告但尚未发放的现金股利或已到付息期但尚未领取的债券利息，应当单独确认为应收项目。

企业应当设置“交易性金融资产”“公允价值变动损益”“投资收益”等科目核算以公允价值计量且其变动计入当期损益的金融资产。企业持有的直接指定为以公允价值计量且其变动计入当期损益的金融资产，也在本科目核算。

5. 长期股权投资的确认、计量及会计处理。企业对外进行长期股权投资，应根据不同情况，分别采用成本法或权益法核算。

为了总括地核算和监督企业长期股权投资的增减变动和结存情况，应设置“长期股权投资”总账科目。

（1）企业合并形成的长期股权投资的初始计量及取得的核算。企业合并形成的长期股权投资，其初始投资成本的确定应当遵循企业合并会计准则的相关规定，分别同一控制下的企业合并与非同一控制下的控股合并确定长期股权投资的成本。

（2）以企业合并以外的方式取得长期股权投资的初始计量及取得的核算。

① 以支付现金取得的长期股权投资的初始计量及取得的核算。以支付现金取得的长期股权投资，应当按照实际支付的购买价款作为长期股权投资的初始投资成本，包括购买过程中支付的手续费等必要支出。其支付的价款中所包含的、被投资单位已宣告发放尚未领取的现金股利或利润，应作为应收项目单独核算，不构成长期股权投资的成本。

② 以发行权益性证券方式取得的长期股权投资的初始计量及

取得的核算。以发行权益性证券方式取得的长期股权投资，其成本为所发行权益性证券的公允价值。为发行权益性证券支付的手续费、佣金等应从权益性证券的溢价发行收入中扣除，溢价收入不足的，应冲减盈余公积和未分配利润。

（3）长期股权投资的成本法核算。长期股权投资成本法是指长期股权投资按成本计价的方法。长期股权投资准则要求投资方对子公司的长期股权投资采用成本法核算。

在长期股权投资成本法下，长期股权投资应当按照初始投资成本计价。追加或收回投资应当调整长期股权投资的初始投资成本。同一控制下的企业合并形成的长期股权投资初始投资成本为取得被合并方账面所有者权益的份额。

被投资单位宣告分派的现金股利或利润中，投资企业享有的部分，确认为当期投资收益。投资企业在确认从被投资单位应分得的现金股利或利润后，应当考虑长期股权投资是否发生减值。

（4）长期股权投资的权益法核算。长期股权投资权益法是指长期股权投资以初始投资成本计量后，在投资持有期间根据投资企业享有被投资单位所有者权益份额的变动对投资的账面价值进行调整的方法。投资企业对被投资单位具有共同控制或重大影响时，其长期股权投资应当采用权益法核算。

长期股权投资采用权益法核算时，“长期股权投资”科目应当分别以“成本”“损益调整”“其他权益变动”进行明细核算。

（5）长期股权投资的处置。处置长期股权投资时，所收到的处置收入与长期股权投资账面价值的差额，应在股权转让日确认为投资损益。

（6）长期股权投资的减值准备。为了核算企业长期股权投资发生减值时计提的减值准备，企业应设置“长期股权投资减值准备”科目，该科目应当按照被投资单位进行明细核算。

复习思考题

1. 什么是交易性金融资产？如何确认交易性金融资产的初始成本？

2. 什么是债权投资？其一般具有哪些特征？如何确认债权投资的初始成本？

3. 如何确定债权投资各期的投资收益？

4. 什么是其他权益工具投资？如何确认其他权益工具投资的初始成本？处置其他权益工具投资时应如何进行会计处理？

5. 同一控制下企业合并与非同一控制下企业合并形成的长期股权投资取得成本的确定有何区别？

6. 同一控制下企业合并取得的长期股权投资支付的价款中包括的已宣告发放但尚未领取的现金股利应如何进行处理？

7. 简述长期股权投资成本法核算和权益法核算的异同。

8. 分别说明长期股权投资成本法、权益法的适用范围。

练习题

（一）单项选择题

1. 交易性金融资产的初始入账金额是（　　）。

A. 按公允价值入账　　B. 按实际支付价款入账

C. 按双方协议价入账　　D. 按评估价入账

2. 甲公司 2019 年 3 月 25 日购入乙公司股票 20 万股，支付价款总额为 175.52 万元，其中包括支付的证券交易印花税 0.17 万元，支付手续费 0.35 万元。4 月 10 日，甲公司收到乙公司 3 月 19 日宣告派发的 2018 年度现金股利 4 万元。2019 年 6 月 30 日，乙公司股票收盘价为每股 6.25 元。2019 年 11 月 10 日，甲公司将乙公司股票全部对外出售，价格为每股 9.18 元，支付证券交易印花税 0.18 万元，支付手续费 0.36 万元。甲公司 2019 年度对乙公司股票投资应确认的投资收益为（　　）万元。

A. 7.54　　B. 11.54

C. 12.59　　D. 12.60

3. 债权投资重分类为其他债权投资，应在重分类日按其公允价值借记“其他债权投资”科目，按其账面余额，贷记“债权投资”，按其差额，借记或贷记（　　）科目。

A. “其他综合收益”　　B. “投资收益”

C. “营业外收入”　　D. “其他债权投资”

4. 投资企业采用成本法核算长期股权投资，当被投资企业宣告发放股利时，投资企业应贷记（　　）科目。

A. “投资收益”　　B. “长期股权投资”

C. “应收股利”　　D. “银行存款”

5. 某企业购买面值为 500 万元的公司债券作为持有至到期投资，共支付价款 575 万元，其中含手续费 2 万元、应收利息 20 万元，该项债券投资应记入“债权投资”科目的金额为（　　）万元。

A. 573　　B. 550

C. 553　　D. 555

6. 甲公司 2019 年 1 月 8 日以 218 500 元购入 2018 年 1 月 1 日发行的 3 年期债券作为交易性金融资产，面值 200 000 元，年利率 8%，按年支付利息，到期还本，购入时利息尚未领取，则该交易性金融资产的成本是（　　）元。

A. 202 500　　B. 218 500

C. 200 000　　D. 184 000

7. 甲公司将其持有的交易性金融资产全部出售，售价为 2 900 万元，出售前该金融资产的账面价值为 2 800 万元（其中成本为 2 600万元，公允价值变动 200 万元）。假定不考虑其他因素，甲公司对该交易应确认的投资收益为（　　）万元。

A. 100　　B. 200

C. 300　　D. 500

8. 对于持有至到期投资折（溢）价的摊销，所采用的方法是（　　）。

A. 直线法　　B. 实际利率法

C. 双倍余额递减法　　D. 年数总和法

9. 处置其他债权投资时，除了其公允价值与初始入账金额之间的差额应确认为投资收益外，同时应调整公允价值变动，记入（　　）科目。

A. “其他综合收益”　　B. “投资收益”

C. “盈余公积”　　D. “营业外收入”

10. 企业对长期股权投资采用权益法进行核算时，对投资后被投资单位宣告发放的现金股利或利润，企业计算应分得的部分，借记“应收股利”科目，贷记（　　）科目。

A. “投资收益”

B. “长期股权投资（损益调整）”

C. “营业外收入”

D. “资本公积”

11. 甲股份有限公司于 2018 年 1 月 1 日以 20 420 万元购入乙公司发行的面值总额为 20 000 万元的公司债券确认为持有至到期投资，该债券系 5 年期，按年付息，票面年利率为 6%，实际利率 5.515%，发行价格总额为 20 360 万元，甲公司另外支付交易费用 60 万元。甲公司对债券的溢折价采用实际利率法摊销，2019 年 12 月 31 日应确认该债权投资的摊余成本为（　　）万元。

A. 20 420　　B. 20 346.16

C. 20 268.25　　D. 20 186.05

12. 甲公司以 2.55 元的价格购入某期限为 15 年、据到期还有 8 年的某封闭基金 100 万份，计划持有至该基金到期，该基金前日净值

3 元，购入时折价率 15%，该企业下述会计处理正确的是（　　）。

A. 划分为债权投资，其入账价值为 2 550 000 元

B. 划分为债权投资，其入账价值为 3 000 000 元

C. 划分为交易性金融资产，其入账价值为 3 000 000 元

D. 划分为其他债权投资，其入账价值为 2 550 000 元

13. 2019 年 1 月 1 日，甲公司自证券市场购入面值总额为 2 000万元的债券。购入时实际支付价款 2 078.98 万元，另外支付交易费用 10 万元。该债券发行日为 2019 年 1 月 1 日，系分期付息、到期还本债券，期限为 5 年，票面年利率为 5%，年实际利率为 4%，每年 12 月 31 日支付当年利息。甲公司将该债券作为债券投资核算。假定不考虑其他因素，该债权投资 2019 年 12 月 31 日的账面价值为（　　）万元。

A. 2 062.14　　B. 2 068.98

C. 2 072.54　　D. 2 083.43

14. 下列各项中，影响长期股权投资账面价值增减变动的是（　　）。

A. 采用权益法核算的长期股权投资，持有期间被投资单位宣告分派股票股利

B. 采用权益法核算的长期股权投资，持有期间被投资单位宣告分派现金股利

C. 采用成本法核算的长期股权投资，持有期间被投资单位宣告分派股票股利

D. 采用成本法核算的长期股权投资，持有期间被投资单位宣告分派现金股利

15. 企业部分出售持有至到期投资使其剩余部分不再适合划分为债权投资的，应当将该剩余部分重分类为（　　）。

A. 长期股权投资　　B. 交易性金融资产

C. 贷款和应收款项　　D. 其他债权投资

16. 甲公司长期持有乙公司 50% 的股权，采用成本法核算。

2019 年 1 月 1 日，该项投资账面价值为 1 200 万元。2019 年乙公司实现净利润 2 000 万元，宣告发放现金股利 800 万元。假定不考虑其他因素，2019 年 12 月 31 日，甲公司该项投资账面价值为（ ）万元。

A. 1 200　　B. 1 600

C. 2 200　　D. 1 800

17. 长期股权投资采用权益法核算的，下列各项中，属于投资企业确认投资收益应考虑的因素是（ ）。

A. 投资持有期间被投资单位实现净利润

B. 投资持有期间被投资单位资本公积增加

C. 投资持有期间被投资单位宣告分派现金股利

D. 长期股权投资发生减值损失

18. 在资产负债表日，若其他债权投资的公允价值低于其账面价值时，则应按其差额借记的会计科目是（ ）。

A. “资产信用损失”　　B. “其他综合收益”

C. “其他债权投资”　　D. “公允价值变动损益”

（二）多项选择题

1. 下列项目中，投资企业购入交易性金融资产当期应确认的收益有（ ）。

A. 被投资企业宣告发放的现金股利

B. 当期公允价值变动收益

C. 收到交易性投资购买价款中包含的现金股利

D. 被投资企业当期实现了净利润

2. 长期股权投资采用成本法核算时，被投资单位宣告分派现金股利时，投资企业应记入（ ）科目。

A. “投资收益”　　B. “利润分配”

C. “长期股权投资”　　D. “应收股利”

3. 企业下列资产属于金融资产的有（ ）。

A. 现金

B. 持有的其他单位的权益工具

C. 从其他单位收取现金或其他金融资产的合同权利

D. 在潜在有利条件下，与其他单位交换金融资产或金融负债的合同权利

4. 根据长期股权投资准则有关规定，企业在采用权益法核算“长期股权投资”时，应设置相关的明细账有（　　）。

A. 投资成本　　B. 损益调整

C. 其他综合收益　　D. 其他权益变动

5. 股份有限公司采用权益法核算的情况下，下列各项中会引起长期股权投资账面价值发生增减变动的有（　　）。

A. 被投资企业持有其他债权投资在期末计价时公允价值变动

B. 投资持有期间被投资企业提取盈余公积

C. 投资持有期间被投资企业宣告分派现金股利

D. 投资持有期间被投资企业宣告分派股票股利

6. 2019 年 1 月 1 日，甲公司支付价款 1 121 万元（含交易费用但不含利息）从活跃市场上购入乙公司当日发行的面值总额为 1 250万元的公司债券。该债券期限为 5 年，票面年利率为 4%，实际年利率为 6%，到期一次还本付息。该债券作为以摊余成本计量的金融资产核算，不考虑增值税、减值损失等因素。下列关于甲公司会计处理的表述中，正确的有（　　）。

A. 2019 年，甲公司确认该项债券投资的投资收益 67. 26 万元

B. 2019 年，该项债券投资带来的现金流入为 50 万元

C. 2019 年末，甲公司应摊销该项债券投资的利息调整金额为 17. 26 万元

D. 2019 年末，该项债券投资的摊余成本为 1 188. 26 万元

7. 下列关于长期股权投资会计处理的表述中，正确的有（　　）。

A. 对子公司长期股权投资应采用成本法核算

B. 处置长期股权投资时应结转其已计提的减值准备

C. 成本法下，按被投资方实现净利润应享有的份额确认投资收益

D. 成本法下，按被投资方宣告发放现金股利应享有的份额确认投资收益

8. 2019 年 2 月，甲公司从证券交易所购入乙公司股票 300 万股，每股市价 10 元，另外支付手续费共 5 万元，甲公司将乙公司股票划分为其他权益工具投资核算。2019 年 12 月 31 日，乙公司股票市价为每股 11 元。2021 年 3 月，甲公司以每股 12 元的价格将乙公司股票全部售出，另支付交易费用 4 万元。下列关于甲公司对乙公司股票的会计处理中，正确的有（　　）。

A. 该项其他权益工具投资的初始确认价值为 3 005 万元

B. 2019 年，甲公司确认乙公司股票投资收益 295 万元

C. 2019 年 12 月 31 日，甲公司持有乙公司股票的公允价值为 3 300 万元

D. 2021 年，甲公司出售乙公司股票确认投资收益 591 万元

（三）判断题

1. 购入股票或债券作为交易性金融资产所支付的价款不一定就是交易性金融资产的成本。（　　）

2. 购入股票作为交易性金融资产时，股票投资中已宣告的应收股利和债券投资中已宣告的应计利息都作为其他应收款处理。（　　）

3. 遵循谨慎性原则，在资产负债表日，对于交易性金融资产因公允价值变动产生的收益不予确认，而只确认因公允价值变动而产生的损失。（　　）

4. 已计提减值准备的债权投资价值以后又得以恢复，应在原

已计提的减值准备金额内确认恢复增加的金额。（ ）

5. 长期股权投资和债权投资的收益与持有时间均没有关系。（ ）

6. 股票股利可以作为投资的一种收益。（ ）

7. 持有至到期投资的账面价值随着溢价或折价的摊销而逐期减少或增加，在债券到期时，调整至债券的面值。（ ）

8. 处置长期股权投资时，所收到的处置收入与长期股权投资账面价值的差额，应在股权转让日确认为投资损益。（ ）

9. 投资企业对于被投资单位（联营企业）除净损益以外所有者权益的其他变动，在持股比例不变的情况下，企业按照持股比例计算应享有或承担的部分，计入当期损益并调整长期股权投资的账面价值。（ ）

10. 投资企业能够对被投资单位实施控制的，如被投资单位为其子公司的，投资企业对子公司的长期股权投资，应当采用成本法核算，但编制合并财务报表时按照权益法进行调整。（ ）

11. 计算持有至到期投资利息收入所采用的实际利率，应当在取得该项投资时确定，且在该项投资预期存续期间或适用的更短期间内保持不变。（ ）

12. 企业持有的其他债权投资公允价值发生的增减变动额，应当直接计入其他综合收益。（ ）

13. 企业为取得交易性金融资产发生的交易费用应计入交易性金融资产初始确认金额。（ ）

（四）作业题

1. **资料：** 2018 年 1 月 1 日，甲企业从二级市场支付价款 204 万元（含已到付息但尚未领取的利息 4 万元）购入某公司发行的债券，另发生交易费用 4 万元。该债券面值 200 万元，剩余期限为 2 年，票面年利率为 4%，每半年付息一次，甲企业将其划分为交易性金融资产。其他资料如下：

（1）2018 年 1 月 5 日，收到该债券 2017 年下半年利息 4 万元；

（2）2018 年 6 月 30 日，该债券的公允价值为 230 万元（不含利息）；

（3）2018 年 7 月 5 日，收到该债券半年利息；

（4）2018 年 12 月 31 日，该债券的公允价值为 220 万元（不含利息）；

（5）2019 年 1 月 5 日，收到该债券 2018 年下半年利息；

（6）2019 年 3 月 31 日，甲企业将该债券出售，取得价款 236 万元（含第一季度利息 2 万元）。假定不考虑其他因素。

要求：对上述交易性金融资产进行有关账务处理。

2. **资料：**2018 年 1 月 1 日，甲公司支付价款 91.5796 万元（含交易费用但不含利息）从活跃市场上购入某公司分期付息债券，面值 100 万元，票面利率 4%，按年支付利息（即每年 4 万元），本金最后一次支付，债券期限还剩 5 年。合同约定，该债券的发行方在遇到特定情况时可以将债券赎回，且不需要为提前赎回支付额外款项。实际利率 6%。甲公司在购买该债券时，预计发行方不会提前赎回。甲公司根据其管理该债券的业务模式和该债券的合同现金流量特征，将该债券分类为以摊余成本计量的金融资产。不考虑所得税、减值损失等因素。

要求：对甲公司该项金融资产进行有关账务处理。

3. **资料：**甲公司有关资料如下：

（1）甲公司于 2018 年 7 月 12 日从二级市场购入丁公司股票 200 万股，每股市价 10 元，手续费 5 万元；初始确认时，甲公司将该股票指定为以公允价值计量且其变动计入其他综合收益的非交易性权益工具投资。甲公司至 2018 年 12 月 31 日仍持有该股票，该股票当时的市价为 12 元。2019 年 2 月 1 日，甲公司将该股票售出，售价为每股 13 元，另支付交易费用 5.5 万元。

（2）甲公司于 2018 年 1 月 1 日支付价款 1 028.244 万元购入

丙公司发行的3年期公司债券，该公司债券的票面总金额为1 000万元，票面利率4%，实际利率为3%，利息每年末支付，本金到期支付。甲公司根据其管理该债券的业务模式和该债券的合同现金流量特征，将该债券分类为以公允价值计量且其变动计入其他综合收益的金融资产。假定不考虑所得税、减值损失等因素。2018年12月31日，该债券的市场价格为1 000.094万元。

（3）甲公司于2018年3月8日，支付价款1 603万元（含交易费用3万元），购入乙公司发行的股票200万股，占乙公司有表决权股份的1%。甲公司将指定为以公允价值计量且其变动计入其他综合收益的非交易性权益工具投资。

2018年5月12日，乙公司宣告发放现金股利3 000万元。

2018年5月20日，甲公司收到乙公司发放的现金股利。

2018年6月30日，该股票市价为每股8.2元。

2018年12月31日，甲公司仍持有该股票，当日该股票市价为每股7.8元。

2019年6月10日，甲公司以每股8.3元的价格将股票全部转让，支付交易费用3.2万元。

要求：对上述甲公司其他债权投资、其他权益工具投资进行有关账务处理（假定不考虑其他因素）。

4. **资料：**甲公司2018年11月6日，自非关联方以2 000万元的价格购入乙公司60%的股份作为长期股权投资，相关手续于当日完成，甲公司取得该部分股权后能够对乙公司实施控制。购买过程中另支付相关税费8万元。甲公司在取得投资以后，乙公司于2019年3月10日宣告分派利润600万元，2019年3月17日实际分派利润600万元。

要求：对上述甲公司长期股权投资按成本法进行有关账务处理（假定不考虑其他因素）。

5. **资料：**甲公司有关资料如下：

（1）甲公司于2018年1月4日取得B公司30%的股权，实际支付价款 3 000 万元。取得投资时被投资单位账面所有者权益的构成如下（假定该时点被投资单位各项可辨认资产、负债的公允价值与其账面价值相同，单位：万元）：

实收资本	3 000
资本公积	2 400
盈余公积	600
未分配利润	1 500
所有者权益总额	7 500

假定在 B 公司的董事会中，所有股东均以其持股比例行使表决权。甲公司在取得对 B 公司的股权后，派人参与了 B 公司的生产经营决策。因能够对 B 公司的生产经营决策施加重大影响，甲公司对该投资按照权益法核算。

（2）甲公司持有乙公司 30% 的股权，2017 年 12 月 31 日的账面价值为 3 000 万元，包括投资成本以及因乙公司以前期间实现净利润而确认的投资收益。乙公司 2018 年实现净利润 1 000 万元。乙公司于 2019 年 3 月 10 日宣告分派利润 200 万元，2019 年 3 月 17 日甲公司实际分得利润 60 万元。假定乙公司 2019 年由于一项主要经营业务市场条件发生变化，当年度发生亏损 2 000 万元。假定甲公司在取得投资时点上，乙公司各项可辨认资产、负债的公允价值与其账面价值相等，双方所采用的会计政策及会计期间也相同，则甲公司当年度应确认的投资损失为 600 万元。

要求：对上述甲公司 2018 年、2019 年的长期股权投资按权益法进行有关账务处理（假定不考虑其他因素）。

6. **资料：**（1）2018 年 1 月 1 日，甲公司自公开市场以 3 600 万元收购乙公司 30% 的股权，另支付相关税费 15 万元，款项以银行存款支付并办理了相关的股权划转手续。甲公司取得该部分股权后对乙公司的财务和经营决策具有重大影响，投资日乙公司可辨认净资产的公允价值与账面价值相同，均为 12 000 万元。

（2）2018 年 12 月 31 日，乙公司确认持有的其他权益工具投资公允价值上涨收益 400 万元。

（3）2018 年度，乙公司实现净利润 1 000 万元。

（4）2019 年 3 月 20 日，乙公司宣告分派 2018 年度的现金股利 300 万元。

（5）2019 年 4 月 10 日，甲公司收到乙公司分派的现金股利。

假设甲公司和乙公司之间没有发生任何内部交易。

要求： 对上述甲公司 2018 年、2019 年的长期股权投资按权益法进行有关账务处理。

第七章 固定资产

学习目的与要求

本章重点理解固定资产的概念和确认条件；掌握固定资产的初始计量；掌握固定资产取得以及处置的账务处理；掌握固定资产折旧的各种计提方法，以及固定资产的后续支出和减值准备的账务处理。

主要名词（中英文对照）

1. 固定资产	fixed assets
2. 账面价值	net book value
3. 原始成本	original cost
4. 净残值	residual value
5. 折旧	depreciation
6. 累计折旧	accumulated depreciation
7. 直线法	straight-line method
8. 单位产量法	units-of-production method
9. 双倍余额递减法	double-declining-balance method
10. 年数总和法	sum-of-the-years-digits method
11.（固定资产）清理	disposal

重点内容

1. 固定资产的确认。作为固定资产，需要同时满足下列条件才能予以确认：首先，需要符合固定资产的定义；然后，还需要符合固定资产以下确认条件：一是与该固定资产有关的经济利益很可能流入企业；二是该固定资产的成本能够可靠地计量。

2. 固定资产的初始计量。固定资产应当按照成本进行初始计量。

固定资产的成本，是指企业购建某项固定资产达到预定可使用状态前所发生的一切合理必要的支出。这些支出包括直接发生的价款、运杂费、包装费和安装成本等，也包括间接发生的，如应承担的借款利息、外币借款折算差额以及应分摊的其他间接费用。

对于特殊行业的特定固定资产，确定其初始入账成本时还应考虑弃置费用。

3. 固定资产折旧。折旧是指在固定资产使用寿命内，按照确定的方法对应计折旧额进行系统分摊。企业应当根据与固定资产有关的经济利益的预期实现方式，合理选择固定资产折旧方法。可选用的折旧方法包括年限平均法、工作量法、双倍余额递减和年数总和法等。固定资产的折旧方法一经确定，不得随意变更。

4. 固定资产的处置。固定资产在满足下列条件之一的应当予以终止确认：一是该固定资产处于处置状态；二是该固定资产预期通过使用或处置不能产生经济利益。将处置收入扣除账面价值和相关税费后的差额计入当期损益。

5. 固定资产的后续支出和减值。固定资产发生的可资本化的后续支出，计入固定资产成本。不符合固定资产确认条件的，计入当期损益。企业应当在资产负债表日判断资产是否存在可能发生减值的迹象，对于存在减值迹象的资产，应当进行减值测试，计算可收回金额，可收回金额低于账面价值的，应当按照可收回金额低于账面价值的金额，计提减值准备。固定资产减值损失一经确认，在以后会计期间不得转回。

复习思考题

1. 什么是固定资产？
2. 固定资产是怎样进行分类的？
3. 对固定资产如何进行初始计价？
4. 固定资产折旧的计算方法有哪些？各自是怎样计算的？
5. 判断固定资产是否发生减值，一般应考虑哪些因素？

练习题

（一）单项选择题

1. 自行建造的固定资产，应按（　　）计价。
   A. 评估价值
   B. 重置完全价值
   C. 同类固定资产市价
   D. 达到预定可使用前所发生的必要支出
2. 投资者投入的固定资产，按（　　）计价。
   A. 评估价值
   B. 账面价值
   C. 投资合同或协议约定的价值
   D. 重置完全价值

3. 一台机器设备原值 80 000 元，估计净残值 8 000 元，预计可使用 12 年按直线法计提折旧，则第二年应计提折旧为（　　）元。

A. 6 600　　B. 6 000

C. 7 000　　D. 8 000

4. 购入需要安装的生产设备的增值税进项税额计入（　　）。

A. 固定资产　　B. 营业外支出

C. 在建工程　　D. 应交税费

5. 固定资产改良过程中的变价收入应记入（　　）科目。

A. “营业外支出”　　B. “在建工程”

C. “营业外收入”　　D. “固定资产清理”

6. 企业的固定资产在盘亏时应通过（　　）账户核算。

A. “在建工程”　　B. “固定资产清理”

C. “待处理财产损溢”　　D. “管理费用”

7. 对在建工程项目发生的净损失，如为非常损失所造成的报废或毁损，应将其净损失计入当期（　　）。

A. 在建工程　　B. 固定资产

C. 管理费用　　D. 营业外支出

8. 下列固定资产折旧方法中，不需要考虑固定资产净残值的方法是（　　）。

A. 工作量法　　B. 双倍余额递减法

C. 平均年限法　　D. 年数总和法

9. 红星公司对账面原价为 100 万元，累计折旧为 60 万元的某一项固定资产进行清理。该固定资产已计提减值准备 5 万元。清理时发生清理费用 5 万元，清理收入 60 万元（税费略）。该固定资产的清理净损益为（　　）万元。

A. 17　　B. 23

C. 20　　D. 25

10. 某项固定资产原值为 15 500 元，预计使用年限为 5 年，预计净残值为 500 元，按双倍余额递减法计提折旧，则第四年末该固定资产的账面价值为（　　）元。

A. 1 924　　B. 2 008. 8

C. 3 500　　D. 1 500

（二）多项选择题

1. 计提固定资产折旧，通常应考虑（　　）因素。

A. 固定资产原值　　B. 固定资产净残值

C. 固定资产使用年限　　D. 固定资产减值准备

2. 下列固定资产中，应计提折旧的有（　　）。

A. 当月减少的固定资本

B. 季节性停用和大修理停用的设备

C. 建设工程交付使用前的固定资产

D. 已提足折旧仍继续使用的固定资本

3. 企业购入的固定资产，其入账价值应是购价加上与购置固定资产有关的（　　）等。

A. 运输费　　B. 安装费

C. 保险费　　D. 缴纳的增值税

4. 固定资产按其经济用途分类，可分为（　　）。

A. 自有固定资产

B. 租入固定资产

C. 生产经营用固定资产

D. 非生产经营用固定资产

5. 双倍余额递减法和年数总和法这两种计算固定资产累计折旧的方法的共同点有（　　）。

A. 每期的折旧率固定

B. 前期的折旧金额高，后期的折旧金额低

C. 不考虑净残值

D. 都使得固定资产成本在有效年限中的加快得到了补偿

（三）判断题

1. 固定资产应当按照成本进行初始计量。（　　）

2. 企业在计提固定资产折旧时，当月增加的固定资产当月计

提折旧，当月减少的固定资产当月停止计提折旧。（ ）

3. 对于正常出售、转让固定资产所产生的利得或损失，应贷记“营业外收入”或借记“营业外支出”科目。（ ）

4. 采用年数总和法计算折旧时，初期折旧费用小于后期折旧费用。（ ）

5. 盘盈的固定资产应按其原始价值入账。（ ）

6. 工作量法计提折旧的特点是每年提取的折旧额都相等。（ ）

7. 如果固定资产的后续维护和修理是为了保证固定资产的正常生产能力，发挥它应有的工作效能，则应该对该部分支出进行资本化处理，计入固定资产成本。（ ）

8. 根据企业会计准则规定，可选用的固定资产折旧方法有：平均年限法、工作量法、双倍余额递减法和年数总和法等。（ ）

9. 企业出售已使用过的固定资产所取得变价收入，与销售原材料所取得的收入相同，都应作为其他业务收入确认入账。（ ）

10. 根据企业会计准则规定，固定资产减值准备，一经计提，不得转回。（ ）

（四）作业题

1. **资料：**某工业企业 2018 年 8 月发生的有关固定资产的业务如下：

（1）从甲企业购旧卡车一辆账面原价为 45 000 元，已提折旧 10 000 元，双方协商 30 000 元。

（2）在财产清查中发现没有入账的设备一台，其重置完全价值为 20 000 元，估计折旧数为 6 000 元，经批准，改盘盈作为以前年度损益调整处理。

（3）用一台设备对外投资，该设备的账面原价为 60 000 元，累计折旧为 18 000 元，双方确定的价值为 45 000 元。

（4）一台设备使用期满，不能继续使用，进行报废清理，该设备原价为 50 000 元，已提折旧 48 000 元，取得的残料变价收入为 1 000 元，支付清理费用为 2 000 元。

（5）本月发生固定资产日常维修费 10 000 元。

要求：编制上述有关业务的会计分录。

2. **资料：**A 企业 2018 年 12 月获得一项账面价值为 100 000 元的固定资产用于生产经营，此固定资产的预计使用年限为 5 年，预计没有净残值。2019 年年底，由于市场因素的变化，这项固定资产的可收回金额为 75 000 元，估计的尚可使用寿命为 3 年。A 企业使用直线法计提固定资产的折旧。

要求：分别计算 2018 年、2019 年应计提的固定资产折旧额并作有关会计分录。

3. **资料：**中华公司 2018 年 12 月发生如下经济业务：

（1）购入不需要安装的生产设备一台，价款 28 000 元，增值税 3 640 元，运杂费 5 300 元，增值税 583 元，款项以银行存款支付。

（2）购入需要安装的生产机器一台，价款 22 000 元，增值税 2 860 元，支付安装费 700 元，运杂费 800 元，增值税 165 元，款项已用银行存款付讫。在安装过程中，领用材料 1 000 元，发生工资费用 650 元，该设备已投入使用。

（3）从外单位购入已使用过的机床一台，其现行市场价格为 53 700 元，双方协商价格为 45 000 元，缴纳增值税 5 850 元，支付包装费运杂费 1 400 元，增值税 154 元均由银行转账付讫。安装费 900 元，其中，材料费 500 元，工资费用 400 元。

（4）接受外单位投资转入的设备一台，该设备账面原价为 46 000元，经双方重新评估确认价值为 42 000 元，增值税 5 460 元。

（5）接受某公司捐赠汽车一辆，无附带单据，按重置价值估价为 88 000 元，增值税 11 440 元，在授受捐赠过程中发生支出

1 200元，以银行存款支付。

（6）出售已使用5年的机器一台，原值68 000元，取得变价收入16 000元，增值税2 080元，账面已提折旧62 000元。

（7）企业基本生产车间报废设备一台，经批准后进行清理，该设备原值为54 000元，使用期限7年，已使用5年零8个月，累计折旧为48 000元，支付清理费用350元，取得残料作价700元。

（8）在财产清查中发现没有入账的设备一台，其重置完全价值为20 000元，估计折旧数为6 000元。

（9）本月发生固定资产日常维修费10 000元。

要求：根据上述经济业务编制有关会计分录。

4. **资料：**东风公司2018年11月有关固定资产的资料如表7－1所示。

2018年11月固定资产增减情况：

（1）基本生产车间拨入新机床一台，原价为8 000万元；

（2）由基本生产车间拨出旧机床一台，原价为3 000万元（以上调入、调出的机床均属于生产设备）。

表7－1　　固定资产资料

使用单位和固定资产的类别	原始价值（万元）	预计使用年限（年）	预计残余价值（万元）	预计清理费用（万元）
基本生产车间：				
厂房	50 000	20	2 400	400
生产设备	300 000	25	32 000	2 000
辅助生产车间：				
厂房	4 000	15	380	130
动力设备	60 000	10	15 000	3 000
企业管理部门：				
房屋	2 000	20	400	160

要求：

（1）根据上述有关资料计算该厂各类固定资产的月折旧率。

（2）根据上述有关资料计算该厂各类固定资产 2018 年 12 月的月折旧额。

（3）编制 2018 年 12 月计提折旧的会计分录。

5. **资料：**企业有一项固定资产，该固定资产原值为 100 000 元，预计使用年限为 5 年，预计净残值为 2 000 元。

要求：

（1）计算在采用双倍余额递减法计提折旧时各年的折旧率和折旧额。

（2）计算在采用年数总和法计提折旧时各年的折旧率和折旧额。

第八章　无形资产及其他资产

学习目的与要求

学习本章的目的是重点理解和熟悉无形资产的概念、确认、计量及账务处理。要求熟悉无形资产的概念及特征，熟悉长期待摊费用的内容及账务处理；熟悉无形资产减值的账务处理。掌握无形资产入账价值的确定；掌握无形资产的取得、摊销及转让的账务处理。了解无形资产的分类和内容。

主要名词（中英文对照）

1. 无形资产	intangible asset
2. 专利权	patent
3. 非专利技术	non-proprietary technology
4. 商标权	brand name
5. 著作权	copyright
6. 土地使用权	land use right
7. 特许经营权	franchise
8. 研发支出	research and development cost
9. 长期待摊费用	long-term unamortized expense
10. 开办费	organization expense

重点内容

1. 无形资产的基本概念和特征。无形资产是指企业拥有或者控制的没有实物形态的可辨认非货币性资产。无形资产一般具有以下主要特征：

(1) 无形资产没有实物形态；

(2) 无形资产属于非货币性长期资产；

(3) 无形资产是为企业使用而非出售的资产；

(4) 无形资产具有可辨认性。

2. 无形资产的确认。一般某项资产被确认为无形资产应同时满足以下条件：

(1) 与该无形资产有关的经济利益很可能流入企业；

(2) 该无形资产的成本能够可靠地计量。

3. 无形资产的内容。无形资产主要包括专利权、非专利技术、商标权、著作权、土地使用权、特许权等。

4. 无形资产取得、摊销、处置及减值的账务处理。为了核算无形资产的取得、摊销和处置等情况，企业应当设置“无形资产”“累计摊销”“无形资产减值准备”等科目。

5. 长期待摊费用的内容及账务处理。

复习思考题

1. 什么是无形资产？无形资产一般具有哪些特征？

2. 无形资产的入账价值如何确定？

3. 为什么企业内部研究开发项目研究阶段的支出，应当于发生时计入当期损益？

4. 企业内部研究开发项目开发阶段的支出，应当具备哪些条件可确认为无形资产的成本？

5. 确定无形资产的摊销期限时应考虑哪些因素？无形资产的成本如何摊销？

6. 长期待摊费用主要核算哪些内容？

练习题

（一）单项选择题

1. 分析无形资产的基本特征，以下选项中错误的是（　　）。
   A. 无形资产没有实物形态
   B. 无形资产属于非货币性长期资产
   C. 无形资产在创造经济利益方面存在较大的不确定性
   D. 无形资产具有不可辨认性

2. 以下所列出的资产项目，能够纳入无形资产准则进行核算的是（　　）。
   A. 企业合并中产生商誉的确认和计量
   B. 外购无形资产
   C. 作为投资性房地产的土地使用权
   D. 石油天然气矿区权益的确认和计量

3. 以下所列出的资产项目，不能纳入无形资产准则进行核算的是（　　）。
   A. 专利权　　B. 商标权
   C. 商誉　　D. 著作权

4. 下列各项中，不能形成无形资产的情形是（　　）。
   A. 债务重组形成的无形资产
   B. 企业合并形成的无形资产
   C. 政府补助形成的无形资产
   D. 自主研发但没有进入开发阶段的支出

5. 外购无形资产的成本，不包括的项目是（　　）。

A. 购买价款

B. 相关税费

C. 直接归属于使该项资产达到预定用途所发生的其他支出

D. 购买无形资产的价款超过正常信用条件延期支付而实质上承担的融资费用

6. 甲上市公司 2019 年 1 月以分期付款方式购买一项商标权，该购买合同表明，商标权总价款 500 万元，分 3 年支付，第 1 年和第 2 年年末分别支付 200 万元，最后一年年末支付 100 万元。假定银行同期贷款利率为 6%，甲公司该项商标权的入账价值是（　　）万元。

A. 500　　B. 450.64

C. 419.81　　D. 466.36

7. 无形资产在计提资产减值准备之后，如有充分的证据表明其减值又得以恢复，根据相关准则规定，应该（　　）。

A. 按已恢复部分，在无形资产减值准备的数额内，冲减无形资产减值准备，并确认为当期损益

B. 按可能恢复部分，在无形资产减值准备的数额内，冲减无形资产减值准备，并确认为当期损益

C. 按已恢复部分，在无形资产减值准备的数额内，冲减无形资产减值准备，并确认为资本公积

D. 一律不冲回

8. 某公司于 2017 年 1 月 1 日购入一项无形资产，初始入账价值为 300 万元。该无形资产预计使用年限为 10 年，采用直线法摊销。该无形资产 2017 年 12 月 31 日预计可收回金额为 261 万元，2018 年 12 月 31 日预计可收回金额为 224 万元。假定该公司于每年年末计提无形资产减值准备，计提减值准备后该无形资产原预计使用年限、摊销方法不变。该无形资产在 2019 年 6 月 30 日的账面价值为（　　）万元。

A. 210　　B. 212

C. 225　　D. 226

9. 甲公司自行开发建造厂房等建筑物，2019 年 1 月以银行存款 5 000 万元购入土地使用权期限 50 年，另以 1 000 万元支付全部出包建筑工程款项，2019 年 6 月 30 日工程完工投入使用，预计使用期 20 年，假设净残值均为 0。2019 年对上述资产应作的折旧摊销处理是（　　）。

A. 无形资产土地使用权摊销 100 万元，固定资产折旧 25 万元

B. 固定资产折旧 150 万元

C. 固定资产折旧 100 万元

D. 无形资产土地使用权摊销 91.67 万元，固定资产折旧 50 万元

10. 2019 年 1 月 1 日，甲公司将某商标权出租给乙公司，租期为 4 年，每年收取租金 15 万元不含增值税。租金收入适用的增值税税率为 6%。甲公司在出租期间内不再使用该商标权。该商标权系甲公司于 2019 年 1 月 1 日购入的，初始入账价值为 180 万元，预计使用年限为 15 年，采用直线法摊销。假定不考虑增值税以外的其他税费，甲公司 2019 年度出租该商标权所产生的其他业务利润为（　　）万元。

A. −12　　B. 2.25

C. 3　　D. 4.25

11. 下列关于无形资产会计处理的表述中，正确的是（　　）。

A. 将自创的商誉确认为无形资产

B. 将已转让所有权的无形资产的账面价值计入其他业务成本

C. 将预期不能为企业带来未来经济效益的无形资产账面价值计入研发费用

D. 将以支付土地出让金方式取得的自用土地使用权单独确

认为无形资产

（二）多项选择题

1. 下列属于无形资产基本特征的有（　　）。
   A. 无形资产没有实物形态
   B. 无形资产属于非货币性长期资产
   C. 无形资产是为企业使用而非出售的资产
   D. 无形资产在创造经济利益方面存在较大不确定性
2. 无形资产按其取得方式划分，可分为（　　）。
   A. 外部购置取得的无形资产
   B. 自行开发形成的无形资产
   C. 股东投入形成的无形资产
   D. 接受捐赠形成的无形资产
3. 以下关于无形资产的表述正确的有（　　）。
   A. 自创商誉以及内部产生的品牌、报刊名等，不应确认为无形资产
   B. 自行研发无形资产在研究阶段支出应当计入研发费用
   C. 无法预见无形资产为企业带来未来经济利益期限的视为使用寿命不确定的无形资产，使用寿命不确定的无形资产不应摊销
   D. 自行开发建造厂房等建筑物，相关的土地使用权与建筑物应当分别进行摊销和折旧
4. “研发支出”科目核算企业进行研究与开发无形资产过程中发生的各项支出。下述表述正确的有（　　）。
   A. 本科目应当按照研究开发项目设立
   B. 本科目应该分别“费用化支出”与“资本化支出”进行明细核算
   C. 本科目汇集各种研究和开发方面费用，其中对开发阶段

符合相关条件的支出转入到“无形资产”科目中

D. 本科目月末余额表示正在进行的研发项目情况

5. 分析下列关于无形资产核算会计科目的表述，其中正确的选项有（　　）。

A.“无形资产”科目，企业应当按照无形资产项目进行明细核算。本科目的期末借方余额，反映企业无形资产的成本

B.“累计摊销”科目，企业应按无形资产项目进行明细核算。本科目期末贷方余额，反映企业无形资产累计摊销额

C.“无形资产减值准备”科目，企业应按无形资产项目进行明细核算。本科目期末贷方余额，反映企业已计提但尚未转销的无形资产减值准备

D.“研发支出”科目，企业应当按照研究开发项目，分别“费用化支出”与“资本化支出”进行明细核算。“研发支出”科目期末借方余额，反映企业正在进行中的研究开发项目中满足资本化条件的支出

6. 以下应作为无形资产确认的有（　　）。

A. 购入价值较高、能在较长时间使用并使企业受益的计算机软件

B. 购置计算机附带未单独计价的软件

C. 自创商誉及品牌

D. 已经自行开发完成且符合资本化条件的非专利技术

7. 下列关于自行研发无形资产的确认正确的有（　　）。

A. 无法区分研究阶段和开发阶段的支出，应当在发生时全部计入营业外支出

B. 无法区分研究阶段和开发阶段的支出，应当在发生时全部计入研发费用

C. 期末资产负债表“研发支出”项目反映无形资产开发过

程符合资本化条件的支出

D. 期末资产负债表“研发支出”项目反映无形资产开发过程的支出

8. 企业自行研发无形资产满足资本化的条件包括（　　）。

A. 完成开发后的使用或出售在技术上可行

B. 具有完成并使用或出售的意图

C. 能够证明无形资产产生经济利益的方式

D. 有足够的技术、财务等资源支持开发完成

9. 下列有关无形资产使用权转让的会计处理中，正确的有（　　）。

A. 取得的收入应计入其他业务收入

B. 发生的支出应计入其他业务成本

C. 出租方将无形资产账面价值于出租时一次摊销

D. 转让使用权后继续摊销计入其他业务成本

10. 下列关于专门用于产品生产的专利权会计处理的表述中，正确的有（　　）。

A. 该专利权的摊销金额应计入管理费用

B. 该专利权的使用寿命至少应于每年年度终了进行复核

C. 该专利权的摊销方法至少应于每年年度终了进行复核

D. 该专利权应以成本减去累计摊销和减值准备后的余额进行后续计量

（三）判断题

1. 无形资产是指企业拥有或者控制的没有实物形态的非货币性资产，包括可辨认货币性资产和不可辨认非货币性资产两个部分。（　　）

2. 某个项目要确认为无形资产，首先必须符合无形资产的定义，其次还要符合以下两项条件，即产生的经济利益很可能流入企业，且其成本能够可靠地计量。（　　）

3. 企业在自创商誉、品牌、报刊名等过程中发生的支出，不能将其作为企业的无形资产予以确认。（ ）

4. 购入无形资产超过正常信用条件延期支付价款，实质上具有融资性质的，该项无形资产的计量应以购买价款的现值为基础。（ ）

5. 自主研发形成的无形资产，在开发阶段符合相关条件的情况下，可构成无形资产价值，其初始成本包括以前期间已经费用化的支出。（ ）

6. “研发支出”科目核算企业进行研究与开发无形资产过程中发生的各项支出。本科目应当按照研究开发项目，分别“费用化支出”与“资本化支出”进行明细核算。（ ）

7. 如果无形资产可收回金额低于其账面价值，说明企业的无形资产发生了减值，应计提无形资产的减值准备。（ ）

8. 对于已确认减值的无形资产，如有充分的证据表明其减值又得以恢复，应按已恢复部分，在无形资产减值准备的数额内，冲减无形资产减值准备，并确认为当期损益。（ ）

9. 对于使用寿命不确定的无形资产，在持有期间内不需要摊销，但应当在每个会计期间进行减值测试。（ ）

10. 企业无法可靠区分研究阶段和开发阶段的，应将其所发生的研发支出全部资本化，计入无形资产成本。（ ）

11. 专门用于生产某产品的无形资产，其所包含的经济利益通过所生产的产品实现的，该无形资产的摊销额应计入产品成本。（ ）

（四）作业题

1. **资料：**（1）甲公司决定，从国外A公司引进M项非专利技术，作价120 000美元作为A公司向本公司的投资，按当时汇率8.00元折合人民币960 000元记账。

（2）B研究所以N项专利权向甲公司投资，双方作价240 000

元，作为该研究所的投入资本。

（3）经研究决定，上述 M 项非专利技术摊销期限为 10 年，N 项专利权摊销期限为 8 年，从使用月份开始按月摊销。

（4）假设甲公司将取得的 N 项专利权使用 2 年后又转让给其他单位，取得价款 200 000 元存入银行。增值税税率为 6%。

要求：

（1）根据资料（1）和资料（2），编制甲公司取得非专利技术和专利权的会计分录；

（2）根据资料（3），计算非专利技术和专利权的每月摊销额，并编制本月摊销的会计分录；

（3）根据资料（4），做出取得转让专利权价款的会计分录，并计算和结转转让成本。

2. **资料：**甲公司自行研究、开发一项技术，截至 2018 年 12 月 31 日，发生研发支出合计 4 500 000 元，经测试该项研发活动完成了研究阶段，从 2019 年 1 月 1 日开始进入开发阶段。2019 年发生研发支出 500 000 元，假定符合无形资产准则规定的开发支出资本化的条件。2019 年 7 月 31 日，该项研发活动结束，最终开发出一项非专利技术。预计使用寿命 8 年。

要求：做出甲公司的有关账务处理。

3. **资料：**甲公司将其购买的一项专利权转让给乙公司，该专利权的成本为 1 200 000 元，预计使用寿命 10 年，已摊销 360 000 元，应交增值税 54 000 元，实际取得的含增值税的转让价款为 954 000元，款项已存入银行。

要求：做出甲公司的购入、月摊销以及转让的有关账务处理。

4. **资料：**2016 年 1 月 1 日，甲企业外购 A 无形资产，实际支付的价款为 2 400 000 元，缴纳增值税 144 000 元（6%）。根据相关法律，A 无形资产的有效年限为 10 年，购入时已使用 2 年。2018 年 12 月 31 日，由于与 A 无形资产相关的经济因素发生不利变化，致使 A 无形资产发生减值。甲企业估计其可收回金额为

1 200 000元。

要求：

（1）编制甲公司取得A无形资产的会计分录；

（2）计算甲公司2017年、2018年A无形资产每月应摊销的数额，并编制会计分录；

（3）编制甲公司2018年年末计提无形资产减值准备的会计分录；

（4）计算甲公司2019年A无形资产每月应摊销的数额，并编制会计分录。

5. **资料：**某公司2018～2019年作为非专利技术研究和开发了一项新工艺。2018年10月1日以前发生各项研究、调查、试验等费用200万元，2018年10～12月发生材料人工等各项支出100万元，在2018年12月31日，该公司已经可以证实该项新工艺必然开发成功并满足无形资产确认标准。2019年1～6月又发生材料费用、直接参与开发人员的工资、场地设备等租金和注册费等支出400万元。2019年6月30日该项新工艺完成，预计该项新工艺所含专有技术的可收回金额为600万元。

要求：做出该公司的有关账务处理。

6. **资料：**2018年10月8日，甲公司将其拥有的某专利权以5 400万元的价格转让给乙公司，转让手续于当日完成。乙公司于当日支付全部价款。甲公司该专利权系2017年10月10日取得，取得成本为4 000万元。甲公司对该专利权按10年平均摊销。该专利权转让时未计提减值准备。乙公司购入该专利权后即投入使用，预计尚可使用年限为9年，2018年12月31日该专利权的预计可收回金额为5 300万元。2019年12月31日该专利权的预计可收回金额降至3 100万元。

要求：

（1）计算甲公司2018年转让净收益；

（2）计算乙公司2018年和2019年计提的减值准备。

第九章 非货币性资产交换

学习目的与要求

通过本章学习，理解非货币性资产交换的概念和确认条件；分别掌握具有商业实质且公允价值能够可靠计量的非货币性资产交换的会计处理和不具有商业实质或公允价值不能够可靠计量的非货币性资产交换的会计处理。

主要名词（中英文对照）

1. 货币性资产	monetary assets
2. 非货币性资产	non-monetary assets
3. 公允价值	fair value；sound value
4. 换入资产	barter-in
5. 换出资产	barter-out
6. 非货币性资产交换	exchange of nonmonetary assets；assets exchange of nonmonetary

重点内容

1. 货币性资产，是指企业持有的货币资金和将以固定或可确定的金额收取的资产，包括现金、银行存款、应收账款和应收票据以及准备持有至到期的债券投资等。

2. 非货币性资产交换，是指交易双方主要以存货、固定资产、无形资产和长期股权投资等非货币性资产进行的交换。

3. 在进行非货币性资产交换的情况下，《企业会计准则第7号——非货币性资产交换》规定，根据公允价值是否能可靠计量，按公允价值和账面价值确定换入资产成本的计量基础和交换所产生损益的确认原则。

复习思考题

1. 哪些资产属于非货币性资产？

2. 什么是商业实质？判断是否具有商业实质的主要依据有哪些？

3. 具有商业实质且公允价值能够可靠计量的非货币性资产交换，应当如何确定换入资产的入账价值？

4. 采用公允价值计量换入多项非货币性资产时，应当如何确定各项换入资产的入账价值？

练习题

（一）单项选择题

1. 在确定涉及补价的交易是否为非货币性资产交换时，收到补价的企业，应当按照收到的补价占（　　）的比例低于25%确定。

A. 换出资产公允价值

B. 换出资产公允价值加上支付的补价

C. 换入资产公允价值减补价

D. 换出资产公允价值减补价

2. 下列资产中，不属于货币性资产的是（　　）。

A. 应收账款

B. 准备持有至到期的债券投资

C. 应收票据

D. 准备在一个月内转让的短期股票投资

3. 在确定涉及补价的交易是否为非货币性资产交换时，支付补价的企业，应当按照支付的补价占（　　）的比例低于25%确定。

A. 换出资产公允价值

B. 换出资产公允价值加上支付的补价

C. 换入资产公允价值加补价

D. 换出资产公允价值减补价

4. 以下交易形式中，属于非货币性资产交换的是（　　）。

A. 以准备持有至到期的债券投资与固定资产交换

B. 以固定资产与无形资产交换

C. 以准备持有至到期的债券投资与股权投资交换

D. 以无形资产与准备持有至到期的债券投资交换

5. 在非货币性资产交换中，如果同时换入多项资产，非货币性资产交换具有商业实质，且换入资产的公允价值能够可靠计量的，应当按照（　　）的比例，对换入资产的成本总额进行分配，确定各项换入资产的入账价值。

A. 换入各项资产的公允价值与换入资产公允价值总额

B. 换出各项资产的公允价值与换出资产公允价值总额

C. 换入各项资产的账面价值与换入资产账面价值总额

D. 换出各项资产的账面价值与换出资产账面价值总额

6. A公司以一台甲设备换入D公司的一台乙设备。甲设备的账面原价为22万元，已提折旧3万元，已提减值准备3万元，其公允价值为20万元。D公司另向A公司支付补价2万元。两公司资产交换具有商业实质，A公司换入乙设备应计入当期收益的金额为（　　）万元。

A. 4　　　　B. 0

C. 14.4　　　　　　　　　　D. －4

7. 下列项目中，不属于非货币性资产交换的是（　　）。

A. 以公允价值300万元的存货换取一项专利权

B. 以公允价值600万元的长期股权投资换取一台设备

C. 以公允价值200万元的A车床换取B车床，同时收到40万元的补价

D. 以公允价值70万元的电子设备换取一辆小汽车，同时支付30万元的补价

（二）多项选择题

1. 下列资产中，属于非货币性资产的有（　　）。

A. 存货

B. 固定资产

C. 股权投资

D. 准备持有至到期的债券投资

2. 下列资产中，属于货币性资产的有（　　）。

A. 库存现金

B. 银行存款

C. 预付账款

D. 准备持有至到期的债券投资

3. 企业发生的交易中，如果涉及补价，判断该项交易属于非货币性资产交换的标准有（　　）。

A. 支付的补价占换入资产公允价值的比例小于25%

B. 支付的补价占换出资产公允价值的比例小于25%

C. 支付的补价占换入资产公允价值的比例大于等于25%

D. 支付的补价占换出资产公允价值和补价之和小于25%

4. 根据《企业会计准则——非货币性资产交换》的规定，下列项目中不属于货币性资产的有（　　）。

A. 对没有市价的股票进行的投资

B. 对有市价的股票进行的投资

C. 不准备持有至到期的债券投资

D. 准备持有至到期的债券投资

5. 下列各项交易中，属于非货币性资产交换的有（ ）。

A. 以固定资产换入股权

B. 以银行汇票购买原材料

C. 以银行本票购买固定资产

D. 以长期股权投资换入原材料

6. 根据企业会计制度规定，在非货币性交易过程中，企业以存货换取固定资产，其换入价值包括（ ）。

A. 换出资产的账面余额

B. 发出的相关运输费用

C. 支付的补价

D. 支付的相关税费

（三）判断题

1. 在非货币性资产交换中，如果换入资产和换出资产的公允价值均能够可靠计量的情况下，应优先考虑以换出资产的公允价值为基础确定换入资产的成本。（ ）

2. 非货币性资产交换不具有商业实质，或换入资产或换出资产的公允价值不能可靠计量的，应当以换出资产的账面价值和应支付的相关税费作为换入资产的成本，不确认损益。（ ）

3. 换出资产为固定资产、无形资产的，公允价值和换出资产账面价值的差额，计入营业外支出或资本公积。（ ）

4. 在非货币性资产交换中，损益的确认取决于是否支付补价。（ ）

（四）作业题

1. **资料：**2019 年 3 月，甲公司以生产经营过程中使用的一台设备交换乙公司生产的一批商品，换入的商品作为原材料核算。甲公司设备的账面原价为190万元，在交换日的累计折旧为70万元，已为该项设备计提资产减值准备10万元，公允价值为100万元（不含增值税）。乙公司商品的账面价值为90万元，在交换日的公允价值为100万元（不含增值税），计税价格等于公允价值。乙公司换入甲公司的设备用于生产经营。甲、乙公司均为一般纳税人，适用的增值税税率为13%。甲公司整个交易过程中，除支付运杂费1万元外，没有发生其他相关税费。乙公司此前没有为库存商品计提存货跌价准备，其在整个交易过程中没有发生除增值税以外的其他税费。甲、乙公司不存在关联方关系，交易价格公允。

要求：根据上述资料分别为甲、乙公司做出账务处理。

2. **资料：**为了提高产品质量，甲公司以其持有的对丙公司的长期股权投资交换乙公司拥有的一项生产设备。在交换日，甲公司持有的长期股权投资账面余额为640万元，已计提长期股权投资减值准备为30万元，在交换日的公允价值为600万元；乙公司设备的账面原价为840万元，已提折旧210万元，已计提减值准备为20万元，在交换日的公允价值为600万元（不含增值税）。假设整个交易过程中没有发生增值税以外的其他相关税费，甲、乙公司不存在关联方关系，交易价格公允。

要求：根据上述资料分别为甲、乙公司做出账务处理。

3. **资料：**甲公司拥有一台专用设备，该设备账面原价450万元，已计提折旧330万元，乙公司拥有一项长期股权投资，账面价值90万元，两项资产均未计提减值准备。甲公司决定以其专有设备交换乙公司的长期股权投资，该专有设备是生产的某种产品必需的设备，由于专用设备当时专门建造、性质特殊，其公允价值不能可靠计量。乙公司拥有的长期股权投资在活跃市场中没有报价，公允价值也不能可靠计量。经双方商定，乙公司支付了18万元补价，假定交易不考虑相关税费。

要求：根据上述资料分别为甲、乙公司做出账务处理。

第十章　流动负债

学习目的与要求

通过本章的学习，了解交易性金融负债、应付票据、应付账款、应付职工薪酬、应交税费、短期借款、预收账款、应付利息、应付股利、其他应付款等基本概念。熟悉金融负债的分类、交易性金融负债的划分，职工薪酬的内容，增值税与消费税的基本业务。掌握交易性金融负债的账务处理；应付账款、应付票据的账务处理；应付职工薪酬的账务处理；应交税费的账务处理；短期借款、预收账款、应付利息、应付股利、其他应付款的账务处理；债务重组的方式以及账务处理。

主要名词（中英文对照）

1. 应付票据	notes payable
2. 应付账款	accounts payable
3. 短期借款	short-term loans
4. 预收账款	unearned revenue
5. 应付股利	dividends payable
6. 预提费用	accrued expenses
7. 一年内到期的非流动负债	long-term liabilities due within one year
8. 已贴现应收票据	discounted notes receivable
9. 未决诉讼	pending litigation

重点内容

1. 应付票据和应付账款的核算。

（1）应付票据的核算。应付票据的概念；带息应付票据的概念，带息应付票据的账务处理；不带息应付票据的概念，不带息应付票据的账务处理。

（2）应付账款的核算。应付账款的概念；应付账款的确认和计量；应付账款的账务处理。

2. 应付职工薪酬的核算。

（1）职工薪酬的内容。职工薪酬的概念，工资的概念，奖金的概念，津贴、补贴的概念，职工福利费的概念，社会保险费的概念，住房公积金的概念，工会经费和职工教育经费的概念，非货币性福利的概念，辞退福利的概念，股份支付的概念。

（2）应付职工薪酬的账务处理。应付职工薪酬账务处理的基本原则，企业发生应付职工薪酬的主要账务处理，企业发放职工薪酬的主要账务处理，辞退福利的账务处理，以现金结算股份支付的账务处理。

（3）应付职工薪酬的信息披露。应付职工薪酬信息披露的主要内容。

3. 应交税费的核算。

（1）增值税。一般纳税人企业应交增值税的计算及其账务处理，小规模纳税人企业应交增值税的计算及其账务处理。

（2）消费税。将生产产品直接对外销售的消费税账务处理，将应税消费品换取生产资料等其他视同销售方面的账务处理，委托加工应税消费品的账务处理。

（3）房产税、土地使用税、车船税、印花税等其他税费。房产税、土地使用税、车船税、印花税等其他税费的计算和账务处理。

4. 其他流动负债的核算。

（1）短期借款。短期借款的概念，短期借款借入、偿还的账务处理，短期借款利息的账务处理。

（2）交易性金融负债。交易性金融负债的概念，交易性金融负债的账务处理。

（3）预收账款。预收账款的概念，预收账款的账务处理。

（4）应付利息。应付利息的概念，应付利息的账务处理。

（5）应付股利。应付股利的概念，应付股利的账务处理。

（6）其他应付款。其他应付款的内容，售后回购方式融资形成的其他应付款的账务处理，其他应付、暂收款项形成的其他应付款的账务处理。

5. 债务重组的核算。

（1）债务重组及其方式。债务重组的概念，债务重组的方式。

（2）债务重组的账务处理。债务重组收益和债务重组损失，债务人的账务处理，债权人的账务处理。

（3）债务重组的信息披露。债务人的信息披露，债权人的信息披露。

复习思考题

1. 简述流动负债的主要项目。
2. 什么是交易性金融负债？
3. 应付账款的入账金额如何确定？
4. 职工薪酬包括哪些内容？
5. 简述辞退福利及其内容。
6. 简述以现金结算的股份支付的会计处理。
7. 企业应当在附注中披露与职工薪酬有关的信息有哪些？
8. 应交税费的主要内容有哪些？简述各项应交税费的会计处理。

9. 简述债务重组及其方式。

10. 债务重组的账务处理应注意的主要问题是什么?

11. 债务重组的信息披露应如何进行?

练习题

(一) 单项选择题

1. 在资产负债表中，下列各项中不属于流动负债项目的是( )。

A. 预计负债　　B. 交易性金融负债

C. 预收账款　　D. 应付股利

2. 企业发生的下列经济业务，属于或有负债的是( )。

A. 租入固定资产

B. 采用分期付款方式购入材料

C. 应收商业承兑票据向银行贴现

D. 结转企业无法支付的应付款项

3. 企业发生的不符合资本化条件的短期借款利息，其会计核算方法是( )。

A. 全部计入借款当月的财务费用中

B. 分月计入管理费用中

C. 全部计入还款月份的财务费用中

D. 应按月预提计入财务费用或直接计入付息当月的财务费用中

4. "短期借款"科目的贷方核算内容是( )。

A. 借入的借款本金　　B. 预提的借款利息

C. 偿还的借款本息　　D. 借款产生的利息

5. 企业因购买原材料开出并承兑的带息商业承兑汇票，其票据利息应于期末和票据到期支付本息时，借记( )科目。

A. “原材料”　　B. “管理费用”

C. “财务费用”　　D. “其他业务成本”

6. 现行会计制度规定，应付票据的入账金额是（　　）。

A. 应付票据的票面价值

B. 应付票据的现值

C. 应付票据的票面价值加上票据所附利息

D. 应付票据的票面价值减去票据所附利息

7. 企业无法偿还的应付款项，经确认后应将其作为（　　）处理。

A. 其他业务收入　　B. 营业外收入

C. 资本公积　　D. 冲减管理费用

8. 企业向职工发放的货币性福利，在实际支付时应作的会计处理为（　　）。

A. 借记“应付工资”科目，贷记“现金”科目

B. 借记“应付职工薪酬”科目，贷记“现金”科目

C. 借记“管理费用”科目，贷记“现金”科目

D. 借记“职工奖励及福利基金”科目，贷记“现金”科目

9. 下列税金，企业不需要通过“应交税费”科目核算的是（　　）。

A. 所得税　　B. 印花税

C. 增值税　　D. 房产税

10. 某小规模纳税企业月初欠缴增值税 3 000 元，本月购进材料成本 80 000 元，支付的增值税税额为 13 600 元，产品含税销售收入为 1 060 000 元，计算的增值税为 60 000 元，本月月末应缴增值税（　　）元。

A. 60 000　　B. 63 000

C. 46 400　　D. 49 400

11. 某一般纳税企业 4 月 5 日购进一批原材料，供货方开具的增值税专用发票上列明的价款为 8 600 元，增值税为 1 462 元，该

企业按合同规定开出银行承兑汇票一张抵付货款。假设原材料按实际成本核算，该批材料尚未验收入库，其会计处理为（　　）。

A. 借：在途物资　　10 062
　　贷：应付账款　　10 062

B. 借：在途物资　　10 062
　　贷：应付票据　　10 062

C. 借：在途物资　　8 600
　　应交税费——应交增值税（进项税额）　　1 462
　　贷：应付票据　　10 062

D. 借：在途物资　　8 600
　　应交税费——应交增值税（进项税额）　　1 462
　　贷：应付账款　　10 062

12. 企业缴纳上月应交未交的增值税时，应借记（　　）科目。

A. “应交税费——应交增值税（转出未交增值税）”
B. “应交税费——未交增值税”
C. “应交税费——应交增值税（转出来多交增值税）”
D. “应交税费——应交增值税（已交税金）”

13. 下列业务不属于一般纳税企业视同销售业务的是（　　）。

A. 对外投资转出原材料　　B. 在建工程领用原材料
C. 对外捐赠转出原材料　　D. 转出产成品用于集体福利

14. 在工业企业中，应通过“税金及附加”科目核算的应缴税金是（　　）。

A. 应交增值税　　B. 代扣个人所得税
C. 应交房产税　　D. 应交所得税

15. 企业计算出自产自用的应税产品应缴纳的资源税，应借记（　　）科目，贷记“应交税费——应交资源税”科目。

A. “生产成本”　　B. “税金及附加”
C. “管理费用”　　D. “材料采购”

16. 企业按规定计算缴纳的耕地占用税，应作会计分录为（　　）。

A. 借记“应交税费”科目，贷记“银行存款”科目
B. 借记“管理费用”科目，贷记“银行存款”科目
C. 借记“在建工程”科目，贷记“银行存款”科目
D. 借记“在建工程”科目，贷记“应交税费”科目

17. 甲企业应收乙企业账款的账面余额为83 000元，由于乙企业发生财务困难，无法偿付应付账款。经双方协商同意，乙企业以普通股20 000股抵偿该项债务，股票面值为1元，股票每股市价为4元。甲企业对应收乙企业账款已提取坏账准备2 000元。根据上述资料，计算甲企业因此项债务重组而增加的长期股权投资为（　　）元。

A. 81 000　　B. 83 000
C. 80 000　　D. 18 000

18. 债务人以低于债务账面价值的现金清偿债务时，债权人应将重组债权的账面价值与收到的现金之间的差额计入（　　）。

A. 资本公积　　B. 营业外支出
C. 财务费用　　D. 管理费用

19. 债务人为股份有限公司，将债务转为股本时，债务人应确认为股本的是债权人应享有的股份的（　　）。

A. 公允价值
B. 面值总额
C. 账面价值
D. 债务与股权公允价值的差额

20. 以修改其他债务条件进行债务重组的，在重组日，如债务重组协议中附有或有应收金额的，债权人应将或有应收金额（　　）。

A. 计入当期损益　　B. 不作账务处理

C. 计入未来应收金额内　　D. 作待摊费用处理

21. 甲企业与债权人乙企业协商，进行债务重组，将所欠货款500 000元，用一台设备加以偿还（假设企业转让该项目设备不需要缴纳增值税），该设备的账面原价为450 000元，已提折旧50 000元，设备的公允价值为470 000元。乙企业对该项应收账款提取了坏账准备2 500元。根据上述资料，计算甲企业因此项债务重组而增加的营业外收入为（　　）元。

A. 70 000　　B. 100 000

C. 30 000　　D. 50 000

22. 甲企业与债权人乙企业协商，进行债务重组，将所欠货款500 000元，用未到期的一批国库券加以偿还，该批国库券的账面原价450 000元，公允价值为470 000元。乙企业对该项应收账款提取了坏账准备2 500元。根据上述资料，计算乙企业因此项债务重组而增加的营业外支出为（　　）元。

A. 50 000　　B. 47 500

C. 30 000　　D. 27 500

23. 2015年12月10日，丁公司董事会批准了一项股份支付协议。协议规定，2016年1月1日，公司为其200名中层以上管理人员每人授予100份现金股票增值权，条件是这些人员必须为公司连续服务3年，并可自2018年12月31日起根据股价的增长幅度行权获得现金。丁公司2016年有20名管理人员离开，12月31日股票增值权的公允价值为每股14元。若丁公司估计2017年至2018年还将有15名管理人员离开，2017年12月31日和2018年12月31日股票增值权的公允价值分别为每股15元和18元，丁公司在2016年12月31日，应确认应付职工薪酬为（　　）元。

A. 77 000　　B. 84 000

C. 108 000　　D. 231 000

24. 企业在可行权日之后至结算日前的每个资产负债表日，现金结算的股份支付的公允价值变动应计入（　　）。

A. 管理费用　　B. 制造费用

C. 资本公积　　D. 公允价值变动损益

25. 下列会计事项中，在“应付职工薪酬”科目贷方核算的是（　　）。

A. 确认因解除与职工的劳动关系给予的补偿

B. 支付职工教育经费用于职工培训

C. 企业以现金与职工结算股份支付

D. 扣还代垫的个人所得税

26. 甲公司为增值税一般纳税人，采用实际成本法核算原材料。2017 年 12 月委托黄河公司（一般纳税人）加工应税消费品一批，收回后直接对外销售。甲公司发出原材料成本为 100 000 元，支付的加工费为 35 000 元（不含增值税），黄河公司代收代缴的消费税为 15 000 元，该批应税消费品已经加工完成并验收入库。假定甲、乙公司均适用增值税税率 17%、消费税税率 10%，则甲公司将委托加工消费品收回时，其入账成本为（　　）元。

A. 135 000　　B. 150 000

C. 152 000　　D. 155 950

27. 在债务重组时，因债权人已对重组债权计提了坏账准备，导致债权人实际收到的现金大于重组债权账面价值，该部分差额，债权人应（　　）。

A. 增加营业外收入　　B. 增加资本公积

C. 冲减资产减值损失　　D. 冲减管理费用

28. 交易性金融负债初始确认时，应当按照（　　）计量。

A. 历史成本　　B. 公允价值

C. 摊余成本　　D. 可变现净值

29. 企业承担交易性金融负债时，期末应计的利息应计入（　　）科目。

A. 公允价值变动损益　　B. 财务费用

C. 投资收益　　　　D. 管理费用

（二）多项选择题

1. 下列项目属于其他应付款核算内容的有（　　）。

A. 应付租出包装物押金

B. 存入保证金

C. 应付职工教育经费

D. 应付职工的奖金

2. 企业的下列支出属于职工薪酬范围的有（　　）。

A. 支付给职工超额劳动的奖金

B. 支付给职工的野外津贴

C. 支付给职工的住房公积金

D. 支付给职工的物价补贴

3. 企业分配工资费用，应贷记“应付职工薪酬”科目，借记的科目可能有（　　）。

A. “生产成本”　　　　B. “研发支出”

C. “财务费用”　　　　D. “管理费用”

4. 企业缴纳的下列税金不需要通过“应交税费”科目进行核算的有（　　）。

A. 印花税　　　　B. 房产税

C. 耕地占用税　　　　D. 资源税

5. 一般纳税企业会计核算时，可以作为确定购入货物或接受应税劳务支付的，可以抵扣的增值税（进项税额）并作为记账依据的凭证有（　　）。

A. 增值税专用发票

B. 进口的货物的完税凭证

C. 收购免税农产品的收购凭证

D. 运输结算单据

6. 一般纳税企业进行增值税的核算时，下列业务中不属于进项税额转出的有（　　）。

A. 购进货物用于对外投资

B. 购进货物入库后发生非常损失

C. 在建工程领用生产材料

D. 辅助生产领用材料

7. 下列各项属于视同销售业务的有（　　）。

A. 在建工程领用生产用原材料

B. 在建工程领用本企业生产的产成品

C. 本企业福利部门领用产成品

D. 原材料用于对外投资

8. 下列项目的增值税进项税额不得从销项税额中抵扣的有（　　）。

A. 购进固定资产

B. 用于工程项目而购进的物资

C. 用于集体福利而购进的货物

D. 非正常损失的购进货物

9. 按存货会计准则的规定，下列各项税金可以计入存货成本的有（　　）。

A. 支付的进口货物的关税

B. 购入货物支付价款中包含的资源税

C. 小规模纳税企业购入货物支付的增值税

D. 加工货物收回后直接用于销售的由受托方代收代缴的消费税

10. 2018 年 5 月 31 日，甲公司应付乙公司的到期款项 420 万元，因经营陷入困境，预期短期内无法偿还。当日，若甲公司就该债务与乙公司达成下列偿还协议，属于债务重组的有（　　）。

A. 甲公司以公允价值为 410 万元的固定资产清偿

B. 甲公司以公允价值为 420 万元的长期股权投资清偿

C. 减免甲公司 220 万元债务，剩余部分甲公司延期 2 年

偿还

D. 减免甲公司 220 万元债务，剩余部分甲公司立即以现金偿还

11. 下列关于企业以现金结算的股份支付形成的负债的会计处理中，正确的有（　　）。

A. 初始确认时按企业承担负债的公允价值计量

B. 在资产负债表日，需按当日该负债的公允价值重新计量

C. 等待期内所确认的负债金额计入相关成本或费用

D. 在行权日，将行权部分负债的公允价值转入所有者权益

12. 下列各项税费中，应计入委托加工物资成本的有（　　）。

A. 支付的加工费

B. 支付的收回后直接对外销售的委托加工物资的消费税

C. 支付的收回后继续生产应税消费品的委托加工物资的消费税

D. 支付的收回后继续生产非应税消费品的委托加工物资的消费税

（三）判断题

1. 应付账款入账时间的确定，应以所购买物资的所有权转移或接受劳务已发生为标志。（　　）

2. 应付账款一般在较短期限内支付，但有时应付账款由于债权单位撤销或其他原因而无法支付，无法支付的应付款项直接转入资本公积。（　　）

3. 应付票据到期，如企业无力支付票款，按应付票据的账面余额，借记“应付票据”科目，贷记“应付账款”科目（如为银行承兑汇票，则贷记“短期借款”科目）。（　　）

4. 企业以自产产品或外购商品发放给职工作为福利、将企业

拥有的资产无偿提供给职工使用、为职工无偿提供医疗保健服务等不属于职工薪酬。（　）

5. 企业因解除与职工的劳动关系给予职工的补偿，借记“管理费用”科目，贷记“银行存款”“现金”等科目。（　）

6. 以现金结算的股份支付，应当按照企业承担的以股份或其他权益工具为基础计算确定的负债的公允价值计量。（　）

7. 企业按规定借入的各种短期借款，应按用实际利率计算确定的短期借款利息的金额，实际利率与合同约定的名义利率差异很小的，也可以采用合同约定的名义利率计算确定利息费用。（　）

8. “债权人作出让步”，是指债权人同意发生财务困难的债务人现在或者将来以低于重组债务账面价值的金额或者价值偿还债务。（　）

9. 债务重组日为债务重组完成日，即债务人履行协议或法院裁定，将相关资产转让给债权人、将债务转为资本或修改后的偿债条件开始执行的日期。（　）

10. 以现金清偿债务的，债务人应将重组债务的账面价值与实际支付的现金之间的差额，确认为债务重组利得计入资本公积。（　）

11. 以修改债务条件进行的债务重组涉及或有应收金额的，债权人应将重组债权的账面价值，高于重组后债权账面价值和或有应收金额之和的差额，确认为债务重组损失。（　）

（四）作业题

1. **资料：**甲企业为增值税一般纳税人，5 月初待抵扣进项税额为 3.4 万元，5 月份购入一批原材料，增值税专用发票上注明的材料价款为 100 万元，增值税税额为 17 万元，货款已经支付，材料已验收入库；5 月份在建工程项目领用材料实际成本 20 万元；另外，甲企业 5 月份销售产品一批，含税收入为 585 万元，适用增值税税率为17%，货款尚未收到。

要求：根据上述资料，

（1）计算甲企业5月份增值税的销项税额。

（2）计算甲企业5月份应缴纳的增值税。

（3）编制甲企业5月份销售产品的会计分录。

2. **资料**：2018年6月，四海公司当月应发工资1 000万元，其中：生产部门直接生产工人工资500万元；生产部门管理人员工资100万元；公司管理部门人员工资180万元；公司专设产品销售机构人员工资50万元；建造厂房人员工资110万元；内部开发存货管理系统人员工资60万元。

根据规定，公司分别按职工工资总额的10%、12%、2%和10.5%计提医疗保险费、养老保险费、失业保险费和住房公积金，缴纳给当地社会保险经办机构和住房公积金管理机构。按规定，公司分别按照职工工资总额的2%和1.5%计提工会经费和职工教育经费。假设公司存货管理系统已处于开发阶段，符合资本化为无形资产的条件。不考虑所得税影响。

要求：

（1）计算应计入生产成本的职工薪酬金额。

（2）计算应计入制造费用的职工薪酬金额。

（3）计算应计入管理费用的职工薪酬金额。

（4）计算应计入销售费用的职工薪酬金额。

（5）计算应计入在建工程成本的职工薪酬金额。

（6）计算应计入无形资产的职工薪酬金额。

（7）编制四海公司在分配工资、各种社会保险费、住房公积金、工会经费和职工教育经费等职工薪酬时的会计分录。

3. **资料**：长虹公司为一家生产彩电的企业，共有职工200名，2017年2月，公司以其生产的每台成本为10 000元的液晶彩电和外购的每台不含税价格为1 000元的电暖气作为春节福利发放给公司每名职工。该型号液晶彩电的售价为每台14 000元，适用增值税税率为17%。公司以银行存款支付了购买电暖气的价款和增值税进项税额，并开具了增值税专用发票，增值税税率为17%。假定公司职工中170名为直接参加生产的人员，30名为总部管理人员。

要求：为长虹公司上述职工福利编制有关的会计分录。

4. **资料：**长江公司为总部部门经理级别以上职工每人提供一辆现代汽车免费使用，该公司总部共有部门经理以上职工20名，假定每辆现代汽车每月计提折旧1 000元；该公司还为其5名副总裁以上高级管理人员每人租赁一套公寓免费使用，月租金为每套8 000元（假设上述人员发生的费用无法认定受益对象）。

要求：编制长江公司上述与职工薪酬有关业务的会计分录。

5. **资料：**华山公司为增值税一般纳税人，原材料按实际成本计价核算，2017年9月发生下列业务：

（1）本月购入一批原材料，增值税专用发票上注明的原材料价款800万元，增值税税额为136万元。货款已经支付，材料已经到达并验收入库。该企业当期销售产品收入为2 000万元（不含应向购买者收取的增值税），符合收入确认条件，货款尚未收到；假如该产品的增值税税率为17%，不缴纳消费税。

（2）收购农业产品，实际支付的价款为500万元，收购的农业产品已验收入库，款项已经支付；增值税扣除率为13%。

（3）收购废旧物资，实际支付的价款为100万元，收购的废旧物资已验收入库，款项已经支付；增值税扣除率为13%。

（4）接受某公司用10吨不锈钢板材的投资，投资合同中确定的单价20 000元，收到增值税专用发票一张，增值税为34 000元，该不锈钢板材用于本公司生产，货物已验收入库，其计划单价和实际单价相等。

（5）购入一台生产经营用机器设备，增值税专用发票上注明的增值税税额为34万元，机器价款为200万元。机器不需要安装，货款已经支付。

（6）购入一批材料，增值税专用发票上注明的增值税税额为 34 万元，材料价款为 200 万元。材料已入库，货款已经支付（假设该公司材料采用实际成本进行核算）。材料入库后，该公司将该批材料的一半用于建筑工程项目。

（7）将资产的成本为 40 万元、计税价格为 50 万元的货物赠与某公司，该货物的增值税税率为 17%。

（8）以自己生产的产品分配利润，产品的成本为 200 万元，销售价格为 250 万元（不含税），该产品的增值税税率为 17%。

要求：根据上述业务编制有关会计分录。

6. **资料：**华天公司为增值税一般纳税人，该公司以其生产的应税消费品换取原材料，原材料的售价与应税消费品的售价均为 100 万元（不含增值税），产品成本为 70 万元。适用增值税税率为 17%，消费税税率为 10%。产品已经发出，材料已经到达，材料计划成本为 1 050 000 元。

要求：根据这项经济业务，编制相关会计分录。

7. **资料：**某工业生产企业核定为小规模纳税人，本期购入原材料，按照增值税专用发票上记载的原材料价款为 50 万元，支付的增值税税额为 8.5 万元，企业开出承兑的商业汇票，材料已验收入库。该企业本期销售产品，销售价格总额为 103 万元（含税），假定符合收入确认条件，货款尚未收到。该企业适用的增值税税率为 3%。

要求：根据上述经济业务，编制该企业的会计分录。

8. **资料：**丙企业于 2017 年 1 月 20 日销售一批材料给丁企业，不含税价格为 200 000 元，增值税税率为 17%，按合同规定，丁企业应于 2017 年 4 月 1 日偿付货款。由于丁企业发生财务困难，无法按合同规定的期限偿还债务，经双方协议于 7 月 1 日进行债务重组。债务重组协议规定，丙企业同意减免丁企业 30 000 元债务，余额用现金立即清偿。丁企业于当日通过银行转账支付了该笔剩余款项，丙企业随即收到了通过银行转账偿还的款项。丙企业已为该项债权计提了20 000元的坏账准备。

要求： 分别计算丙企业和丁企业的债务重组利得或损失，并编制相应的会计分录。

9. **资料：** 某企业4月1日从银行借入短期借款500万元，年利率为9%，借款期为3个月，借款利息随本金在到期日一次性偿还。

要求： 编制该企业4月、5月、6月借款借入、计息和还本付息的会计分录。

10. **资料：** 某工业企业提取55 000元，备发工资。当月工资发放的情况如下：生产工人工资为30 000元；生产车间管理人员工资为8 000元；厂部管理人员工资为6 000元；在建工程人员工资为4 000元。

要求： 根据上述资料编制提取现金备发工资、工资发放、工资费用分配的会计分录。

11. **资料：** 某企业为一般纳税人，原材料按实际成本计价核算，本月购销货物等业务如下：

（1）购进原材料一批，取得符合规定的增值税专用发票上注明的货款为300万元，增值税税额为51万元，材料已验收入库，货款及税款由企业开出为期3个月的商业承兑汇票一张支付。

（2）收购免税农产品一批作为原材料，实际通过支付价款50万元，该批材料已验收入库。

（3）本期销售产品共计500万元，开出的增值税发票上注明的销项税额为85万元，货款及税款均已通过银行收讫。

（4）购入甲材料一批，增值税专用发票上注明的增值税税额为0.85万元，材料价款5万元。材料已验收入库，款项已通过银行支付。

（5）发出上述购入的甲材料，全部用于企业的在建工程项目。

（6）期末盘点发生库存材料盘亏实际成本为25 000元。

要求：

（1）根据上述业务编制会计分录；

（2）计算该企业本月应交增值税。

12. **资料：**某企业为一般纳税人，商品购销的增值税税率为17%。运费按11%计算进项税额，原材料按实际成本计价核算，该企业3月份发生如下经济业务：

（1）3月1日按合同开出为期3个月、面值为80 000元的不带息票据一张，并向银行办理了承兑手续，用以购买原材料，材料已验收入库，同时，按票面额的1‰向银行交纳了承兑手续费。

（2）3月2日购入原材料一批，买价3 000元（不含增值税），供货单位代垫运杂费500元（不含增值税），款项尚未支付。

（3）3月5日从银行取得短期借款500 000元，存入银行。

（4）3月10日，偿付1月10日签发的应付商业承兑汇票一张，该票据面值为30 000元，票面年利率为6%，60天到期。款项已通过银行转账付讫。

（5）3月12日，以支票1 200元和一张面值6 000元、年利率8%、期限120天的商业承兑汇票购买生产用设备一台，设备已投入使用。

（6）3月15日，以面值为10 000元、期限60天的应收票据，按年利率9%向银行贴现。

（7）3月16日，预收购货单位货款100 000元，款项已存入银行。

（8）3月26日，计算应付职工工资180 000元，其中生产工人工资120 000元，车间管理人员40 000元，厂部管理人员20 000元。

（9）3月30日，接银行通知，支付第一季度短期借款利息3 400元，其中前两个月已分别预提1 100元。

（10）3月31日，本月销售产品一批，销售收入为500 000元，其中产品售价为427 350元，增值税税额为72 650元，款项尚未收到。

要求：根据上述经济业务编制有关会计分录。

13. **资料：**甲企业委托乙企业加工用于连续生产的应税消费品。甲企业发出原材料实际成本 28 000 元。乙企业加工完成时计算应交的增值税、代扣应缴的消费税和应收取的加工费（不含增值税的加工费）为 10 000 元。甲企业收回委托加工材料。甲、乙企业均为增值税一般纳税人，适用的增值税税率为 17%。该消费品的消费税税率为 5%。甲企业尚未支付有关的税金和加工费。

要求：根据上述资料编制甲企业的有关会计分录。

第十一章　非流动负债

学习目的与要求

通过本章的学习，了解公司债券的种类，债券发行的规定；预计负债的信息披露，或有负债的信息披露，或有资产的信息披露。熟悉借款费用的概念，借款费用的会计处理原则；借款费用资本化起点、暂停和停止的时点判断；公司债券发行价格的确定因素和计算；可转换债券的基本概念和有关账务处理；或有事项的概念，或有事项的特征，或有事项的种类；预计负债的概念，预计负债的初始计量和后续计量。掌握借款费用资本化金额的计算；应付债券发行、利息费用的摊销调整、应付债券的应计利息以及应付债券还本付息的账务处理；长期借款、长期应付款、未确认融资费用、专项应付款等其他长期负债的账务处理；预计负债的确认标准，预计负债的账务处理。

主要名词（中英文对照）

1. 债券折价	bonds discount
2. 债券溢价	bonds premium
3. 直线摊销法	straight-line method
4. 实际利率法	effective interest method
5. 有担保债券	secured bonds
6. 无担保债券	unsecured bonds
7. 到期日	maturity date

8. 记名公司债券	registered bonds
9. 无记名债券	bearer bonds
10. 可转换公司债券	convertible bonds
11. 可赎回债券	callable bonds
12. 债券面值	par value
13. 长期借款	long-term loans
14. 或有负债	contingent liability

重点内容

1. 长期借款和长期应付款的核算。

（1）长期借款。长期借款的概念，长期借款的账务处理。

（2）长期应付款。以分期付款方式购入固定资产等发生的长期应付款的账务处理。

（3）未确认融资费用。未确认融资费用的概念，未确认融资费用的账务处理。

（4）专项应付款。专项应付款的概念，专项应付款的账务处理。

2. 应付债券的核算。

（1）公司债券的性质和分类。公司债券的概念，公司债券的分类，有担保债券和无担保债券，普通债券和收益债券，记名债券和无记名债券，定期还本公司债券和分期还本公司债券，可赎回债券和可转换债券。

（2）公司债券的发行。公司债券发行价格的确定，公司债券按面值、按折价或按溢价发行的账务处理，公司债券在两个付息日之间发行的账务处理，利息调整，债券发行成本及其摊销，年终应计利息的调整，公司债券的偿还。

（3）可转换债券。可转换债券的基本概念，可转换债券发行、转换和偿付的账务处理。

3. 预计负债的核算。

（1）或有事项及其特征。或有事项的概念，或有事项的特征，或有事项的种类。

（2）预计负债的核算。预计负债的概念，预计负债的确认标准，预计负债的初始计量和后续计量，预计负债的账务处理。

（3）或有事项的信息披露。预计负债的披露，或有负债的披露，或有资产的披露。

4. 借款费用的核算。

（1）借款费用的概念。借款费用的定义，借款费用的内容，借款利息、折价或溢价摊销、辅助费用、外币借款汇兑差额等借款费用的含义。

（2）借款费用的处理原则。借款费用处理的一般原则，利息费用的处理，折价或溢价摊销的处理，外币借款汇兑差额的处理，借款辅助费用的处理。

（3）借款费用开始资本化的时点。借款费用开始资本化需要满足的条件。

（4）借款费用资本化金额的确定。专门借款费用的资本化金额，一般借款费用的资本化金额。

（5）借款费用资本化的暂停。借款费用资本化暂停的条件，正常中断的概念，非正常中断的概念。

（6）借款费用资本化的停止。可使用或可销售状态的判断标准，分部建造、分别完工资产停止借款费用资本化的判断标准。

复习思考题

1. 简述公司债券的要素。

2. 简述或有事项及其特征和内容。

3. 或有事项相关的义务同时符合什么样的条件时，企业应将其确认为负债？

4. 因或有事项确认的负债，其入账金额应是清偿负债所需支出的最佳估计数，该最佳估计数应如何确定？

5. 简述预期可获得补偿的处理。

6. 简述借款费用的处理原则。

7. 简述借款费用开始资本化的条件。

8. 简述借款费用资本化金额的确定。

练习题

（一）单项选择题

1. 偿还分期付息，一次还本的长期借款的利息，其会计处理应为（　　）。

A. 借记“预提费用”科目，贷记“银行存款”科目

B. 借记“财务费用”科目，贷记“银行存款”科目

C. 借记“长期借款”科目，贷记“银行存款”科目

D. 借记“应付利息”科目，贷记“银行存款”科目

2. 下列存货中，一般不符合借款费用资本化条件的资产是（　　）。

A. 房地产开发企业开发的用于出售的房地产开发产品

B. 机械制造企业制造的用于对外出售的大型机械设备

C. 造船企业制造的用于对外出售的大型船舶

D. 服装企业生产的用于对外出售的流行服饰

3. 下列情况中应暂停资本化的是（　　）。

A. 某建设工程建造为达到一定的质量要求，通过安全检查需要暂停施工 4 个月

B. 某工程施工过程中，发生重大安全事故，暂停施工 4 个月

C. 某工程在北方某地建造期间，正遇冰冻季节，工程被迫

中断施工 5 个月

D. 某房地产建设工程因资金周转困难，暂停施工 1 个月

4. 一般认为，债券发行价格低于债券面值主要原因在于（　　）。

A. 债券票面利率等于市场利率

B. 债券票面利率低于市场利率

C. 债券票面利率高于市场利率

D. 单位债券的面值大小

5. 下列经济业务中，一般不可能涉及用实际利率法进行摊销的是（　　）。

A. 向某信托公司借入长期借款

B. 发行长期公司债券

C. 取得国家部委资助的工程项目的资本性拨款

D. 向租赁公司融资租入一台设备

6. 某公司 2018 年 1 月 1 日以分期付款方式购入一台机器设备，总价款为 200 万元，合同约定以上价款自 2018 年起每年年初支付 50 万元，分 4 年支付完毕，假设公司同期银行借款利率为 10%，则公司该机器设备 2018 年 1 月 1 日的未确认融资费用为（　　）万元。

A. 174.35　　B. 25.65

C. 0　　D. 41.50

7. 以折价方式发行债券时，对发行企业而言债券折价是（　　）。

A. 本期的利息收入

B. 本期的利息支出

C. 为以后多付利息而得到的补偿

D. 为以后少付利息而付出的代价

8. 企业为建造厂房而发行长期债券，所支付的手续费和印刷费等债券发行费用，应记入（　　）科目。

A. “应付债券”　　B. “在建工程”

C. “财务费用”　　D. “管理费用”

9. 企业分期付款方式购入的无形资产，应支付的金额与购买价款的现值的差额应记入（　　）科目。

A. “未确认融资费用”　　B. “财务费用”

C. “长期应付款”　　D. “研发支出”

10. 公司发行可转换债券，发行日一般的会计处理（　　）。

A. 借：银行存款

借或贷：应付债券——可转换公司债券（溢折价）

贷：应付债券——可转换公司债券（面值）

B. 借：银行存款

贷：应付债券——可转换公司债券

其他权益工具

C. 借：银行存款

贷：应付债券——可转换公司债券

资本公积——股本溢价

D. 借：银行存款

应付债券——可转换公司债券（交易费用）

借或贷：应付债券——可转换公司债券（溢折价）

贷：应付债券——可转换公司债券（面值）

11. 借款费用应予资本化的资产范围不包括（　　）。

A. 存货　　B. 固定资产

C. 无形资产　　D. 长期股权投资

12. 某股份有限公司于2018年1月1日折价发行4年期、到期一次还本付息的公司债券，债券面值为100万元，票面年利率为5%，发行价格为90万元。债券溢价采用实际利率法摊销，假定实际利率是7.5%。该债券2018年度发生的利息费用为（　　）万元。

A. 6.5　　B. 10

C. 6.75　　D. 7.5

13. 某公司为建造一固定资产于2018年1月1日借入一笔长期借款2 000万元，年利率为6%，工程于当日开工，按工程资金使用进度，当日公司将其中的500万元按2年定期存入银行，年利率2%，其他资金专户专用，该账户2018年公司应计存款利息3万元，则为购建该项固定资产而借入的该项长期借款2018年应资本化的利息金额为（　　）万元。

A. 107　　B. 90

C. 120　　D. 110

14. 采用实际利率核算时，企业以溢价方式发行债券时，每期实际负担的利息费用是（　　）。

A. 按实际利率计算的利息费用

B. 按实际利率计算的应计利息减去应摊销的溢价

C. 按实际利率计算的应计利息加上应摊销的溢价

D. 按票面利率计算的应计利息加上应摊销的溢价

15. 甲公司为了了结因或有事项而确认的负债70万元，估计有98%的可能性由乙公司补偿50万元，则甲公司应确认资产的金额为（　　）万元。

A. 0　　B. 20

C. 50　　D. 70

16. 根据我国《企业会计准则——或有事项》中的规定，“基本确定”这一结果的可能性对应的概率为（　　）。

A. 大于95%但小于100%

B. 大于50%但小于或等于95%

C. 大于5%但小于或等于50%

D. 大于0但小于或等于5%

17. 下列各种说法中，正确的是（　　）。

A. 或有资产不符合资产确认条件

B. 或有负债符合负债确认条件

C. 或有资产应在财务报表附注中披露

D. 只要是或有负债，就必须在附注中披露

18. 2018 年 12 月 10 日，A 公司因合同违约而涉及一桩诉讼案。根据企业的法律顾问判断，最终的判决可能对 A 公司不利。2018 年 12 月 31 日，A 公司尚未接到法院的判决，因诉讼须承担的赔偿金额也无法准确地确定。不过，据专业人士估计，赔偿金额可能是 99 万元至 110 万元之间的某一金额。根据相关的规定，A 公司应在 2018 年 12 月 31 日资产负债表中确认负债的金额为（ ）万元。

A. 100　　B. 0

C. 120　　D. 110

19. 甲上市公司股东大会于 2018 年 1 月 4 日做出决议，决定建造厂房。为此，甲公司于 3 月 5 日向银行专门借款 5 000 万元，年利率为 6%，款项于当日划入甲公司银行存款账户。3 月 15 日，厂房正式动工兴建。3 月 16 日，甲公司购入建造厂房用水泥和钢材一批，价款 500 万元，当日用银行存款支付。3 月 31 日，计提当月专门借款利息。甲公司在 3 月份没有发生其他与厂房购建有关的支出，则甲公司专门借款利息应开始资本化的时间为（ ）。

A. 3 月 5 日　　B. 3 月 15 日

C. 3 月 16 日　　D. 3 月 31 日

20. 甲公司为建造一生产车间，于 2017 年 11 月 1 日向银行借入 3 年期借款 1 000 万元，年利率为 6%。2018 年 1 月 1 日开始建造该项固定资产，并发生支出 500 万元，2018 年 4 月 1 日又发生支出 400 万元；2018 年 7 月 1 日又为该工程建设发行期限为 3 年、面值为 1 000 万元、年利率为 9%、到期一次还本付息的债券，发行价为 1 000 万元，同时支付发行费用 8 万元（符合重要性要求）。同日又发生支出 600 万元；2018 年 10 月 1 日发生支出为 400 万元；该固定资产于 2018 年 12 月 31 日完工交付使用。假定甲公司利息资本化金额按年计算，未动用的借款资金存入银行取得的利息收入

2017 年为 5 万元，2018 年为 6 万元。甲公司该工程应予资本化的借款费用金额为（　　）万元。

A. 105　　B. 107

C. 84　　D. 92

21. 就发行债券的企业而言，所获债券溢价收入实质是(　　)。

A. 为以后少付利息而付出的代价

B. 为以后多付利息而得到的补偿

C. 本期利息收入

D. 以后期间的利息收入

22. M 公司为 2018 年新成立的企业。2018 年该公司分别销售 A、B 产品 1 万件和 2 万件，销售单价分别为 100 元和 50 元。公司向购买者承诺提供产品售后 2 年内免费保修服务，预计保修期内将发生的保修费在销售额的 2% ~8%，2018 年实际发生保修费 1 万元。假定无其他或有事项，则 M 公司 2018 年年末资产负债表“预计负债”项目的金额为（　　）万元。

A. 3　　B. 9

C. 10　　D. 15

23. 下列符合资本化条件的资产所发生的借款费用在予以资本化时，要与资产支出相挂钩的是（　　）。

A. 专门借款利息　　B. 专门借款的溢价摊销

C. 一般借款利息　　D. 外币专门借款的汇兑差额

24. 下列关于专门借款费用资本化的暂停或停止的表述中，正确的是（　　）。

A. 购建固定资产过程中发生非正常中断，并且非连续中断时间累计达到 3 个月，应当暂停借款费用资本化

B. 购建固定资产过程中发生正常中断，并且中断时间连续超过 3 个月，应当停止借款费用资本化

C. 在购建固定资产过程中，某部分固定资产已达到预定

可使用状态，且该部分固定资产可供独立使用，则应停止该部分固定资产的借款费用资本化

D. 在购建固定资产过程中，某部分固定资产已达到预定可使用状态，且该部分固定资产可供独立使用，但仍需待整体完工后停止借款费用资本化

25. 2017 年 2 月 1 日，某公司为建造厂房向银行取得专门借款。2017 年 3 月 1 日，以该贷款支付前期订购的工程物资款。因征地补偿纠纷，该厂房延迟至 2017 年 5 月 1 日才开工并支付其他工程款。2018 年 3 月 28 日，该厂房建造完成，达到预定可使用状态。2018 年 5 月 15 日，该公司办理工程竣工决算，不考虑其他因素，该笔借款费用的资本化期间是（　　）。

A. 2017 年 2 月 1 日至 2018 年 5 月 15 日

B. 2017 年 3 月 1 日至 2018 年 3 月 28 日

C. 2017 年 5 月 1 日至 2018 年 3 月 28 日

D. 2017 年 5 月 1 日至 2018 年 5 月 15 日

26. 2017 年 1 月 1 日，甲公司从银行取得年利率为 8% 的专门借款 2 000 万元用于当日开工建设的厂房，2017 年累计发生建造支出 1 800 万元；2018 年 1 月 1 日，甲公司又从银行取得年利率为 6% 的一般借款 800 万元，当天支付工程建造款 600 万元。甲公司无其他一般借款，若不考虑其他因素，则甲公司 2018 年第一季度一般借款利息费用应予以资本化的金额是（　　）万元。

A. 2　　　　B. 3

C. 6　　　　D. 9

27. 对于企业发行债券收到的款项小于债券面值的差额，进行的相关会计处理是（　　）。

A. 借记“财务费用”

B. 贷记“财务费用”

C. 借记“应付债券——利息调整”

D. 贷记“应付债券——利息调整”

28. 某公司于 2018 年 1 月 1 日按面值发行可转换公司债券 4 000万元，票面年利率为 6%，期限为 3 年，每年年末支付利息，结算方式是持有方可以选择付现或转换为发行方的股份，假设不附选择权的类似债券的市场利率为 9%，则该批债券的入账价值为（　　）元［已知 PV（3，9%）=0.7722，PVA（3，9%）=2.5313，PV（3，6%）=0.8396，PVA（3，6%）=2.6730］。

A. 32 800 000　　B. 36 963 120

C. 39 999 200　　D. 40 000 000

29. 某上市公司 2018 年 1 月 1 日发行面值为 2 000 万元、期限为 3 年、票面年利率为 5%、按年付息的可转换公司债券，债券发行 1 年后可转换为股票。该批债券实际发行价格为 1 920 万元（不考虑发行费用），同期普通债券市场年利率为 8%，则该公司应确认该批可转换公司债券权益成分的初始入账价值为（　　）万元［已知 PVA（8%，3）=2.5771，PV（8%，3）=0.7938］。

A. 80.00　　B. 74.69

C. 174.69　　D. 234.69

30. 对于企业承担的、预计履行的义务很可能导致经济利益流出，并且该义务的金额能够可靠计量的产品质量保证，应进行的会计处理是（　　）。

A. 借记“销售费用”科目，贷记“预计负债”科目

B. 借记“销售费用”科目，贷记“其他应付款”科目

C. 借记“销售费用”科目，贷记“专项应付款”科目

D. 不进行会计处理，仅作为或有负债在报表附注中披露

31. 下列会计业务中，不属于或有事项的是（　　）。

A. 企业销售商品时承诺给予产品质量保证

B. 企业对外公告其对所属乙企业进行重组的详细、正式计划

C. 企业接受含有或有支出的修改其他债务条件的债务重组方案

D. 企业以自有财产作抵押向银行贷款

32. 2018 年 12 月 11 日，甲公司因产品质量不合格而被乙公司起诉。至 2018 年 12 月 31 日，该诉讼尚未判决，甲公司在征求律师意见后估计很可能承担违约赔偿责任，需要赔偿 100 万元的可能性为 60%，需要赔偿 50 万元的可能性为 40%，甲公司基本确定能够从直接责任人处追回的金额为 30 万元，则甲公司在 2018 年 12 月 31 日对该起诉讼应确认的预计负债为（　　）万元。

A. 50　　B. 70

C. 80　　D. 100

（二）多项选择题

1. 借款费用可予以资本化并计入所购建或生产的符合资本化条件的资产成本，应具备的条件包括（　　）。

A. 资产支出已经发生

B. 借款费用已经发生

C. 为使资产达到预定可使用状态所必要的购建活动已经开始

D. 专门借款合同已经签订

2. 下列借款费用，可以允许资本化的有（　　）。

A. 专门借款发生的手续费

B. 一般借款发生的辅助费用

C. 外币专门借款本金及利息的汇兑差额

D. 借款的溢折价摊销

3. 企业发行可转换公司债券，从发行到最后转换成股份，其间的会计处理可能涉及的下列会计科目为（　　）。

A. “应付债券——面值”

B. “股本”

C. “应付利息”

D. “其他权益工具”

4. 借款费用在其资本化期间可能记入的会计科目为（　　）。

A. “固定资产”　　B. “在建工程”

C. “制造费用”　　D. “研发支出”

5. 下列说法中正确的有（　　）。

A. 基本确定指发生的可能性大于或等于95%但小于100%

B. 很可能指发生的可能性大于等于50%但小于95%

C. 可能指发生的可能性大于5%但小于等于50%

D. 极小可能指发生的可能性大于0但小于等于5%

6. 甲公司承担一个科技改造项目，实施周期2年，收到国家部委拨款100万元，其中用于建造固定资产支出90万元，工程结束不论成功与否，余款退回国家部委。对该项经济业务以下账务处理正确的有（　　）（会计分录金额为万元）。

A. 收到拨款时：

借：银行存款　　100

　　贷：长期应付款　　100

B. 将拨款用于工程项目：

借：在建工程　　90

　　贷：银行存款　　90

C. 工程完工形成资产：

借：固定资产　　90

　　贷：在建工程　　90

借：专项应付款　　90

　　贷：资本公积　　90

D. 工程因故未能完成，处置相关财产取得收入20万元：

借：专项应付款　　70

　　银行存款　　20

　　贷：在建工程　　90

7. 与或有事项相关的义务，应确认为负债的条件有（　　）。

A. 该义务是企业承担的潜在义务

B. 该义务是企业承担的现时义务
C. 该义务的金额能够可靠地计算
D. 该义务的履行很可能导致经济利益流出企业

8. 企业应在财务报表附注中披露的或有负债有（　　）。
A. 已贴现商业承兑汇票形成的可能发生的或有负债
B. 未决仲裁形成的可能发生的或有负债
C. 为其他单位提供债务担保形成的极小可能发生的或有负债
D. 因污染河水受到环保部门的调查，企业极小可能发生1万元赔偿款

9. 下列事项中，属于或有事项的有（　　）。
A. 正在进行中的诉讼案
B. 重组义务
C. 将商业承兑汇票到银行贴现
D. 因污染环境可能发生赔偿支出

10. 下列各项中，表明所购建固定资产达到预定可使用状态的有（　　）。
A. 与固定资产购建有关的支出不再发生
B. 固定资产的实体建造工作已经全部完成
C. 固定资产与设计要求或者合同要求相符
D. 试生产结果表明固定资产能够正常生产出合格产品

11. 下列关于借款费用的表述中，正确的有（　　）。
A. 购建固定资产过程中发生非正常中断，且中断时间连续超过3个月，应当暂停借款费用资本化
B. 购建固定资产过程中发生正常中断，且中断时间连续超过3个月，应当暂停借款费用资本化
C. 购建固定资产的部分已达到预定可使用状态，且该部分可单独提供使用，则这部分资产发生的借款费用应停止资本化

D. 购建固定资产的部分已达到预定可使用状态，虽然该部分可独立提供使用，仍需待整体完工后方可停止借款费用资本化

12. 在确定借款费用暂停资本化的期间时，应当区别中断和非正常中断，下列各项中，属于非正常中断的有（　　）。

A. 质量纠纷导致的中断

B. 安全事故导致的中断

C. 劳动纠纷导致的中断

D. 资金周围困难导致的中断

13. 如果清偿因或有事项而确认的负债所需支出预期全部或部分由第三方补偿，下列说法正确的有（　　）。

A. 补偿金额只有在很可能收到时，才能作为资产单独确认，且确认的补偿金额不应超过预计负债的账面价值

B. 补偿金额只有在基本确定能够收到时，才能作为资产单独确认，且确认的补偿金额不应超过预计负债的账面价值

C. 补偿金额只有在基本确定能够收到时，才能确认并从所需支出中扣除，且确认的补偿金额不应超过预计负债的账面价值

D. 补偿金额只有在基本确定能够收到时，才能确认为资产，同时仍应按所需支出单独确认预计负债，且所确认的资产金额不超过预计负债金额

14. 下列涉及预计负债的会计处理中，错误的有（　　）。

A. 待执行合同变成亏损合同时，应当立即确认预计负债

B. 重组计划对外公告前不应就重组义务确认预计负债

C. 因某产品质量保证而确认的预计负债，如企业不再生产该产品，应将其余额立即冲销

D. 企业当期实际发生的担保诉讼损失金额与上期合理预计的预计负债相差较大时，应按重大会计差错更正的

方法进行调整

15. 根据或有事项准则规定，表明企业承担了重组义务应同时具备的条件有（　　）。

A. 有详细、正式的重组计划

B. 重组义务满足或有事项确认条件

C. 该重组计划已对外公告

D. 重组计划已经开始执行

（三）判断题

1. 企业借入长期借款，应按实际收到的现金净额，借记“银行存款”科目，贷记“长期借款——本金”科目；按其差额，借记“财务费用”科目。（　　）

2. 在购建固定资产过程中，某部分固定资产已达到预定可使用状态，但必须待整体完工后方可使用，则需待整体完工后停止借款费用资本化。（　　）

3. 对于分期付息、一次还本的债券，应于资产负债表日按摊余成本和实际利率计算确定的债券利息，借记“在建工程”“制造费用”“财务费用”“研发支出”等科目；按票面利率计算确定的应付未付利息，贷记“应付债券——应计利息”科目；按其差额，借记或贷记“应付债券——利息调整”科目。（　　）

4. 对于一次还本付息的债券，应于资产负债表日按摊余成本和实际利率计算确定债券利息。（　　）

5. 或有事项是指过去的交易或者事项形成的，其结果须由某些未来事项的发生或不发生才能决定的不确定事项。（　　）

6. 预计负债的金额通常等于未来应支付的金额，但未来应支付金额与其现值相差较大的，如油井或核电站的弃置费用等，应当按照未来应支付金额的现值确定。（　　）

7. 预计负债应当按照履行相关现时义务所需支出的最佳估计数进行初始计量。（　　）

8. 当企业清偿预计负债所需支出全部或部分预期由第三方补偿的，补偿金额只有在基本确定能够收到时才能作为资产单独确认，而且确认的补偿金额通常要大于预计负债的账面价值。（　）

9. 符合资本化条件的资产是指需要经过相当长时间的购建或者生产活动才能达到预定可使用或者可销售状态的固定资产等资产，但不包括存货。（　）

10. 企业在借款费用资本化期间内，为购建或者生产符合资本化条件的资产占用了一般借款的，应当根据累计资产支出超过专门借款部分的资产支出加权平均数乘以所占用一般借款的资本化率，计算确定一般借款应予资本化的利息金额。（　）

（四）作业题

1. **资料：**某公司经批准于2018年1月1日发行3年期公司债券600 000元，票面利率为12%，每半年付息一次，若债券发行时市场利率为10%，发行价格为630 453.9元。

要求：作出该公司发行该批债券在2018年度应编制的会计分录。

2. **资料：**某公司为A种机床生产和销售企业。2018年第一季度、第二季度、第三季度和第四季度分别销售机床200台、300台、400台和350台，每台售价10万元。对购买其产品的客户，该公司作出如下承诺：机床售出后3年内如出现非意外事件造成的机床故障和质量问题，公司免费负责保修（含零部件更换）。根据以往经验，发生的保修费一般为销售额的1%～1.5%。假设该公司2018年4个季度实际发生的维修费分别为40 000元、300 000元、250 000元和400 000元，维修费用均以银行存款支付；同时，假设2017年“预计负债——产品质量保证”科目年末余额为200 000元。该公司因销售机床而承担了现时义务，符合因或有事项而确认负债的条件，并按规定在每一季度末确认一项负债。

要求：按季度编制发生产品质量保证费用的会计分录；按季度计算确认产品质量保证负债金额并编制会计分录；分别确定各季度末，“预计负债——产品质量保证”科目的余额。

3. **资料**：某公司采用出包方式于2018年开始建造一生产车间厂房，建造过程中发生的有关支出数见表11－1。

表11－1　　资产支出累计金额计算表　　单位：万元

日　期	每期资产支出金额	资产支出累计
1月1日	480	480
4月1日	390	870
7月1日	370	1 240
10月1日	280	1 520
11月1日	160	1 680
12月1日	140	1 820

公司为建造该厂房，2018年1月1日发行3年期债券，票面价值为1 000万元，票面利率为5%，每年年末支付利息，到期还本。债券发行价格为1 000万元，不考虑发行费用。另外在2018年4月1日又专门借款500万元，借款期为4年，年利率为8%。该公司还有流动资金借款500万元，借款年利率为4%。不考虑未动用借款金额的利息收入或投资收益。

要求：

（1）计算该公司2018年12月31日应计专门借款利息的资本化金额。

（2）计算该公司2018年累计资产支出超过专门借款部分的资产支出加权平均数。

（3）计算该公司2018年一般借款资本化率。

（4）计算该公司2018年一般借款应予资本化的利息金额。

4. **资料：**甲公司经批准于2017年1月1日按面值发行5年期一次还本付息的可转换公司债券200 000 000元，款项已收存银行，债券票面年利率为6%，利息按年支付。债券发行1年后可转换为普通股股票，初始转股价为每股10元，股票面值为每股1元。假定2018年1月1日债券持有人将持有的可转换公司债券全部转换为普通股股票，甲公司发行可转换公司债券时二级市场上与之类似的没有附带转换权的债券市场利率为9%。

要求：

（1）计算可转换公司债券负债成分的公允价值和权益成分的公允价值。

（2）编制2017年1月1日发行可转换公司债券时的会计分录。

（3）编制2017年12月31日确认利息费用的会计分录。

（4）编制2018年1月1日债券持有人行使转换权时的会计分录。

5. **资料：**某企业为建造一幢厂房，2017年1月1日借入期限为2年的长期专门借款1 000 000元，款项已存入银行。借款利率为9%，每年付息一次，期满后一次还清本金。2017年年初，以银行存款支付工程价款共计600 000元，2018年年初又以银行存款支付工程费用400 000元。该厂房于2018年8月完工，达到预定使用状态。假定不考虑闲置专门借款资金存款的利息收入或者投资收益。

要求：根据上述业务编制有关会计分录。

6. **资料：**甲公司2017年和2018年发生如下与或有事项有关的经济业务：

（1）甲公司2017年9月与乙公司签订合同，在2018年4月销售10件A产品，单位成本估计为800元，单位合同价格为1 200元；如2018年4月未交货，延迟交货的商品价格降为750元。2017年12月，甲公司因生产线损坏，10件商品尚未投入生产，估计在2018年交货。

(2) 甲公司与丁公司签订合同，购买10件C商品，合同价格每件1 000元。市场上同类商品每件为800元。甲公司购买的商品卖给乙公司，单价为800元。如甲公司单方面撤销合同，应支付违约金为3 000元。商品尚未购入。

(3) 甲公司与丁公司签订合同，购买10件D商品，合同价格每件1 000元。市场上同类商品每件为700元。甲公司购买的商品卖给乙公司，单价为800元。如甲公司单方面撤销合同，应支付违约金为1 000元。商品尚未购入。

要求：编制甲公司上述经济业务的会计分录。

第十二章　所有者权益

学习目的与要求

本章学习的目的是全面了解公司制企业所有者权益的内容及其相关会计核算。通过本章内容的学习，要求熟悉股份公司股份的种类；股份公司股本的规定。掌握实收资本（股本）的概念以及账务处理；资本公积和其他综合收益概念、内容以及账务处理；留存收益的概念和内容以及账务处理。了解所有者权益的概念、特征和内容；企业的组织形式；不同企业组织的所有者权益特点。

主要名词（中英文对照）

1. 所有者权益	owner's equity
2. 实收资本	paid-in capital
3. 资本公积	capital reserve
4. 留存收益	retained earnings
5. 盈余公积	surplus reserve
6. 未分配利润	undistributed profits
7. 普通股	ordinary share
8. 优先股	preference share
9. 库存股	treasury stock
10. 其他综合收益	other comprehensive income

重点内容

1. 公司组织实收资本或股本形成的账务处理。投资者投入、资本公积转增资本、盈余公积转增资本、债务重组中债务转为股权、可转换债券转为股本等几种形式下，企业应贷记“实收资本”(或“股本”)，相应按照增加实收资本的途径不同，借记各类资产，或减少资本公积、应付账款、应付债券等。

2. 公司减资、库存股的账务处理。股份有限公司采用收购本企业股票方式减资的，应按实际支付的金额，借记“库存股”，贷记“银行存款”科目。注销的库存股，应按股票面值和注销股数计算的股票面值总额，借记“股本”科目，按注销库存股的账面余额，贷记“库存股”，按库存股账面余额与股本的差额，借记或贷记“资本公积——股本溢价”科目。“资本公积”不足冲减的，依次减少“盈余公积”“利润分配——未分配利润”科目。

3. 不同情况形成的资本公积的核算。企业需要设置“资本公积”科目，并按照核算内容分别“资本溢价”（或“股本溢价”）、“其他资本公积”进行明细核算。

主要掌握导致资本公积变化的投资溢价，债务转为资本，被投资企业净损益以外的所有者权益变动，股份期权行权转为资本。

4. 其他综合收益的核算。包括投资性房地产公允价值的变动，以摊余成本计量的金融资产转化为以公允价值计量且其变动计入其他综合收益的金融资产，其他债权投资公允价值的变动等业务的账务处理。

5. 盈余公积形成和使用的处理。掌握盈余公积补亏和转增资本的账务处理。

6. 利润分配的处理。掌握“提取法定盈余公积”“提取任意盈余公积”“应付现金股利或利润”“转作股本的股利”“盈余公积补亏”“未分配利润”等的账务处理。

年度终了，企业应将全年实现的净利润，自“本年利润”科目转入“利润分配”科目，借记“本年利润”科目，贷记“利润分配——未分配利润”科目，为净亏损的，做相反的会计分录；同时，将“利润分配”科目所属其他明细科目的余额转入“利润分配——未分配利润”明细科目。

复习思考题

1. 何谓所有者权益？所有者权益与负债有哪些区别？

2. 所有者权益包括哪些内容？实收资本的增加途径有哪些？什么情况下企业可以减少实收资本？

3. 资本公积的来源途径有哪些？资本公积与实收资本的区别在哪里？

4. 留存收益的内容有哪些？盈余公积的用途是什么？

5. 利润分配的程序包括哪些内容？

6. 其他综合收益核算哪些内容？

练习题

（一）单项选择题

1. 某有限责任公司由甲、乙、丙三方各出资 450 万元设立，2018 年年末该公司所有者权益项目的余额为：实收资本 1 350 万元，资本公积 345 万元，盈余公积 150 万元，未分配利润 90 万元。为扩大经营规模，甲、乙、丙三方决定重组公司，吸收丁投资者加入，且甲、乙、丙三方投资比例各为 30%，丁的投资比例为 10%，则丁投资者应投入资金总额为（　　）万元。

A. 150　　B. 215

C. 345　　D. 800

2. 洪江公司 2018 年 1 月 1 日按面值发行 3 年期可转换公司债券，每年 1 月 1 日付息、到期一次还本的债券，面值总额为 10 000 万元，票面年利率为 4%，实际利率为 6%。债券包含的负债成分的公允价值为 9 465. 4 万元，2019 年 1 月 1 日某债券持有人将其持有的 5 000 万元本公司可转换公司债券转换为 100 万股普通股（每股面值 1 元）。洪江公司按实际利率法确认利息费用。该公司发行此项债券时应确认的“其他权益工具”的金额是（　　）万元。

A. 9 800　　B. 0

C. 267. 3　　D. 534. 6

3. 投资者投入资本时，贷记的会计科目是（　　）。

A. “银行存款”　　B. “固定资产”

C. “无形资产”　　D. “实收资本”

4. 用盈余公积弥补亏损，在冲减盈余公积的同时，应增加（　　）。

A. 资本公积　　B. 未分配利润

C. 实收资本　　D. 营业外收入

5. 甲公司购入股票 100 万元作为其他权益工具投资，在资产负债表日，该股票的公允价值为 97 万元。在不考虑所得税影响情况下，影响其他综合收益的金额是（　　）万元。

A. 100　　B. 3

C. 97　　D. 5

6. 甲公司盈余公积科目的年初余额为 100 万元，本期提取 135 万元，转增资本 80 万元。该公司盈余公积科目的年末余额为（　　）万元。

A. 95　　B. 155

C. 175　　D. 235

7. 股份公司减资时，如果原为溢价发行，则收购价高于面值的部分，应冲减的程序是（　　）。

A. 未分配利润，盈余公积，资本公积

B. 资本公积，盈余公积，未分配利润

C. 盈余公积，资本公积，未分配利润

D. 盈余公积，未分配利润，资本公积

8. 下列各项中，会引起留存收益总额发生增减变动的是（ ）。

A. 盈余公积转增资本　　B. 盈余公积补亏

C. 资本公积转增资本　　D. 用税后利润补亏

9. 甲股份有限公司委托A证券公司发行普通股1 000万股，每股面值1元，每股发行价格为4元。根据约定，股票发行成功后，甲股份有限公司应按发行收入的2%向A证券公司支付发行费。如果不考虑其他因素，股票发行成功后，甲股份有限公司记入“资本公积”科目的金额应为（ ）万元。

A. 20　　B. 80

C. 2 920　　D. 3 000

10. 甲公司为上市公司，2016年1月1日向其200名管理人员每人授予了100股股票期权，并可自2018年12月31日起按每股20元行权。甲公司股票的面值为1元，每股市价在2016年1月1日和2018年12月31日分别为15元和30元。假设2018年12月31日，公司在职的150名管理人员同时行权，则公司增加的“资本公积——股本溢价”为（ ）元。

A. 165 000　　B. 375 000

C. 495 000　　D. 510 000

（二）多项选择题

1. 根据《公司法》的规定，企业盈余公积可用于（ ）。

A. 分配股利　　B. 转增资本

C. 弥补亏损　　D. 转为资本公积

2. 股份公司增加股本的途径主要有（ ）。

A. 盈余公积转为股本　　B. 资本公积转为股本

C. 发放股票股利　　D. 长期负债转为股本

3. 下列事项中，会导致股本发生增减变动的有（　　）。

A. 资本公积转增资本　　B. 盈余公积弥补亏损

C. 盈余公积转增资本　　D. 派送新股

4. 下列项目中，属于留存收益的有（　　）。

A. 盈余公积　　B. 未分配利润

C. 实收资本　　D. 资本公积

5. 下列项目中，可能引起资本公积变动的有（　　）。

A. 与发行权益性证券直接相关的手续费、佣金等交易费用

B. 企业接受投资者投入的资本

C. 用资本公积转增资本

D. 处置采用权益法核算的长期股权投资

6. 下列各项中，属于其他综合收益的形成原因有（　　）。

A. 溢价发行股票形成

B. 因享有联营企业其他综合收益形成

C. 其他债权投资公允价值变动形成

D. 以权益结算的股份支付在等待期内形成

7. 下列项目中，属于可以重分类进损益的其他综合收益的有（　　）。

A. 现金流量套期的有效部分

B. 外币财务报表折算差额

C. 其他债权投资公允价值变动损益

D. 重新计算设定受益计划净负债或净资产的变动额

（三）判断题

1. 盈余公积补亏会引起企业的所有者权益总额发生变动。（　　）

2. 增发新股能够引起企业所有者权益的增加。（　　）

3. 公司回购本公司股票时，回购价大于回购股份的面值时，应借记有关会计科目的依次顺序是股本、资本公积、盈余公积、未分配利润。 （ ）

4. 采用权益法核算的情况下，被投资企业以盈余公积转增股本会引起投资企业资本公积发生增减变动。 （ ）

5. 在接受投资时，股份有限公司应通过“股本”科目来核算。 （ ）

6. 甲公司委托证券公司发行普通股股票1 000万股，每股面值1元，每股发行价格2.2元。证券公司按发行收入的2%收取手续费，从发行收入中扣除。该公司计入资本公积的金额为1 156万元。 （ ）

7. 采用修改其他债务条件进行债务重组时，债务人应付债务账面价值小于将来应付金额的部分，计入资本公积。 （ ）

8. 采用权益法核算的情况下，被投资企业以公允价值计量且其变动计入其他综合收益的金融资产的公允价值的变动，投资企业应计入其他综合收益。 （ ）

9. 根据企业所得税暂行条例的规定，纳税人发生年度亏损的，可以用下一纳税年度的所得弥补；下一纳税年度的所得不足弥补的，可以逐年延续弥补，但是延续弥补期最长不得超过5年。 （ ）

10. 期末，企业需要将“本年利润”余额转入“利润分配——未分配利润”科目，未分配利润科目的借方余额表示盈利，贷方余额表示待弥补的亏损。 （ ）

（四）作业题

1. **资料**：甲公司经批准于2017年1月1日按面值发行5年期一次还本付息（其实题目在计算时是按照分期付息到期还本计算的）的可转换公司债券200 000 000元，款项已收存银行，债券票面年利率为6%，利息按年支付。债券发行1年后可转换为普通股股票，初始转股价为每股10元，股票面值为每股1元。2018年1月1日债券持有人将持有的可转换公司债券全部转换为普通股股票（假定按当日可转换公司债券的账面价值计算转股数），甲公司发行可转换公司债券时二级市场上与之类似的没有转换权的债券市场利率为9%。

要求：根据上述资料作出甲公司相关的会计分录。

2. **资料：**甲公司2018年12月31日的股本为20 000万股，每股面值为1元，资本公积（股本溢价）5 000万元，盈余公积3 000万元。经股东大会批准，甲公司以现金回购本公司股票3 000万股并注销。

要求：

（1）假定每股回购价为0.8元，编制回购股票和注销股票的会计分录。

（2）假定每股回购价为2元，编制回购股票和注销股票的会计分录。

（3）假定每股回购价为3元，编制回购股票和注销股票的会计分录。

3. **资料：**A股份有限公司的股本为100 000 000元，每股面值1元。2017年年初未分配利润为贷方80 000 000元，2017年实现净利润50 000 000元。假定公司经批准的2017年度利润分配方案为：按照2017年实现净利润的10%提取法定盈余公积，5%提取任意盈余公积，同时向股东按每股0.2元派发现金股利，按每10股送3股的比例派发股票股利。2018年3月15日，公司以银行存款支付了全部现金股利，新增股本也已经办理完股权登记和相关增资手续。

要求：根据以上资料，作出A公司的会计处理。

4. **资料：**A公司委托B证券公司代理发行普通股2 000 000股，每股面值1元，按每股1.2元的价格发行。公司与受托单位约定，按发行收入的3%收取手续费，从发行收入中扣除。假如收到的股款已存入银行。

要求： 根据上述资料，作出A公司的会计处理。

5. **资料：** 某公司新设成立，收到甲股东投入资本800 000元，款项已存入银行；乙股东投入材料一批，经双方认定价值为550 000元；丙股东投入固定资产若干，账面原值22 000 000元，已提折旧10 000 000元，经评估认定该固定资产的价值为9 000 000元；丁股东投入某著名品牌的商标权，认定价值为400 000元。

要求： 编制有关的会计分录。

6. **资料：** 某公司委托证券公司代理发行普通股1 500 000股，每股面值1元，按照1.5元发行。支付给证券公司的手续费按照发行收入总额的3%计算，从发行费用中扣除。假设发行收入已经存入银行。

要求： 编制有关的会计分录。

7. **资料：** 某公司2018年1月1日发行5年期面值为100元的可转换公司债券10 000张，每张按照105元的价格发行，发行总收入1 050 000元。债券票面利率为5%，每年付息一次，债券发行时同类不附转换条件的普通债券的市场利率为8%。协议约定，债券到期前3年末可以转换为普通股，条件为每100元账面价值的债券可以换面值1元的10股股票。

要求：

（1）作出发行债券时的会计处理；

（2）作出在第5年末转化为普通股时的会计处理。

8. **资料：** 某公司当年实现净利润300万元，经股东大会批准的利润分配方案为：提取法定盈余公积30万元，分配现金股利100万元，分配股票股利120万元（共120万股，每股面值1元）。上述所有分配方案均已实施。

要求： 编制有关的会计分录。

9. **资料：** 某公司本年发生经营亏损50万元，经股东大会表决通过，决定以累积的法定盈余公积20万元、任意盈余公积30万元弥补亏损；另外，将70万元法定盈余公积转增资本。

要求：编制有关的会计分录。

10. **资料：**某公司2011年年末的未分配利润为20万元，2012年发生亏损80万元，2013～2017年每年实现的税前利润总额为10万元，2018年实现税前利润总额40万元。所得税税率25%，假定不存在会计与税法之间的差异，按照10%提取法定盈余公积。

要求：编制2012年和2018年的会计分录。

第十三章　收　入

学习目的与要求

学习本章的目的是理解和掌握不同类型收入的确认程序及核算方法。通过本章学习，了解收入准则的适用范围，熟悉收入确认的“五步法”，掌握收入的定义、特征及分类，掌握收入核算的五个步骤，掌握合同变更的类型及处理方法，掌握在某一时点履行的履约义务收入确认条件；掌握在某一时段内履行的履约义务收入的确认方法；掌握附有销售退回条款的销售、附有质量保证条款的销售、包含重大融资成分的销售、附有客户额外购买选择权的销售、委托代销业务、包含客户未行使的权利、售后购回业务、亏损合同等特殊业务的账务处理。

主要名词（中英文对照）

1. 收入	revenue
2. 客户	customer
3. 单项履约义务	separate performance obligation
4. 交易价格	transaction price
5. 可变对价	variable consideration
6. 重大融资成分	significant financing components
7. 重大融资利益	significant financing benefit
8. 非现金对价	non-cash consideration
9. 应付客户对价	consideration payable to a customer

10. 控制权转移	transfer of control
11. 合同折扣	contract discount
12. 主营业务收入	prime operating revenue
13. 其他业务收入	other operation revenue
14. 现金折扣	cash discount
15. 销售折扣	trade discount
16. 销售折让	sales allowance
17. 销售退回	sales returns
18. 主营业务成本	prime operating costs
19. 其他业务成本	other operating costs
20. 完工百分比法	percentage of completion method
21. 投入法	input methods
22. 产出法	output methods
23. 合同成本	contract cost
24. 合同履约成本	cost of obtaining a contract
25. 合同取得成本	cost of fulfilling a contract
26. 应收退货成本	cost of goods receivable
27. 合同资产	contract asset
28. 合同负债	contract liability

重点内容

1. 收入的定义、特征及分类。收入是指企业在日常活动中形成的、会导致所有者权益增加的、与所有者投入资本无关的经济利益的总流入。

收入是企业在日常活动中形成的，而不是在偶发的交易或事项中形成的；收入可能表现为企业资产的增加，也可能表现为企业负债的减少，或者两者兼而有之；收入的结果导致所有者权益的增加；收入只包括本企业经济利益的流入，不包括为第三方或客户代收的款项。

按照收入确认的时间不同，可将其分为在某一时段内确认的收入和在某一时点确认的收入两类；按照收入的性质不同，可将其分为销售商品收入、提供劳务收入及让渡资产使用权收入三类；按照企业经营业务的主次不同，可将收入分为主营业务收入与其他业务收入两类。

2. 收入确认和计量的五个步骤。由于收入的实现通常需要一个过程，因此要将一项履约义务的交易价格作为收入确认，除符合收入的定义外，还应根据履约义务的性质，按照不同的程序和方法进行确认和计量。根据《企业会计准则第 14 号——收入》准则规定，收入的确认和计量可以按照以下五步模式进行：

第一步：识别与客户订立的合同。

（1）客户合同的认定。企业要取得收入，首先要与客户签订合同。适用收入准则的客户合同应同时满足下列条件：①合同各方已批准该合同并承诺将履行各自义务；②该合同明确了各方的权利和义务；③该合同有明确的与所转让商品相关的支付条款；④该合同具有商业实质，即履行该合同将改变企业未来现金流量的风险、时间分布或金额；⑤企业因向客户转让商品而有权取得的对价很可能收回。在合同开始日不符合上述条件的合同，企业应当对其进行持续评估，直至合同满足上述条件时，才能按收入准则的规定确认收入。

（2）客户合同的合并。企业与同一客户（或该客户的关联方）同时订立或在相近时间内先后订立的两份或多份合同，在满足特定条件情况下，应当合并为一份合同进行处理。

（3）客户合同的变更。经合同各方批准，可对原合同范围或价格作出变更。合同各方可能以书面形式、口头形式或其他形式批准合同变更。企业应当区分不同变更情况，进行相应处理。

第二步：识别合同中包含的单项履约义务。合同开始日，企业应当对合同进行评估，根据合同条款安排，将向客户转让可明确区分商品的承诺及一系列实质相同且转让模式相同的、可明确区分商品的承诺作为单项履约义务；确定各单项履约义务是在某一时段内履行，还是在某一时点履行，并在履行了各单项履约义务时确认收入。

第三步：确定合同的交易价格。交易价格，是指企业因向客户转让商品而预期有权收取的对价金额。企业代第三方收取的款项（例如增值税）以及企业预期将退还给客户的款项，应当作为负债进行会计处理，不计入交易价格。企业应当根据现有合同条款约定，综合考虑可变对价、合同中存在的重大融资成分、非现金对价以及应付客户对价等因素的影响，并结合其以往的习惯做法等确定交易价格。

第四步：将交易价格分摊至各单项履约义务。合同中包含两项或两项以上履约义务的，企业应当在合同开始日，按照各单项履约义务所承诺商品单独售价的相对比例，将交易价格分摊至各单项履约义务。

合同开始日之后，由于相关不确定性的消除或环境的其他变化等原因，可能会使企业因向客户转让商品而预期有权收取的对价金额发生变化，从而导致交易价格发生变化。交易价格发生后续变动的，企业应当按规定将该后续变动金额分摊至合同中的履约义务。

第五步：履行各单项履约义务时确认收入。对于合同中包含的各项履约义务，企业应当在履行了各该履约义务，即客户取得相关商品控制权时确认收入。客户取得相关商品的控制权，可能在某一时段内（即履行履约义务的过程中）发生，也可能在某一时点（即履约义务完成时）发生。

企业应当根据合同条款的具体情况，判断合同中包含的各项履约义务是否满足在某一时段内履行的条件，不满足在某一时段内履约条件的，应当作为在某一时点履行的履约义务处理。

3. 在某一时段内履行的履约义务。企业与客户订立的合同，满足下列条件之一的，属于在某一时段内履行的履约义务，相关收入应当在该履约义务履行的期间内确认：①客户在企业履约的同时即取得并消耗企业履约所带来的经济利益；②客户能够控制企业履约过程中在建的商品；③企业在履约过程中所产出的商品具有不可替代用途，且在整个合同期间内有权就累计至今已完成的履约部分收取款项。

对于在某一时段内履行的履约义务，企业应当在该段时间内按照履约进度确认收入。当履约进度不能合理确定时，企业已经发生的成本预计能够得到补偿的，应当按照已经发生的成本金额确认收入，直到履约进度能够合理确定为止。

对于在某一时段内履行的履约义务，企业应当考虑商品的性质，采用产出法或投入法确定履约进度。在确定履约进度时，应当扣除那些控制权尚未转移给客户的商品和服务。

对于在某一时段内履行的履约义务，企业应当在资产负债表日，根据确定的履约进度，按照合同的交易价格与履约进度的乘积扣除以前期间累计已确认的收入后的金额，确认为当期收入，同时结转销售成本 。

4. 在某一时点履行的履约义务。凡是不属于在某一时段内履行的履约义务，应当属于在某一时点履行的履约义务。对于在某一时点履行的履约义务，企业应当在客户取得相关商品控制权时点确认收入。

5. 特定交易的会计处理。

（1）对于附有销售退回条款的销售，企业应当按照将可变对价计入交易价格的限制要求，确定其预期有权收取的对价金额，并根据客户取得相关商品控制权时点、会计期末及实际退货情况的不同，分别进行处理。

（2）对附有质量保证条款的销售，企业在向客户销售商品时，根据合同约定、法律规定或本企业以往的习惯做法等，判定所附质量保证是否构成单项履约义务。对于构成单项履约义务的质量保证，企业应当按收入准则的规定进行处理，并将部分交易价格分摊至该项履约义务；对于不构成单项履约义务的质量保证，企业应当按照或有事项准则的规定进行会计处理。

(3) 对于附有客户额外购买选择权的销售，企业应当首先评估其是否构成一项重大权利。构成重大权利的，应当作为单项履约义务，并在客户未来行使购买选择权取得相关商品控制权时，或者购买选择权失效时，确认相应的收入。

如果企业授予客户的是续约选择权，客户行权购买的商品与原合同商品类似，且企业将按照原合同条款提供续约商品的，则企业可以采用简化处理方式，即无须估计续约选择权的单独售价，而是直接把预计的客户行权数量以及相应对价纳入原合同进行处理。

(4) 对于包含重大融资成分的销售，企业应根据合同价款支付方式的不同，按照假定客户在取得相关商品控制权时即以现金支付的应付金额（即现销价格）确定交易价格，并进行相应的账务处理。

(5) 主要责任人和代理人。当企业向客户销售商品涉及其他方参与其中时，企业应当确定其自身在该交易中的身份是主要责任人还是代理人。主要责任人应当按照已收或应收对价总额确认收入；代理人应当按照预期有权收取的佣金或手续费金额确认收入。

委托代销安排属于典型的涉及第三方参与的销售业务，交易中的委托方及受托方，应当根据主要责任人及代理人的判断条件，确定各自的身份，并进行相应的账务处理。

(6) 售后回购业务。售后回购，是指企业销售商品的同时承诺或有权选择日后再将该商品（包括相同或几乎相同的商品，或以该商品作为组成部分的商品）购回的销售方式。售后回购通常包括三种形式：一是企业有义务回购所售商品，即合同存在远期安排；二是企业有权利回购所售商品，即企业拥有回购选择权；三是当客户要求时，企业有义务回购所售商品，即客户拥有回售选择权。企业应当根据售后回购业务的性质，分别进行相应的处理。

(7) 授予知识产权许可。授予知识产权许可，是指企业授予客户对企业拥有的知识产权享有相应权利。常见的知识产权包括：软件和技术、影视和音乐等的版权、特许经营权、专利权、商标权和其他版权等。对于企业在销售产品时授予客户的知识产权许可，不论企业的承诺是否在合同中明确，企业均应当评估其与所售商品是否能够明确区分，判断其是否构成单项履约义务，并进行相应的会计处理。

企业向客户授予知识产权许可，并约定按客户实际销售或使用情况收取特许权使用费的，应当在客户后续销售或使用行为实际发生与企业履行相关履约义务二者孰晚的时点确认收入。

（8）预收款项及客户未行使的权利。企业向客户预收销售商品款项的，应当将预收的款项确认为"合同负债"，待以后履行了相关履约义务时，再将所预收的货款从"合同负债"转为收入；当企业预收的款项无须退回，且客户可能会放弃其全部或部分合同权利时（例如，放弃储值卡的使用），企业预期将有权获得与客户所放弃的合同权利相关款项的，应当按照客户行使合同权利的模式按比例将上述金额确认为收入；否则，企业只有在客户要求其履行剩余履约义务的可能性极低时，才能将上述负债的相关余额转为收入。

（9）无须退回的初始费及初始支出。企业对其在合同开始（或接近合同开始）日向客户收取的无须退回的初始费，应当计入交易价格，并对其是否与向客户转让已承诺的商品相关进行评估。企业为履行合同开展初始活动发生了支出，但这些活动本身并没有向客户转让已承诺商品的，应当按照合同履约成本的相关规定将发生的支出确认为一项资产或计入当期损益；企业在确定履约进度时，不应考虑这些初始活动发生的成本。

（10）售后代管商品安排。售后代管商品是指企业根据其与客户签订的合同，已经就销售的商品向客户收款或取得了收款权利，但是直到在未来某一时点将该商品交付给客户之前，仍然继续持有该商品实物的安排。对于符合收入确认条件的售后代管安排，企业应当判断该安排是否构成单项履约义务，如果是，企业应当将部分交易价格分摊至该履约义务。

（11）亏损合同。亏损合同是指履行合同义务不可避免会发生的成本超过预期交易价格的合同。如果企业的待执行合同变为亏损合同，同时该亏损合同产生的义务满足预计负债确认条件的，应当确认为预计负债。

复习思考题

1. 什么是收入？收入有哪些种类？
2. 收入的特征有哪些？
3. 简述收入确认和计量的五个步骤。
4. 适用收入准则的客户合同应符合哪些条件？
5. 合同变更有哪几类？应如何处理？
6. 什么是履约义务？什么是交易价格？
7. 如何确定可变对价最佳估计数？
8. 将可变对价计入交易价格的条件是什么？
9. 如何确定包含重大融资成分的销售的交易价格？
10. 交易价格中涉及非现金对价的，应如何对其进行计量？
11. 如何将交易价格分摊至合同中包含的各单项履约义务？
12. 什么是单独售价？如何确定商品的单独售价？
13. 履约义务分哪两种？如何判断履约义务的种类？
14. 确定合同履约进度的方法有哪些？
15. 判断客户是否取得相关商品控制权应考虑哪些迹象？
16. 将合同履约成本确认为一项资产应符合哪些条件？
17. 什么是增量成本？将合同取得成本确认为一项资产应符合哪些条件？
18. 对附有销售退回条款的销售应如何处理？
19. 对附有质量保证条款的销售应如何处理？
20. 对附有客户额外购买选择权的销售应如何处理？

21. 对包含重大融资成分的销售应如何处理？

22. 对有第三方参与的销售，如何判断企业的身份是主要责任人还是代理人？

23. 对委托代销安排应如何处理？

24. 售后回购有哪些形式？应如何处理？

25. 对授予客户知识产权许可应如何处理？

26. 对预收款项及客户未行使的权力应如何处理？

27. 对亏损合同中的亏损额应如何处理？

练习题

（一）单项选择题

1. 下列业务中，应按收入准则进行处理的是（　　）。

A. 以存货抵偿前欠贷款

B. 以自产产品换入固定资产

C. 对外出租固定资产

D. 保险公司与客户签订的保险合同

2. 2019 年 10 月 1 日，甲公司向客户销售一台设备，售价 300 万元，同时约定 2021 年 10 月 1 日以 360 万元的价格回购该设备。甲公司应将该售后购回业务作为（　　）交易进行账务处理。

A. 租赁　　B. 融资

C. 投资　　D. 债务重组

3. “应收退货成本”科目核算企业销售商品时预期将退回商品的（　　）。

A. 预计收回成本及相应的价值减损金额之和

B. 账面价值扣除收回该商品预计发生的成本及相应的价值减损后的余额

C. 公允价值扣除收回该商品预计发生的成本后的余额

D. 账面价值

4. 甲公司与客户签订一项合同，约定4年后向客户交付大型设备一套，客户于合同签订日支付500万元。设备控制权于交货时转移，交货时设备的市场价格为600万元。不考虑相关税费影响，则该套设备的交易价格为（　　）万元。

A. 500　　B. 100

C. 600　　D. 700

5. 下列各项中，资产负债表日不需要进行重新估计的是（　　）。

A. 合同履约进度

B. 融资成分的实际利率

C. 可变对价金额

D. 附有销售退回条款销售的退货率

6. 合同中包含两项或多项履约义务的，企业应当在合同开始日，按照各单项履约义务所承诺商品（　　）的相对比例，将交易价格分摊至各单项履约义务。

A. 账面价值　　B. 成本

C. 公允价值　　D. 单独售价

7. 在对应付客户对价冲减交易价格进行会计处理时，企业应当在（　　）的时点冲减当期收入。

A. 确认相关收入

B. 支付（或承诺支付）客户对价

C. A与B二者孰早

D. A与B二者孰晚

8. 下列有关可变对价的说法中，不正确的是（　　）。

A. 企业应按期望值或最可能发生的金额确定可变对价最佳估计数

B. 企业有权收取的对价金额因或有事项的发生而有所不同的情况属于可变对价

C. 可变对价计入交易价格没有限制条件

D. 每一资产负债表日企业都应当对可变对价金额进行重新评估

9. 企业向客户授予知识产权许可，并约定按客户实际销售或使用情况收取特许权使用费的，应当在（　　）的时点确认收入。

A. 客户后续销售或使用行为实际发生

B. 企业履行相关履约义务

C. 上述 A 与 B 孰早

D. 上述 A 与 B 孰晚

10. 下列各项中，不属于单独售价估计方法的是（　　）。

A. 产出法　　B. 成本加成法

C. 余值法　　D. 市场调节法

11. 下列有关非现金对价的说法中，不正确的是（　　）。

A. 非现金对价公允价值因对价形式以外的原因发生变动的应按可变对价进行处理

B. 非现金对价公允价值因对价形式而发生的变动金额不应计入交易价格

C. 合同对价为非现金对价的应按其在合同开始日的账面价值确认交易价格

D. 非现金对价的公允价值不能合理估计时应按转让商品的单独售价间接确定交易价格

12. 合同中企业向客户转让可明确区分商品的承诺指的是（　　）。

A. 独立售价　　B. 增量成本

C. 售后回购　　D. 履约义务

13. 合同变更作为原合同终止及新合同订立的，新合同的交易价格为（　　）。

A. 原合同交易价格中尚未确认为收入的部分

B. 合同变更中客户已承诺的对价金额

C. 原合同价格与合同变更中新增的合同对价金额之和

D. 原合同交易价格中尚未确认为收入的部分及合同变更中客户已承诺的对价金额之和

14. 甲公司向客户销售了500万元的储值卡，其适用的增值税税率为13%，在客户使用该储值卡消费时发生增值税纳税义务。该业务中甲公司应确认（　　）万元。

A. 主营业务收入500

B. 合同负债442.48

C. 预收账款435

D. 应交税费——应交增值税（销项税额）65

15. 企业在将商品控制权转移给客户时，应按已取得无条件收款权利的金额及相应的增值税额之和，借记（　　）科目。

A. “应收账款”　　B. “合同资产”

C. “合同结算”　　D. “合同负债”

16. 2019年初，甲公司经与客户协商，对之前与客户签订的合同进行变更，包括向客户额外转让可明确区分的商品，并增加了合同价款，但新增合同价款不能反映新增商品的单独售价；合同变更日已转让的商品与未转让的商品之间不可明确区分。甲公司对该合同变更处理正确的是（　　）。

A. 将合同变更部分作为原合同的组成部分

B. 将合同变更作为原合同终止及新合同订立

C. 将合同变更部分作为单独合同

D. 对合同变更不进行处理

17. 甲公司是一家咨询公司，通过竞标取得一家新客户。甲公司为此支付律师费用20 000元，支付投标费30 000元，支付差旅费15 000元，支付销售人员佣金10 000元。甲公司预期这些支出未来均能够收回。为此甲公司应确认合同取得成本是（　　）元。

A. 10 000　　B. 50 000

C. 60 000　　D. 75 000

18. 2019年5月初，甲公司向客户销售了800万元的储值卡。

根据以往经验，甲公司预计将有相当于储值卡面值5%的部分不会被消费。截至2019年末，客户消费的储值卡金额为200万元。甲公司适用的增值税税率为13%，则2019年度甲公司应确认的收入金额为（　　）万元。

A. 200　　B. 250

C. 210.53　　D. 186.31

19. 2019年10月1日，甲公司向客户销售一台设备，售价300万元，同时约定2021年10月1日以240万元的价格回购该设备。甲公司应将该售后购回业务作为（　　）交易进行账务处理。

A. 租赁　　B. 融资

C. 投资　　D. 债务重组

20. 企业在将商品控制权转移给客户并确认收入时，如果尚未取得无条件收取合同对价的权利，应当将应收取的对价金额记入（　　）科目。

A. “应收账款”　　B. “合同资产”

C. “合同结算”　　D. “合同负债”

（二）多项选择题

1. 下列各项中，属于企业其他业务收入的有（　　）。

A. 持有“债权投资”取得的利息收入

B. 持有“其他权益工具投资”取得的股利

C. 出租包装物收入

D. 销售材料收入

2. 下列各项中，不应计入交易价格的有（　　）。

A. 企业预期将退还给客户的款项

B. 企业从客户处收取的增值税

C. 非现金对价

D. 企业向客户提供的重大融资利益

3. 企业为履行合同发生的支出作为合同履约成本确认为资产

的条件有（　　）。

A. 该支出与一份当前合同直接相关

B. 该支出与一份预期取得的合同直接相关

C. 该支出增加了企业未来用于履行履约义务的资源

D. 该支出预期能够收回

4. 企业为履行合同发生的下列支出中，不应计入合同履约成本的有（　　）。

A. 明确由客户承担的管理费用

B. 非正常消耗的直接材料、直接人工和制造费用

C. 与履约义务中已履行部分相关的支出

D. 无法在尚未履行与已履行的履约义务之间区分的相关支出

5. 下列有关初始活动支出处理的表述中，正确的有（　）。

A. 符合资本化条件的初始活动支出确认为合同履约成本

B. 不符合资本化条件的初始活动支出计入当期损益

C. 确定履约进度时应当考虑初始活动支出

D. 所有的初始活动支出均为确认为合同取得成本

6. 2019 年 10 月 1 日，甲公司向客户销售商品取得货款 1 130 万元存入银行（含增值税 130 万元），产品控制权于发货时转移给客户。根据以往经验，估计该批产品的退货率为 10%。甲公司对该业务的处理中正确的有（　　）。

A. 贷记“主营业务收入”900 万元

B. 贷记“预计负债”100 万元

C. 贷记“预收账款”1 000 万元

D. 贷记“应交税费——待转销项税额”130 万元

7. 将合同变更部分作为一项单独合同进行处理需符合的条件有（　　）。

A. 合同变更增加了可明确区分的商品

B. 合同变更增加了合同对价

C. 新增合同对价反映了新增商品的单独售价

D. 新增合同对价与新增商品的单独售价无关

8. 下列收入确认和计量的步骤中，与收入计量有关的有（　　）。

A. 识别客户合同

B. 识别合同中的单项履约义务

C. 确定交易价格

D. 将交易价格分摊至各单项履约义务

9. 合同变更中的未转让商品包括（　　）。

A. 原合同中尚未转让的商品

B. 原合同中已转让的商品

C. 合同变更新增的商品

D. 原合同中的所有商品

10. 2019 年度，甲机器制造企业经营性租出固定资产取得租金收入 20 万元，该租金收入属于甲企业的（　　）。

A. 主营业务收入　　B. 其他业务收入

C. 提供劳务收入　　D. 让渡资产使用权收入

11. 甲公司与客户签订一项合同，约定 4 年后向客户交付大型设备一套，客户于合同签订日支付 1 000 万元。设备控制权于交货时转移，交货时设备的市场价格为 1 200 万元。不考虑相关税费影响。下列有关该合同说法正确的有（　　）。

A. 该合同交易价格为 1 000 万元

B. 该合同包含的融资成分为 200 万元

C. 该合同属客户向甲公司提供重大融资利益

D. 该合同的融资成分应当在 4 年内采用实际利率法摊销

12. 下列有关确定客户合同完工百分比方法的表述中，属于投入法的有（　　）。

A. 按投入的原材料数量　　B. 按花费的人工工时

C. 按发生的成本　　D. 按实际测量的进度

（三）判断题

1. 合同中存在重大融资成分的，企业应当在合同期间内采用实际利率法对该重大融资成分进行推销。（　）

2. 企业向客户收取无须退还的初始费与其向客户转让已承诺商品不相关的，该初始费应当作为未来将转让商品的预收款，在未来转让该商品时确认为收入。（　）

3. 企业为履行合同开展初始活动，但这些活动本身并没有向客户转让已承诺商品的，企业应将开展初始活动的支出作为合同取得成本进行处理。（　）

4. 与合同成本有关的减值准备一旦计提，不得转回。（　）

5. 企业为履行合同发生非正常消耗的直接材料、直接人工和制造费用，应当计入合同履约成本。（　）

6. 企业为取得合同发生的、预期能够收回的增量成本，应当作为合同取得成本确认为一项资产。（　）

7. 企业应将其从客户处收取的增值税计入交易价格。（　）

8. 企业以自产产品换取客户的非货币性资产，应按收入准则的规定进行处理。（　）

9. 企业用材料进行非货币性资产交换实现的收入，应通过“其他业务收入”科目核算。（　）

10. 如果企业将商品销售给客户后，负有应客户要求回购商品的义务，但客户不具有行使该要求权的重大经济动因的，企业应当将该售后回购作为附有销售退回条款的销售交易进行相应的账务处理。（　）

11. 在对应付客户对价冲减交易价格进行会计处理时，企业应当在确认相关收入与支付（或承诺支付）客户对价二者孰早的时点冲减交易价格。（　）

12. 有确凿证据表明，合同折扣仅与合同中的一项或多项（而非全部）履约义务相关，且企业采用余值法估计单独售价的，应

当首先在该一项或多项（而非全部）履约义务之间分摊合同折扣，然后再采用余值法估计单独售价。（ ）

13. 对于已履行的履约义务，其分摊的可变对价后续变动额应当调整变动当期的收入。（ ）

14. 企业在采用投入法或产出法确定履约进度时，应当扣除那些控制权尚未转移给客户的商品或服务。（ ）

15. 合同折扣是指合同中各单项履约义务所承诺商品的单独售价之和高于合同交易价格的金额。（ ）

（四）作业题

1. **资料：**2019 年 10 月 1 日，甲公司向客户销售 A 产品 1 000 件，每件售价 500 元，成本 400 元，A 产品已发出，其控制权于发货时转移给客户。根据协议约定，客户应于 2019 年 12 月 1 日之前支付货款，在 2020 年 3 月 31 日之前有权退货。甲公司根据过去的经验，估计该批产品的退货率为 20%。在 2019 年 12 月 31 日，甲公司对退货率进行重新评估，认为只有 10% 的 A 产品会被退回；2020 年 3 月 31 日，客户退回 A 产品 150 件，甲公司按约定退款。上述价格均不含增值税。甲公司为增值税一般纳税人，适用的增值税税率为 13%，纳税义务于产品控制权转移时发生，实际发生退回时开具红字增值税专用发票。

要求：对甲公司上述业务进行相应的会计处理。

2. **资料：**沿用作业 1 资料，假定客户退货时，要向甲公司支付 10% 的退货费；甲公司估计的每件 A 产品退货成本为 30 元，实际发生的退货成本为 40 元。不考虑退货费的相关税费。其他资料同作业 1。

要求：对甲公司上述业务进行相应的会计处理。

3. **资料：**2019 年 7 月 1 日，乙公司开始推行一项奖励积分计划。根据该计划，客户在乙公司每消费 50 元可获得 1 个积分，每个积分从次月开始在购物时可以抵减 1 元。截至 2019 年 7 月 31

日，客户共消费 5 000 000 元，可获得 100 000 个积分。根据历史经验，乙公司估计该积分的兑换率为 90%。

假定截至 2019 年 12 月 31 日，客户累计兑换了 60 000 个积分，乙公司对积分的兑换率进行了复核，认为兑换率会达到 95%。上述金额均不包括增值税，假定不考虑相关税费影响。

要求：对乙公司上述业务进行相应的会计处理。

4. **资料：**丙公司 2019 年年初售出大型成套设备一套，合同约定的不含税价款为 8 000 万元，采用分期收款方式，从销售当年开始每年年末收取 2 000 万元。该设备控制权于发货时即转移给客户，发货时设备的市场价格为 6 625 万元，设备生产成本为 5 800 万元。该合同包含融资成分的实际利率为 8%，不考虑相关税费的影响。

要求：根据上述资料，对丙公司的销售设备业务进行相应的账务处理（计算结果保留到整数，金额单位以万元表示）。

5. **资料：**2019 年 1 月 1 日，甲公司与客户签订合同，向其销售专用设备一套。合同约定甲公司应于 4 年后向客户交付设备，设备控制权于交货时转移给客户。甲公司向客户提供了三种可供选择的付款方式：一是在合同签订日一次性支付 6 625 万元；二是在合同签订日之后分四次付款，即每年末支付 2 000 万元，共计支付 8 000万元；三是 4 年后交付设备时按当时市场价格支付 9 012 万元。假定客户选择第二种付款方式，即合同签订日之后每年末支付 2 000 万元，共计支付 8 000 万元。甲公司设备的生产成本为7 800 万元，合同中包含的融资成分的实际利率为 8%，不考虑相关税费影响。

要求：根据上述资料，对甲公司销售业务进行相应的账务处理（计算结果保留到整数，金额单位以万元表示）。

6. **资料：**2019 年 10 月初，甲公司委托丁公司销售 A 商品 10 万件，A 商品已经发出，每件成本为 150 元。合同约定丁公司应按每件 200 元对外销售，甲公司按不含增值税的销售价格的 8% 向丁公司支付手续费。除非这些商品在丁公司存放期间内由于丁公司的责任发生毁损或丢失，否则在 A 商品对外销售之前，丁公司没有义务向甲公司支付货款。丁公司不承担包销责任，没有售出的 A 商品须退回给甲公司，同时，甲公司也有权要求收回 A 商品或将其销售给其他的客户。2019 年 12 月末，丁公司将 A 产品全部对外售出，开出的增值税专用发票上注明的销售价格为 2 000 万元，增值税税额为 260 万元，款项已经收到，丁公司立即向甲公司开具代销清单并支付货款。甲公司收到丁公司开具的代销清单时，向丁公司开具一张相同金额的增值税专用发票。假定甲公司发出 A 商品时纳税义务尚未发生，甲公司适用的增值税税率为 13%，丁公司收取的手续费适用的增值税税率为 6%，不考虑其他因素。

要求：对甲公司、丁公司的上述业务进行相应的账务处理，金额单位以万元表示。

7. **资料：**乙公司经营连锁面包店。2019 年 7 月初，乙公司向客户销售了 80 000 张储值卡，每张卡的面值为 500 元，总额为 4 000万元。客户可在乙公司的任何一家门店使用该储值卡进行消费。根据历史经验，乙公司预期客户购买的储值卡中将有相当于储值卡面值金额 5%（即 200 万元）的部分不会被消费。截至 2019 年 12 月 31 日，客户使用该储值卡消费的金额为 1 900 万元。乙公司为增值税一般纳税人，适用的增值税税率为 13%，增值税纳税义务在客户使用该储值卡消费时发生。

要求：对乙公司的上述业务进行相应的账务处理。

8. **资料：**2019 年 1 月 1 日，甲公司向乙公司销售一台设备，该设备的成本为 400 万元，销售价格为 500 万元；同时双方约定两年之后，即 2021 年 1 月 1 日，甲公司将以 400 万元的价格回购设备，上述价格均不包含增值税，甲、乙公司适用的增值税税率均为 13%，相关纳税义务于设备发出时产生。

要求：根据上述资料，对甲公司的上述业务进行相应的账务处理。

9. **资料：**沿用作业8资料，假定甲公司在2020年1月1日以605万元的价格回购该设备，其他资料不变。

要求：根据上述资料，对甲公司的上述业务进行相应的账务处理。

10. **资料：**甲公司是一家药品生产企业，拥有多项药品生产专利。2019年7月1日，甲公司与乙公司签订一项合同，授权乙公司在未来2年内生产其拥有的A药品的独家生产权。合同规定，甲公司收取的合同对价由两部分组成：一是合同签订日收取400万元的专利使用费；二是按照乙公司A药品销售额的10%计算提成，款项每半年以银行存款结算一次。乙公司2019年A药品的销售额为2 000万元。

要求：根据上述资料，不考虑相关税费的影响，对甲公司的上述业务进行相应的账务处理。

11. **资料：**2019年1月1日，甲公司与乙公司签订一项大型设备建造工程合同，合同约定，该工程的造价为7 000万元，工程期限为一年半，甲公司负责工程的施工及管理，乙公司按照第三方工程监理公司确认的工程完工量，每半年与甲公司结算一次；预计2020年6月30日竣工；工程预计总成本为5 000万元。假定该建造工程整体构成单项履约义务，并属于在某一时段履行的履约义务，甲公司采用成本法确定履约进度，增值税税率为10%，不考虑其他相关因素。

2019年6月30日，工程累计实际发生成本1 800万元，甲公司与乙公司结算合同价款2 600万元，甲公司实际收到价款2 000万元；2019年12月31日，工程累计实际发生成本3 800万元，甲公司与乙公司结算合同价款2 400万元，甲公司实际收到价款2 200万元；2020年6月30日，工程累计实际发生成本5 200万元，甲公司与乙公司结算了工程竣工价款2 000万元，并支付了剩余工程价款2 800万元。上述价款均不含增值税。假定甲公司与乙公司结算时即发生增值税纳税义务，乙公司在实际支付工程价款的同时支付了相应的增值税款。

要求： 根据上述资料，对甲公司的业务进行相应的账务处理。

12. **资料：** 2018 年 1 月 1 日，甲建筑公司与客户签订一项总价为 4 000 万元的固定造价合同，该合同不可撤销。工程期限为两年，甲公司负责工程的施工及全面管理，客户按照第三方工程监理公司确认的工程完工量，每半年与甲公司结算一次；预计 2019 年 12 月 31 日竣工；工程预计总成本为 3 600 万元。

至 2018 年末，由于材料价格上涨等因素，甲公司将预计工程总成本调整为 4 100 万元，至 2019 年 6 月 30 日，根据工程最新情况将预计工程总成本调整为 4 500 万元。假定该建造工程整体构成单项履约义务，并属于在某一时段内履行的履约义务，甲公司采用成本法确定履约进度，增值税税率为 10%，不考虑其他因素。该合同的其他相关资料如表 13 - 1 所示。

表 13 - 1 **甲公司相关资料** 单位：万元

项目	2018 - 06 - 30	2018 - 12 - 31	2019 - 06 - 30	2019 - 12 - 31	2021 - 12 - 31
累计实际发生成本	1 000	2 255	3 600	4 800	—
预计尚需发生成本	3 000	1 845	900	—	—
预计合同总成本	4 000	4 100	4 500	4 800	—
本期结算合同价款	1 100	1 000	1 000	900	—
本期收到合同价款	1 000	900	1 000	900	200

按照合同约定，工程质保金 200 万元需等到客户于 2021 年末质保期结束且未发生重大问题时方能收回。上述价款均为不含税价款，甲公司与客户结算时发生的增值税纳税义务，客户应在实际支付工程价款时支付相应的增值税款。

要求： 根据上述资料，对甲建筑公司的上述业务进行相应的账务处理。

第十四章　费　　用

学习目的与要求

通过本章学习，掌握费用的概念、特征及其分类，掌握费用确认和计量的原则与基本要求；掌握期间费用含义、内容及账务处理；熟悉产品成本核算的一般程序。

主要名词（中英文对照）

1. 费用	expense
2. 直接费用	direct expense
3. 间接费用	indirect expense
4. 期间费用	period expense
5. 制造费用	overhead costs
6. 产品成本	product cost
7. 销售费用	selling expense
8. 管理费用	administrative expense
9. 财务费用	financial expense
10. 约当产量	equivalent units
11. 待摊费用	prepaid expense
12. 预提费用	accrued expense

重点内容

1. 费用的定义、特征与分类。

（1）费用是指企业在生产经营过程中发生的各项耗费。狭义上理解，是指企业为销售商品、提供劳务等日常活动所发生的经济利益的流出。

（2）费用代表企业经济利益的流出，具体表现为企业资金支出；费用最终会减少企业的所有者权益。

（3）费用可按经济内容、经济用途等进行分类。

2. 费用确认与计量的原则与基本要求。

（1）费用确认的原则：按其与营业收入的因果关系确认费用；采用一定的分摊程序，系统合理地分配费用；在支出发生时立即确认为费用；

（2）费用计量的原则：按历史成本计量是会计上的传统方法，也是目前会计实务中坚持的方法。

3. 产品成本核算的一般程序。

（1）确认生产过程中发生的各种费用要素，并按照其经济用途进行归集和分配，计入有关的成本和费用账户；

（2）将应该计入本月产品成本的各项要素费用在各种产品之间，按照成本项目，进行分配和归集，计算各种产品成本；

（3）对于有月初和月末在产品的产品，还应将月初在产品成本和本月生产成本之和，在完工产品和月末在产品之间进行分配，计算各种完工产品的成本。

4. 期间费用的内容及其账务处理。销售费用、管理费用和财务费用的核算。

复习思考题

1. 如何理解费用的含义及其特征?

2. 简述费用的不同分类方法。

3. 费用确认和计量的原则是什么?

4. 费用确认和计量的基本要求有哪些?

5. 简述产品成本计算的一般程序。

6. 什么是期间费用? 如何对销售费用、管理费用和财务费用进行账务处理?

练习题

(一) 单项选择题

1. 企业为筹集生产经营所需资金而发生的费用,应计入( )。

A. 管理费用　　B. 财务费用

C. 销售费用　　D. 制造费用

2. 按照费用与产品的关系,间接费用是指下列费用项目中的( )。

A. 制造费用　　B. 主营业务成本

C. 销售费用　　D. 管理费用

3. 下列各项中,应计入财务费用的是( )。

A. 财务人员的薪酬　　B. 财务部门的办公费用

C. 投资净损失　　D. 汇兑净损失

4. 下列各项业务中,应在"管理费用"科目核算的是( )。

A. 购买股票时支付的证券交易印花税

B. 生产车间领用的低值易耗品

C. 依据法院判决承担的因对外提供担保而应赔偿的损失

D. 管理部门使用无形资产的摊销费

5. 下列各项费用支出中，应在“销售费用”科目核算的是（　　）。

A. 专门用于运送销售商品的运输设备的日常修理费

B. 随同产品出售单独计价包装物的成本

C. 筹建期间发生的产品广告费

D. 产品销售延期交货致使购货方提起诉讼，按法院判决应交纳的诉讼费

（二）多项选择题

1. 下列各项中，按企业会计准则的规定，应记入“管理费用”账户的有（　　）。

A. 自然灾害造成的产成品毁损净损失

B. 购入的原材料运输途中发生的定额内自然损耗

C. 保管过程中发生的产成品定额损失

D. 管理不善造成的原材料毁损净损失

2. 下列各项目中，属于期间费用的有（　　）。

A. 财务费用　　B. 待摊费用

C. 制造费用　　D. 销售费用

3. 下列费用项目中，构成产品成本的有（　　）。

A. 直接材料费用　　B. 管理费用

C. 直接人工费用　　D. 制造费用

4. 企业按规定计算的下列税金中，应计入税金及附加的有（　　）。

A. 土地使用税　　B. 印花税

C. 车船税　　D. 房产税

5. 下列各项支出中，应在“管理费用”科目核算的有（　　）。

A. 对外担保涉及诉讼时，依据法院判决承担的诉讼费

B. 同一控制下企业合并发生的直接相关费用

C. 企业管理部门经营性租入固定资产支付的租金

D. 取得交易性金融资产时支付的印花税

6. 下列各项支出中，应在“管理费用”科目核算的有(　　)。

A. 按规定标准拨付工会的工会经费

B. 按规定应缴的矿产资源补偿费

C. 购买交易性金融资产支付的交易费

D. 购买车辆时缴纳的车辆购置税

(三) 判断题

1. 销售过程中发生的运输费，应计入销售产品的销售成本。(　　)

2. 企业在筹建期间发生的开办费，应在实际发生时计入管理费用。(　　)

(四) 作业题

某企业2018年9月份发生如下经济业务：

(1) 基本生产车间领用原材料，计划成本400万元，其中甲产品耗用250万元，乙产品耗用150万元，材料成本差异率为超支4%。

(2) 基本生产车间领用低值易耗品，计划成本20万元，该企业低值易耗品采用五五摊销法，领用时摊销50%。

(3) 计算提取固定资产折旧费30万元，其中车间折旧费20万元，厂部折旧费10万元。

(4) 根据工资费用分配表，应由成本费用负担的职工工资50万元，其中生产工人工资40万元（生产甲产品工人的工资为24万元，生产乙产品工人的工资为16万元）；车间管理人员的工资4万元；厂部管理人员的工资6万元。

要求： 根据上述经济业务，编制会计分录。

第十五章　利　　润

学习目的与要求

学习本章的目的是通过本章学习，要求掌握利润的概念及形成过程，掌握利润形成的账务处理方法；熟悉利润分配的基本程序；掌握利润分配的账务处理方法；掌握所得税会计的核算内容，熟悉资产负债表债务法的特点，掌握资产负债表债务法的运用。

主要名词（中英文对照）

1. 利润	profit
2. 利得	gain
3. 损失	loss
4. 营业利润	operating profit
5. 营业外收入	extraordinary gain
6. 营业外支出	extraordinary loss
7. 计税基础	tax base
8. 账面价值	carrying value
9. 资产负债表债务法	liability method of balance sheet
10. 应纳税暂时性差异	taxable temporary difference
11. 可抵扣暂时性差异	deductible temporary difference
12. 递延所得税资产	deferred income tax asset
13. 递延所得税负债	deferred income tax liability
14. 所得税费用	income tax expense

15. 利润分配 profit appropriation

重点内容

1. 利润的概念及其组成。利润是企业在一定会计期间的经营成果。包括收入减去费用的净额、直接计入当期利润的利得和损失。

利润总额 = 营业利润 + 营业外收入 - 营业外支出

净利润 = 利润总额 - 所得税费用

2. 利润形成的账务处理。利润核算主要涉及的会计科目除了设置有关营业收入和成本费用科目外，还应当设置“销售费用”“管理费用”“财务费用”“税金及附加”“其他收益”“资产处置收益”“净敞口套期收益”“资产减值损失”“公允价值变动损益”“所得税费用”“投资收益”“营业外收入”“营业外支出”“本年利润”等科目。

（1）营业外收入的账目处理。企业在经营期间，固定资产清理所取得的收益，借记“固定资产清理”科目，贷记“营业外收入——非流动资产处理利得”科目。

企业在债务重组过程中的债务重组利得，应借记或贷记有关科目，同时贷记“营业外收入”等科目。

企业确认的与日常活动无关的政府补助利得，借记“银行存款”“递延收益”等科目，贷记本科目。

期末，应将本科目余额转入“本年利润”科目，结转后本科目应无余额。

（2）营业外支出的账务处理。企业发生的营业外支出，借记本科目，贷记“待处理财产损溢”“库存现金”“银行存款”“固定资产清理”等科目。

企业在债务重组过程中的债务重组损失，应借记“营业外支出”等科目，同时贷记或借记有关科目。

期末，应将本科目余额转入“本年利润”科目，结转后本科目应无余额。

（3）本年利润结转的账务处理。会计期末，企业结转利润时，应借记“主营业务收入”“其他业务收入”“营业外业务收入”“投资收益”“公允价值变动损益”等科目，贷记“本年利润”科目；同时借记“本年利润”科目，贷记“主营业务成本”“其他业务成本”“税金及附加”“资产减值损失”“销售费用”“管理费用”“财务费用”“营业外支出”“所得税费用”等科目。

结转后，“本年利润”科目应无余额。

3. 资产、负债的计税基础与暂时性差异。资产的计税基础是指企业收回资产账面价值过程中，计算应纳税所得额时按照税法规定可以自应税经济利益中抵扣的金额，即该资产在未来使用或处置时，允许作为成本或费用于税前列支的金额。

负债的计税基础是指负债的账面价值减去未来期间计算应纳税所得额时按照税法规定可予以抵扣的金额。

4. 递延所得税资产和递延所得税负债应当分别作为非流动资产和非流动负债在资产负债表中列示。

复习思考题

1. 什么是利润？利润由哪些内容组成？

2. “本年利润”科目和“以前年度损益调整”科目的核算内容是什么？

3. 简述利润分配的顺序。

4. 所得税会计的特点是什么？

5. 什么是资产的计税基础和负债的计税基础？

6. 什么是应纳税暂时性差异和可抵扣暂时性差异？它们之间有何差别？

7. 如何确认、计量递延所得税资产和递延所得税负债？如何对其进行账务处理？

练习题

（一）单项选择题

1. 有关利润分配的顺序，下列说法正确的是（　　）。
   A. 弥补以前年度未弥补的亏损、提取法定盈余公积、提取任意盈余公积、分派股利
   B. 分派股利、提取任意盈余公积、提取法定盈余公积、弥补以前年度未弥补的亏损
   C. 提取任意盈余公积、提取法定盈余公积、弥补以前年度未弥补的亏损、分派股利
   D. 弥补以前年度未弥补的亏损、分派股利、提取法定盈余公积、提取任意盈余公积

2. 某公司 2016 年 12 月 1 日购入的一项环保设备，原价为 1 200 万元，使用年限为 10 年，会计处理时按照直线法计提折旧，税收规定允许按双倍余额递减法计提折旧。假定设备净残值为 0。2018 年末企业对该项固定资产计提了 100 万元的固定资产减值准备。2018 年末该项设备的账面价值与计税基础的差异额为（　　）万元。
   A. 768　　B. 212
   C. 92　　D. 192

3. 通常会使计税基础与账面价值产生差异的负债项目是（　　）。
   A. 应付票据　　B. 短期借款
   C. 应付债券　　D. 预计负债

4. 企业取得的与收益相关的且与日常活动无关的政府补助，如果用于补偿企业已发生的相关费用或损失的。在取得时应直接计

入（ ）。

A. 营业外收入　　B. 递延收益

C. 资本公积　　D. 管理费用

5. 某公司2018年营业收入为30 000万元，营业成本为20 000万元，税金及附加为300万元，销售费用为1 000万元，管理费用为1 500万元，财务费用为350万元，资产减值损失为100万元，公允价值变动收益为100万元，投资收益为250万元，营业外收入为250万元，营业外支出为25万元。则该公司2018年的营业利润为（ ）万元。

A. 6 800　　B. 7 000

C. 7 100　　D. 7 125

6. 甲公司2018年度发生的有关交易或事项有：持有的交易性金融资产公允价值上升100万元，收到上年度已确认的联营企业分配的现金股利50万元。因处置固定资产产生净收益20万元，因存货市价持续下跌计提存货跌价准备30万元，管理部门使用的机器设备发生日常维护支出40万元，则上述交易或事项对甲公司2018年度营业利润的影响额是（ ）万元。

A. 30　　B. 50

C. 80　　D. 100

7. 甲公司2018年因政策性原因发生经营亏损500万元，按照税法规定，该亏损可用于抵减以后5个年度的应纳税所得额。该公司预计未来5年间能够产生足够的应纳税所得额弥补亏损。下列关于该经营亏损的表述中，正确的是（ ）。

A. 不产生暂时性差异

B. 产生应纳税暂时性差异500万元

C. 产生可抵扣暂时性差异500万元

D. 产生暂时性差异，但不确认递延所得税资产

8. 黄山公司2017年5月5日购入乙公司普通股股票一批，成本为2 300万元，将其划分为其他权益工具投资。2017年末黄山公

司持有的乙公司股票的公允价值为2 900万元；2018年末，该批股票的公允价值为2 600万元。黄山公司适用企业所得税税率为25%。若不考虑其他因素，2018年黄山公司应确认的递延所得税负债为（　　）万元。

A. －75　　B. －25

C. 0　　D. 300

（二）多项选择题

1. 下列项目中，计入营业外支出的有（　　）。

A. 固定资产减值损失　　B. 债务重组损失

C. 公益捐赠支出　　D. 存货跌价损失

2. 下列各科目的余额，期末应结转到“本年利润”科目的有（　　）。

A. 所得税费用　　B. 营业外支出

C. 财务费用　　D. 长期待摊费用

3. 下列事项中，影响企业营业利润的有（　　）。

A. 无法查明的现金溢余，已报经批准计入当期损益

B. 期末计提短期借款利息

C. 期末计提存货跌价准备

D. 出售交易性金融资产发生的净损失

4. 下列项目中，说法正确的有（　　）。

A. 企业应当将当期和以前期间应交未交的所得税确认为负债

B. 存在可抵扣暂时性差异，应当按照所得税准则规定确认递延所得税负债

C. 存在可抵扣暂时性差异，应当按照所得税准则规定确认递延所得税资产

D. 存在应纳税暂时性差异，应当按照所得税准则规定确认递延所得税负债

5. 下列项目中，计入营业外收入的有（　　）。

A. 出售原材料取得的收入

B. 接受的现金捐赠

C. 出售无形资产取得的收入

D. 对债务人来说，债权人豁免的债务

6. 下列各项中，产生应纳税暂时性差异的有（　　）。

A. 预计负债账面价值 120 万元，计税基础 0

B. 应收账款账面价值 300 万元，计税基础 320 万元

C. 交易性金融资产账面价值 50 万元，计税基础 30 万元

D. 其他权益工具投资账面价值 160 万元，计税基础 150 万元

7. 下列关于资产或负债的计税基础的表述中，正确的有（　　）。

A. 资产的计税基础等于未来可税前列支的金额

B. 资产的计税基础等于资产成本减去以前期间已税前列支的金额

C. 负债的计税基础等于未来可税前列支的金额

D. 负债的计税基础等于其账面价值减去未来可税前列支的金额

8. 下列会计事项中，会产生应纳税暂时性差异的有（　　）。

A. 计提无形资产减值准备

B. 根据被投资企业实现的净利润按持股比例调整后，长期股权投资的账面价值大于其计税基础的部分

C. 会计核算计提的固定资产折旧超过税法允许税前扣除的部分

D. 交易性金融负债按其公允价值调整后的账面价值小于其计税基础的部分

9. 若某公司未来期间有足够的应纳税所得额抵扣可抵扣暂时性差异，则下列交易或事项中，会引起“递延所得税资产”科目余额增加的有（　　）。

A. 本期发生净亏损，税法允许在以后 5 年内弥补

B. 确认债权投资发生的减值

C. 预提产品质量保证金

D. 转回存货跌价准备

（三）判断题

1. 盈余公积补亏会引起企业的所有者权益总额减少。（ ）

2. 企业用本年实现的利润弥补上年度发生的亏损时，不用做专门的会计分录。（ ）

3. 按照企业会计准则的规定，企业对所得税的核算应采用资产负债表债务法核算。（ ）

4. 如果采用表结法对本年利润进行结转，各损益类科目月末均无余额。（ ）

5. 利润是企业在日常活动中取得的经营成果，不应包括企业在偶发事件中产生的利得和损失。（ ）

6. 可供分配的利润，应该等于当期实现的净利润加上年初未分配利润（或减去年初未弥补损失）。（ ）

7. 年末，“利润分配”科目所属明细科目中，除了“未分配利润”明细科目可能有余额外，其他明细科目均应无余额。

（ ）

（四）作业题

1. **资料：**某企业发生下列有关利润的经济业务：

2018 年年终结账前损益类科目的余额如表 15 －1 所示。

表 15 －1 单位：元

收益类科目	期末余额	成本费用、支出类科目	期末余额
主营业务收入	400 000	主营业务成本	250 000
其他业务收入	80 000	税金及附加	18 000
投资收益	7 500	其他业务成本	55 000

续表

收益类科目	期末余额	成本费用、支出类科目	期末余额
营业外收入	30 000	销售费用	20 000
		管理费用	62 000
		财务费用	12 500
		营业外支出	45 000

12 月 31 日又发生下列业务：

（1）库存商品毁损的 8 500 元中，经批准 1 000 元计入管理费用；7 500 元因火灾发生意外损失，经批准转作营业外支出。

（2）用银行存款支付违约罚款 10 000 元。

要求：

（1）根据上述资料，编制 12 月 31 日的会计分录。

（2）结转损益类科目的余额并确定本年实现的税前会计利润。

2. **资料：**龙腾公司 2018 年度实现净利润 5 000 万元，2018 年 12 月 31 日的总股本为 10 000 万股。该公司董事会提出如下议案：按净利润的 10% 提取法定盈余公积金，每 10 股派发现金股利 0.3 元，每 10 股分配股票股利 3 股（每股面值 1 元）。

要求：

（1）对董事会提出的议案进行账务处理。

（2）结转“利润分配”科目的明细科目。

3. （1）**资料：**甲企业 2018 年 12 月 31 日资产负债表中部分项目账面价值与计税基础情况如表 15 - 2 所示。

表 15 - 2

单位：元

项　　目	账面价值	计税基础
交易性金融资产	220 000	240 000
存货	300 000	280 000

续表

项　　目	账面价值	计税基础
固定资产	550 000	560 000
无形资产	100 000	4 000
预计负债	3 000	0

要求：计算下列项目金额：

应纳税暂时性差异 =

可抵扣暂时性差异 =

递延所得税资产 =

递延所得税负债 =

（2）**资料：**某公司2018年度实现的税前会计利润为1 000万元，其中含有国库券利息收入100万元，全年计税工资为200万元，实发工资为220万元，该公司适用的所得税税率为25%。2018年12月31日，该公司资产负债表中相关项目的金额及其计税基础如表15－3所示。

表15－3　　单位：万元

项　　目	账面价值	计税基础	暂时性差异	
			应纳税暂时性差异	可抵扣暂时性差异
交易性金融资产	750	500	250	
负债	50	0		50
合计			250	50

假定除上述项目外，该公司其他资产、负债的账面价值与其计税基础不存在差异，也不存在其他纳税调整因素。该公司预计在未来期间能够产生足够的应纳税所得额用以抵扣可抵扣暂时性差异。

要求：计算该公司2018年度的应交所得税、递延所得税费用和所得税费用。

（3）**资料：**赛博公司与所得税相关的资料如下：

① 2018 年 1 月 1 日，递延所得税负债账户的余额为 25 000 元，递延所得税资产的账户余额为 0；

② 2018 年度该公司应纳税所得额为 95 000 元，税前会计利润为 200 000 元；

③ 2018 年 12 月 31 日，该公司的应纳税暂时性差异为 240 000 元，可抵扣暂时性差异为 35 000 元；

④ 公司的所得税税率为 25%，公司在未来经营期间是盈利的。

要求：计算赛博公司 2018 年度的应交所得税金额和所得税费用，并编制会计分录。

（4）**资料：**飞跃公司 2016 年年末资产和负债的账面价值和计税基础之间的差异如表 15－4 所示。

表 15－4

单位：元

资产、负债项目	账面价值	计税基础
应收账款	50 000	0
预计负债	30 000	0

根据估计，预计负债在 2017 年清偿，应收账款在 2017 年和 2018 年分别收回 30 000 元和 20 000 元，假设该公司每年的应纳税所得额为 350 000 元，所得税税率为 25%。

要求：分别计算该公司 2016 年、2017 年和 2018 年的应交所得税金额和所得税费用，并编制相应的会计分录。

第十六章　资产负债表

学习目的与要求

学习本章的目的是理解财务报告的目标和构成，熟悉主要财务报表的类别；理解资产负债表的性质和作用；熟悉财务报告的关键内容；掌握资产负债表的编制；了解财务报告的种类和编报要求。

主要名词（中英文对照）

1. 财务报告	financial reports/reporting
2. 资产负债表	balance sheet
3. 利润表	income statement
4. 现金流量表	cash flow statement
5. 所有者权益变动表	statement of owner's equity changes
6. 附注	footnotes
7. 受托经营管理责任	stewardship responsibility
8. 投资者	investors
9. 债权人	creditors
10. 政府	government
11. 经营者	operators
12. 财务报表	financial statements

重点内容

1. 财务报告的含义和构成。财务报告是指企业对外提供的反映企业某一特定日期的财务状况和某一会计期间的经营成果、现金流量等会计信息的文件。财务报告包括会计报表和其他应当在财务会计报告中披露的相关信息和资料。

2. 财务报表的含义和构成。财务报表在我国也称“会计报表”，是对企业财务状况、经营成果和现金流量的结构性表述。至少应包括：资产负债表、利润表、现金流量表和所有者权益（或股东权益）变动表和报表附注。

3. 财务报告列报。财务报告列报指在财务报表内的列示（属于最终确认层次）和在财务报表附注中的披露。根据企业会计准则，财务报告至少应当包括下列组成部分：（1）资产负债表；（2）利润表；（3）现金流量表；（4）所有者权益（或股东权益）增减变动表；（5）财务报表附注。其中，年度财务报告中的财务报表必须经过注册会计师审计并应在财务报告中披露审计报告及其意见类型。

4. 财务报告的目标。财务报告的使用者包括投资者、债权人、政府及其有关部门和社会公众等。财务报告的目标是：向财务报告使用者提供与企业财务状况、经营成果和现金流量等有关的会计信息，反映企业管理层受托责任履行情况，有助于财务报告使用者作出经济决策。具体体现在：（1）有助于财务报告使用者作出科学的经济决策；（2）反映企业管理者的受托经营管理责任；（3）有助于评价和预测未来的现金流量；（4）有助于国家经济管理部门进行宏观调控和监管。

5. 附注。附注是对在资产负债表、利润表、现金流量表和所有者权益变动表等报表中列示项目的文字描述或明细资料，以及对未能在这些报表中列示项目的说明等。它是财务报表的重要组成部分，披露附注体现了充分披露原则，可以增强会计信息的相关性。

6. 财务报表列报的基础。企业应当以持续经营为基础，根据实际发生的交易和事项，按照基本准则和其他各项准则的规定进行确认和计量，在此基础上编制财务报表。企业管理层应当评价企业自报告期末至未来12个月的持续经营能力，对持续经营能力产生严重怀疑的，应当在附注中披露导致对持续经营能力产生重大怀疑的不确定因素。企业在当期已经决定或正式决定下一个会计期间进行清算或停止营业，表明其处于非持续经营状态，应当采用其他基础编制财务报表，如破产企业的资产应当采用可变现净值或清算价格计量等，并在附注中声明财务报表未以持续经营为基础列报，披露未以持续经营为基础的原因以及财务报表的编制基础。

7. 财务报表的具体编制要求。为了充分发挥财务报表的作用，保证财务报表所提供的信息能够满足有关各方的需要，在编制财务报表时，必须做到数字真实、计算准确、内容完整、说明简洁、报送及时、手续齐备。

8. 资产负债表的作用。其主要体现在以下几方面：

（1）反映企业拥有或控制的经济资源及其分布情况；

（2）反映企业的权益结构；

（3）反映企业的流动性和财务实力；

（4）提供进行财务分析的基本资料。

9. 资产负债表的局限性。资产负债表也存在着一定的局限性，主要包括：

（1）资产负债表采用历史成本的计价模式，不反映资产、负债和所有者权益的现行市场价值，所以表中披露的信息虽然比较客观并且容易核实，但由于通货膨胀的影响，易导致账面上的原始成本与编表日的现时价值相差很大。

（2）资产负债表以货币来表述有关的会计信息，难免会遗漏许多无法用货币计量的重要经济资源和经济义务的消息，如企业的人力资源、生产技术的领先程度、企业所承担的社会责任等。

（3）资产负债表的信息中包含了许多估计数，如坏账准备、固定资产折旧、无形资产摊销等，不能完全避免主观因素的存在，从而影响会计信息的可靠性。

（4）资产负债表所提供信息的完全充分理解，依赖于报表使用者自身的判断，如流动比率、速动比率的计算，并不直接反映在资产负债表中，这就对报表使用者提出了较高的要求。

10. 流动资产和非流动资产。资产满足下列条件之一的，应当归类为流动资产：预计在一个正常营业周期中变现、出售或耗用；主要为交易目的而持有；预计在资产负债表日起一年内（含一年，下同）变现；自资产负债表日起一年内，交换其他资产或清偿负债的能力不受限制的现金或现金等价物。流动资产以外的资产应当归类为非流动资产。

11. 流动负债和非流动负债。负债满足下列条件之一的，应当归类为流动负债：预计在一个正常营业周期中清偿；主要为交易目的而持有；自资产负债表日起一年内到期应予以清偿；企业无权自主地将清偿推迟至资产负债表日后一年以上。流动负债以外的负债应当归类为非流动负债；需特别关注资产负债表日后事项的影响。

12. 资产负债表的格式。资产负债表一般有两种格式：报告式和账户式。我国一般企业采用账户式的资产负债表。

13. 资产负债表编制的基本方法。我国企业资产负债表中各项目的数据，主要通过以下几种方式取得：

（1）根据总账科目余额直接填列；

（2）根据总账科目余额计算填列；

（3）根据明细科目余额计算填列；

（4）根据总账科目和明细科目余额分析计算填列；

（5）根据有关科目余额减去其备抵项目后的净额填列；

（6）综合运用以上方法分析填列。

复习思考题

1. 什么是财务报告？何谓财务报表？企业编制基本财务报表的目的何在？

2. 企业财务报告与财务报表的本质区别何在？报表项目分类

排列的目的何在?

3. 财务报告未来的发展趋势如何?

4. 企业财务报告应当如何编制?是否财务报告的所有内容都需要聘请注册会计师进行独立审计?

5. 资产负债表的基本内容有哪些?如需了解一个企业的短期偿债能力和信用状况,应当注意该表中的哪些项目呢?

6. 为什么说资产负债表是企业财务状况和营运情况的一张“快照”?

7. 为何人们日益认同资产负债表为企业的第一财务报表?

8. 理想的资产负债表,其项目应当如何构成?

练习题

(一) 单项选择题

1. 编制资产负债表时所依据的基本等式是( )。

A. 收入 = 支出　　B. 资产 = 负债 + 所有者权益

C. 资产 = 负债　　D. 左边 = 右边

2. 资产负债表中资产项目的排列顺序是依据( )。

A. 项目流动性　　B. 项目收益性

C. 项目重要性　　D. 项目时间性

3. “预付账款”科目明细账中若有贷方余额,应将其计入资产负债表中的( )项目。

A. 应收账款　　B. 预收账款

C. 应付账款　　D. 其他应付款

4. 某企业“应收账款”明细账借方余额为160 000元,贷方余额为70 000元,坏账准备为500元,在资产负债表中,“应收账款”项目数额应为( )元。

A. 160 000　　B. 90 000

C. 159 500　　　　D. 89 500

5. 下列各项中应作为流动资产项目在资产负债表中单独反映的是（　　）。

A. 一年内将转回的递延所得税资产

B. 一年内到期的长期股权投资

C. 一年内到期的长期银行借款

D. 一年内到期的长期债券投资

6. 期末资产负债表“固定资产原值”项目中包括（　　）。

A. 融资租入固定资产原值

B. 短期租入固定资产原值

C. 已转入清理的固定资产原值

D. 正在安装的固定资产原值

7. 某企业期末“工程物资”科目的余额为100万元，“发出商品”科目的余额为50万元，“原材料”科目的余额为60万元，“材料成本差异”科目的贷方余额为5万元。“存货跌价准备”科目的余额为20万元，假定不考虑其他因素，该企业资产负债表中“存货”项目的金额为（　　）万元。

A. 85　　　　B. 95

C. 185　　　　D. 195

8. 某公司年末结账前“应收账款”科目所属明细科目中有借方余额50 000元，贷方余额20 000元；“预付账款”科目所属明细科目中有借方余额13 000元，贷方余额5 000元；“应付账款”科目所属明细科目中有借方余额50 000元，贷方余额120 000元；“预收账款”科目所属明细科目中有借方余额3 000元，贷方余额10 000元；“坏账准备”科目余额为0。则年末资产负债表中“应收账款”项目和“应付账款”项目的期末数分别为（　　）。

A. 30 000元和70 000元　　　　B. 53 000元和125 000元

C. 63 000元和53 000元　　　　D. 47 000元和115 000元

9. 资产负债表中的“未分配利润”项目，应根据（　　）

填列。

A. “利润分配”科目余额

B. “本年利润”科目余额

C.“本年利润”和“利润分配”科目的余额计算后

D. “盈余公积”科目余额

(二)多项选择题

1. 下列各项中,应计入资产负债表“应收账款”项目的有(　　)。

A. “应收账款”科目所属明细科目的借方余额

B. “应收账款”科目所属明细科目的贷方余额

C. “预收账款”科目所属明细科目的借方余额

D. “预收账款”科目所属明细科目的贷方余额

2. 下列各项中,可直接根据总账科目的余额填列的有(　　)。

A. 货币资金　　B. 交易性金融资产

C. 短期借款　　D. 应付职工薪酬

3. 下列各项中,应根据总账科目与其备抵科目抵销后的净额填列的有(　　)。

A. 应收账款　　B. 长期股权投资

C. 固定资产　　D. 无形资产

4. 财务报表是对企业(　　)的结构性描述。

A. 财务状况　　B. 经营成果

C. 现金流量　　D. 收入和支出

5. 按照企业会计准则的要求,财务报表至少应当包括(　　)组成部分。

A. 资产负债表

B. 附注

C. 现金流量表

D. 利润表和所有者权益变动表

（三）判断题

1. 资产负债表中的项目是按流动性大小排列的，所以在所有者权益部分，实收资本的流动性比资本公积大。 （ ）

2. 资产负债表中的“未分配利润”只在年终填列，平时不填列该项目。 （ ）

3. 资产负债表是时点报表，利润表是时期报表。前者主要反映一个企业的财务状况及偿债能力，后者主要反映企业的获利能力。 （ ）

4. 在填列资产负债表存货项目时，各类材料的实际成本是各类材料科目账面计划成本余额之和加“材料成本差异”科目余额。 （ ）

5. 资产负债表中的“应付账款”项目是根据“应付账款”科目所属各有关明细科目的期末贷方余额填列的。 （ ）

（四）作业题

资料：恒运股份有限公司为增值税一般纳税人，增值税税率为17%（现为13%），所得税税率为25%。该公司2016年12月31日和2017年12月31日有关科目的余额如表16－1所示。

表16－1 **科目余额表** 单位：元

科目名称	2016年借方余额	2017年借方余额	科目名称	2016年贷方余额	2017年贷方余额
现金	4 000	4 000	短期借款	600 000	100 000
银行存款	2 560 000	1 622 890	应付票据	400 000	200 000
其他货币资金	248 600	14 600	应付账款	1 907 600	1 907 600
交易性金融资产	30 000	0	其他应付款	100 000	100 000
应收票据	492 000	92 000	应付职工薪酬	220 000	560 000

续表

科目名称	2016 年借方余额	2017 年借方余额	科目名称	2016 年贷方余额	2017 年贷方余额
应收账款	600 000	1 200 000	应交税费	73 200	174 240
坏账准备	-1 800	-3 600	应付股利		64 431.70
预付账款	400 000	400 000	应付利息	2000	0
其他应收款	10 000	10 000	长期借款	3 200 000	2 320 000
材料采购	450 000	550 000	其中：一年内到期的非流动负债	2 000 000	0
原材料	1 100 000	90 000			
包装物	76 100	76 100			
低值易耗品	100 000	0	股本	10 000 000	10 000 000
库存商品	3 360 000	4 424 800	盈余公积	200 000	278 817.50
材料成本差异	73 900	8 500	利润分配（未分配利润）	100 000	482 200.80
长期股权投资	500 000	500 000			
固定资产	3 000 000	4 802 000			
累计折旧	-800 000	-540 000			
工程物资	30 000	300 000			
在建工程	3 000 000	1 156 000			
无形资产	1 200 000	1 080 000			
长期待摊费用	370 000	400 000			
合计	16 802 800	16 187 290	合计	16 802 800	16 187 290

要求：编制 2017 年度恒运股份有限公司的资产负债表。

第十七章　利润表和所有者权益变动表

学习目的与要求

学习本章的目的是理解利润表和所有者权益变动表及其内容；掌握利润表和所有者权益变动表的编制。要求熟悉利润表的关键内容；掌握基本财务报表之间的内在逻辑关系；了解利润表的作用和所有者权益变动表的性质。

主要名词（中英文对照）

1. 利润表	income statement
2. 营业收入	operating revenue
3. 营业成本	operating costs
4. 营业利润	operating profit
5. 销售费用	selling expenses
6. 管理费用	administration expenses
7. 财务费用	financial expenses
8. 资产减值损失	assets impairment loss
9. 投资收益	investment income
10. 利润总额	total profit
11. 营业外收入	non-operating income
12. 营业外支出	non-operating expenses
13. 净利润	net profit/net income/earnings

14. 留存收益	retained earnings/company reserve
15. 基本每股收益	basic earnings per share
16. 稀释每股收益	diluted earnings per share
17. 其他综合收益	other comprehensive income（OCI）

重点内容

1. 利润表的性质。利润表是指反映企业在一定期间（如年度、半年度、季度、月份）生产经营成果的会计报表。

2. 利润表的作用。有助于分析企业的经营成果和获利能力；有助于考核企业管理人员的经营业绩；有助于预测企业未来利润和现金流量；有助于企业管理人员的未来决策。

3. 利润表的内容。利润表主要反映以下几方面的内容：(1) 构成营业利润的各项要素。(2) 构成利润总额（或亏损总额）的各项要素。(3) 构成净利润（或净亏损）的各项要素。(4) 构成综合收益总额的各项要素。综合收益总额包括其他综合收益和净利润。(5) 构成每股收益的各项要素。对于利润表中反映的本期收益应该包括的范围，会计理论上存在着两种不同的观点：本期营业观和损益满计观。

4. 利润表的格式。利润表一般有两种格式：单步式和多步式。我国《企业会计准则——财务报表列报》及其应用指南要求企业采用多步式利润表。

5. 多步式利润表中的当期净利润的计算步骤。第一步，反映营业利润，从营业收入出发，减去营业成本、税金及附加，减去销售费用、管理费用、财务费用、资产减值损失、信用减值损失、公允价值变动损失（减收益），加其他收益和投资收益（减损失），计算得出营业利润。第二步，反映利润总额，在营业利润的基础上加上营业外收入，减去营业外支出，计算得出本期实现利润的利润总额，即税前的会计利润。第三步，反映净利润，从税前会计利润中减去所得税费用，计算得出本期的净利润（或净亏损），按照经营可持续性具体分为持续经营净利润和终止经营净利润。第四步，构成综合收益总额的各项要素。综合收益，是指企业在某一期间除与所有者以其所有者身份进行的交易之外的其他交易或事项所引起的所有者权益变动。综合收益包括其他综合收益和综合收益总额。其中，其他综合收益反映企业根据企业会计准则规定未在损益中确认的各项利得或损失扣除所得税影响后的净额。第五步，计算列示综合收益总额。"综合收益总额"项目，反映企业净利润与其他综合收益的合计金额。第六步，反映每股收益，分为基本每股收益和稀释每股收益。

6. 多步式利润表的优缺点。多步式利润表将收入和费用项目加以归类，列示一些中间性收益指标，分步反映净利润的构成内容，可以明显地看出利润的形成过程，能比单步式利润表提供更为丰富的会计信息。这样，既有利于对企业的生产经营情况进行分析，也有利于预测企业今后的盈利能力。但多步式利润表容易引起误解，似乎收入与费用的配比，有层次分明的先后顺序，而实际上这仅仅是约定的假设，并没有事实上的依据。

7. "营业收入"项目，反映企业经营主要业务和其他业务所确认的收入总额，应根据"主营业务收入"和"其他业务收入"账户的贷方发生额扣除借方发生额后的净额计算填列。

8. "营业成本"项目，反映企业经营主要业务和其他业务发生的实际成本总额，应根据"主营业务成本"和"其他业务成本"账户的借方发生额扣除贷方发生额后的净额计算填列。

9. "税金及附加"项目，反映企业经营业务应负担的消费税、城市维护建设税、资源税、教育费附加、房产税、车船税、土地使用税、印花税和房地产行业企业计算缴纳的土地增值税等。

10. "销售费用""管理费用""研发费用""财务费用""资产减值损失"项目，分别反映企业在销售商品过程中发生的包装费、广告费等费用和为销售本企业商品而专设的销售机构的职工薪酬、业务费等经营费用，企业为组织和管理生产经营发生的管理费用，研究与开发活动发生的费用，企业筹集生产经营所需资金等而发生的筹资费用，企业各项资产发生的减值损失，并应将其中的利息收入与利息费用单独列示。其中，“研发费用”项目，反映企业进行研究与开发过程中发生的费用化支出，以及计入管理费用的自行开发无形资产的摊销。该项目应根据“管理费用”科目下的“研究费用”明细科目的发生额，以及“管理费用”科目下的“无形资产摊销”明细科目的发生额分析填列。“财务费用”项目下的“利息费用”项目，反映企业为筹集生产经营所需资金等而发生的应予费用化的利息支出。该项目应根据“财务费用”科目的相关明细科目的发生额分析填列。该项目作为“财务费用”项目的其中项，以正数填列。“财务费用”项目下的“利息收入”项目，反映企业按照相关会计准则确认的应冲减财务费用的利息收入。该项目应根据“财务费用”科目的相关明细科目的发生额分析填列。该项目作为“财务费用”项目的其中项，以正数填列。

11. “公允价值变动净收益”“投资净收益”项目，反映企业按照相关准则规定应当计入当期损益的资产或负债公允价值变动净收益，企业以各种方式对外投资所取得的收益。如为净损失，以“－”号填列。

12. “其他收益”项目，反映计入其他收益的政府补助，以及其他与日常活动相关且计入其他收益的项目。该项目应根据“其他收益”科目的发生额分析填列。企业作为个人所得税的扣缴义务人，根据《中华人民共和国个人所得税法》收到的扣缴税款手续费，应作为其他与日常活动相关的收益在该项目中填列。

13. “以摊余成本计量的金融资产终止确认收益”项目，反映企业因转让等情形导致终止确认以摊余成本计量的金融资产而产生的利得或损失。该项目应根据“投资收益”科目的相关明细科目的发生额分析填列。如为损失，以“－”号填列。

14. “信用减值损失”项目，反映企业按照《企业会计准则第

22号——金融工具确认和计量》（财会〔2017〕7号）的要求计提的各项金融工具信用减值准备所确认的信用损失。该项目应根据“信用减值损失”科目的发生额分析填列。

15. “资产处置收益”项目，反映企业出售划分为持有待售的非流动资产（金融工具、长期股权投资和投资性房地产除外）或处置组（子公司和业务除外）时确认的处置利得或损失，以及处置未划分为持有待售的固定资产、在建工程、生产性生物资产及无形资产而产生的处置利得或损失。债务重组中因处置非流动资产（金融工具、长期股权投资和投资性房地产除外）产生的利得或损失和非货币性资产交换中换出非流动资产（金融工具、长期股权投资和投资性房地产除外）产生的利得或损失也包括在本项目内。该项目应根据“资产处置损益”科目的发生额分析填列。如为处置损失，以“－”号填列。

16. “营业外收入”“营业外支出”项目，反映企业发生的与其经营活动无直接关系的各项收入和支出。“营业外收入”项目，反映企业发生的除营业利润以外的收益，主要包括与企业日常活动无关的政府补助、盘盈利得、捐赠利得（企业接受股东或股东的子公司直接或间接的捐赠，经济实质属于股东对企业的资本性投入的除外）等。该项目应根据“营业外收入”科目的发生额分析填列。“营业外支出”项目，反映企业发生的除营业利润以外的支出，主要包括公益性捐赠支出、非常损失、盘亏损失、非流动资产毁损报废损失等。该项目应根据“营业外支出”科目的发生额分析填列。“非流动资产毁损报废损失”通常包括因自然灾害发生毁损、已丧失使用功能等原因而报废清理产生的损失。企业在不同交易中形成的非流动资产毁损报废利得和损失不得相互抵销，应分别在“营业外收入”项目和“营业外支出”项目进行填列。

17. “（一）持续经营净利润”和“（二）终止经营净利润”项目，分别反映净利润中与持续经营相关的净利润和与终止经营相关的净利润。如为净亏损，以“－”号填列。该两个项目应按照

《企业会计准则第 42 号——持有待售的非流动资产、处置组和终止经营》的相关规定分别列报。

18. “其他权益工具投资公允价值变动”项目，反映企业指定为以公允价值计量且其变动计入其他综合收益的非交易性权益工具投资发生的公允价值变动。该项目应根据“其他综合收益”科目的相关明细科目的发生额分析填列。“企业自身信用风险公允价值变动”项目，反映企业指定为以公允价值计量且其变动计入当期损益的金融负债，由企业自身信用风险变动引起的公允价值变动而计入其他综合收益的金额。该项目应根据“其他综合收益”科目的相关明细科目的发生额分析填列。“其他债权投资公允价值变动”项目，反映企业分类为以公允价值计量且其变动计入其他综合收益的债权投资发生的公允价值变动。企业将一项以公允价值计量且其变动计入其他综合收益的金融资产重分类为以摊余成本计量的金融资产，或重分类为以公允价值计量且其变动计入当期损益的金融资产时，之前计入其他综合收益的累计利得或损失从其他综合收益中转出的金额作为该项目的减项。该项目应根据“其他综合收益”科目下的相关明细科目的发生额分析填列。

19. “金融资产重分类计入其他综合收益的金额”项目，反映企业将一项以摊余成本计量的金融资产重分类为以公允价值计量且其变动计入其他综合收益的金融资产时，计入其他综合收益的原账面价值与公允价值之间的差额。该项目应根据“其他综合收益”科目下的相关明细科目的发生额分析填列。“其他债权投资信用减值准备”项目，反映企业按照《企业会计准则第 22 号——金融工具确认和计量》（财会〔2017〕7 号）第十八条分类为以公允价值计量且其变动计入其他综合收益的金融资产的损失准备。该项目应根据“其他综合收益”科目下的“信用减值准备”明细科目的发生额分析填列。“现金流量套期储备”项目，反映企业套期工具产生的利得或损失中属于套期有效的部分。该项目应根据“其他综合收益”科目下的“套期储备”明细科目的发生额分析填列。

20. “基本每股收益”和“稀释每股收益”项目，应当根据《企业会计准则第 34 号——每股收益》等相关准则的规定计算填列。

21. 所有者权益变动表的性质。所有者权益变动表是反映各项交易和事项导致的所有者权益增减变动，以及所有者权益各组成部分增减变动的结构性信息的报表。

22. 所有者权益变动表各项目之间的关系。所有者（股东）权益各项目的上年年末余额 + 会计政策变更、前期差错更正的调整数 = 所有者（股东）权益各项目的本年年初余额；所有者（股东）权益各项目的本年年初余额 + 所有者（股东）权益各项目的本年增减变动金额 = 所有者权益各项目的本年年末余额；所有者（股东）权益各项目的本年增减变动金额 = 净利润 + 直接计入所有者权益的利得和损失 + 所有者投入和减少资本 + 利润分配 + 所有者权益内部结转；直接计入所有者权益的利得和损失 = 其他债权投资/其他权益工具投资公允价值变动净额 + 权益法下被投资单位其他所有者权益变动的影响 + 与计入所有者权益项目相关的所得税影响等；所有者投入和减少资本 = 所有者投入资本 + 股份支付计入所有者权益的金额等；利润分配 = 提取盈余公积 + 对所有者（或股东）的分配等；所有者权益内部结转 = 资本公积转增资本（或股本）+ 盈余公积转增资本（或股本）+ 盈余公积弥补亏损等。

23. “所有者（股东）权益各项目的上年年末余额”项目，应根据上年该表的“本年金额”或上年末“资产负债表”各项目的年末余额填列。

24. “会计政策变更、前期差错更正的调整数”项目，从本年会计报表附注“会计政策变更和前期差错更正对年初留存收益的影响数”中获得。

25. “净利润”项目，反映企业实现的净利润。如为净亏损，以“-”号填列。本项目的数字应与利润表中“本期金额”栏的

“净利润”项目一致。

26. “其他综合收益”项目，应根据“其他综合收益”账户的本年发生额分析填列。其中：“其他债权投资/其他权益工具投资公允价值变动净额”项目反映其他债权投资/其他权益工具投资期末公允价值的变动额，可根据“其他综合收益”账户的本年发生额分析填列；“权益法下被投资单位其他所有者权益变动的影响”项目反映采用权益法核算长期股权投资时，由于被投资单位除净损益和接受投资以外的其他原因引起其所有者权益的变动，投资企业按持股比例计算的相应的调整数，可根据“长期股权投资”账户或“其他综合收益”账户的本年借贷方发生额分析计算填列；“与计入所有者权益项目相关的所得税影响”项目反映计入所有者权益项目（如其他债权投资/其他权益工具投资公允价值的变动等）相关的递延所得税资产或递延所得税负债的影响额。本项目应根据“递延所得税资产”或“递延所得税负债”账户的本年借贷方发生额分析计算填列。

27. “所有者与其他权益工具持有者投入和减少资本”项目，反映本年内吸收投资者投入的资本的增加额，以及当年内实际减少的资本额，通常由以下因素构成：减少注册资本而减资、弥补亏损而减资等。其中：“所有者投入的普通股”项目反映当年内增资扩股实际接受所有者投入的资本额；“其他权益工具持有者投入”项目反映当年内增资扩股实际接受其他权益工具持有者投入的资本额；“股份支付计入所有者权益的金额”项目反映当年对高管人员和职工进行股权激励授予的股票期权，主要表现为以权益结算的股份支付增加的资本公积。

28. “其他权益工具持有者投入资本”项目，反映企业发行的除普通股以外分类为权益工具的金融工具的持有者投入资本的金额。该项目应根据金融工具类科目的相关明细科目的发生额分析填列。“其他综合收益结转留存收益”项目，主要反映：（1）企业指定为以公允价值计量且其变动计入其他综合收益的非交易性权益工具投资终止确认时，之前计入其他综合收益的累计利得或损失从其他综合收益中转入留存收益的金额；（2）企业指定为以公允价值计量且其变动计入当期损益的金融负债终止确认时，之前由企业自身信用风险变动引起而计入其他综合收益的累计利得或损失从其他综合收益中转入留存收益的金额等。该项目应根据“其他综合收益”科目的相关明细科目的发生额分析填列。

29. “利润分配”各项目，反映当年实际计提的盈余公积和向投资者分配的利润。其中，“提取盈余公积”项目反映企业按照当年内实际提取的盈余公积（包括法定盈余公积和任意盈余公积）；“对所有者（或股东）的分配”项目反映当年企业实际向投资者分配的利润（如宣告发放的现金股利或利润）。这些项目的金额可根据“利润分配”账户的借贷方发生额计算分析填列。

30. “资本公积转增资本（或股本）”项目，反映本年内企业运用“资本公积转增的实收资本或股本”的金额，可根据“实收资本”“资本公积”账户的借贷方发生额分析计算填列；“盈余公积转增资本（或股本）”项目反映本年内企业运用“盈余公积转增的实收资本或股本”的金额，可根据“实收资本”“盈余公积”账户的借贷方发生额分析计算填列；“盈余公积弥补亏损”项目反映本年内企业运用“盈余公积”弥补的亏损额，可根据“盈余公积”或“利润分配——未分配利润”账户的借贷方发生额分析计算填列。

复习思考题

1. 利润表和所有者权益变动表主要反映哪些内容？
2. 编制利润表和所有者权益变动表的作用有哪些？
3. 如何编制利润表和所有者权益变动表？
4. 利润表和所有者权益变动表之间的关系如何？它们与资产负债表之间的关系怎样？

5. 作为公司的利益相关者，你如何看待利润表和资产负债表？

6. 理想的利润表的基本结构如何？

7. 何谓所有者权益变动表？你如何看待股东权益变动表？

8. 如何根据资产负债表和利润表编制所有者权益变动表？如果不借助利润表，你能看出当年的盈利水平吗？

9. 什么是综合收益和其他综合收益？披露综合收益可增进会计信息的哪些质量？

练习题

（一）单项选择题

1. 以下不属于单步式利润表组成部分的是（　　）。

A. 营业收入和利润　　B. 管理费用和损失

C. 销售费用和损失　　D. 净损益

2. 以下不属于多步式利润表项目的是（　　）。

A. 公允价值变动收益　　B. 资产处置损益

C. 营业外收支　　D. 每股收益

3. 企业发生的广告费用应记入（　　）项目。

A. “管理费用”　　B. “销售费用”

C. “财务费用”　　D. “制造费用”

4. 企业持有的交易性金融资产处置时，处置收益部分应当自“公允价值变动损益”项目转出，列入（　　）项目。

A. “营业外收入”　　B. “营业外支出”

C. “处置非流动资产净损失”　D. “投资收益”

5. 下列叙述正确的是（　　）。

A. 稀释性潜在普通股应当按照其稀释程度从大到小的顺序计入稀释每股收益，直至稀释每股收益达到最小值

B. 稀释性潜在普通股应当按照其稀释程度从小到大的顺序

计入稀释每股收益，直至稀释每股收益达到最大值

C. 稀释性潜在普通股应当按照其稀释程度从大到小的顺序计入稀释每股收益，直至稀释每股收益达到最大值

D. 稀释性潜在普通股应当按照其稀释程度从小到大的顺序计入稀释每股收益，直至稀释每股收益达到最小值

6. 以下不属于主要会计报表是（　　）。

A. 投入产出表　　B. 所有者权益变动表

C. 利润表　　D. 现金流量表

7. 下列所有者权益变动表中各指标间的等式正确的是（　　）。

A. 其他综合收益 = 其他债权投资/其他权益工具投资公允价值变动净额 + 权益法下被投资单位其他综合收益变动的影响

B. 所有者投入和减少资本 = 所有者投入资本 + 股份支付计入所有者权益的金额 + 与计入所有者权益项目相关的所得税影响等

C. 利润分配包括提取盈余公积和对所有者（或股东）的分配等

D. 所有者权益内部结转 = 盈余公积转增资本（或股本）+ 盈余公积弥补亏损

8. “权益法下被投资单位其他所有者权益变动的影响”项目可根据“长期股权投资”账户或（　　）账户的本年借贷方发生额分析计算填列。

A. “盈余公积”　　B. “资本公积”

C. “利润分配”　　D. “实收资本”

9. 甲企业2019年获得的营业收入为500万元，发生的营业成本为300万元，销售费用、管理费用、财务费用支出分别为10万元、25万元、5万元，获得的投资收益为20万元，损失的资产减值损失为35万元，增加的公允价值变动损益为40万元，获得的营业外收入为20万元，发生的营业外支出为15万元，则该企业

2019 年的营业利润为（　　）万元。

A. 160　　B. 165

C. 185　　D. 195

10. 甲企业 2018 年年末“实收资本”账户余额是 500 万元，“盈余公积”账户余额是 10 万元，“未分配利润”账户余额是 10 万元，甲企业 2019 年净利润为 75.6 万元，提取盈余公积 11.34 万元，当年未对所有者进行分配，所有者权益变动表的“所有者权益”的“本年年末余额”项目为（　　）万元。

A. 584.26　　B. 595.6

C. 574.26　　D. 564.26

（二）多项选择题

1. 利润表的作用主要体现在（　　）。

A. 反映企业的流动性和财务实力

B. 有助于分析企业的经营成果和获利能力

C. 有助于企业管理人员的未来决策

D. 有助于预测企业未来盈利和现金流量

2. 多步式利润表中的当期净利润是通过四步计算确定的，以下属于四个主要步骤的包括（　　）。

A. 反映主营业务利润

B. 反映营业利润

C. 反映投资收益

D. 反映每股收益

3. 企业可选择在附注中补充披露按“费用性质法”分类的费用包括（　　）。

A. 原材料　　B. 折旧

C. 摊销额　　D. 职工薪酬

4. 若为亏损，以减号填列的项目包括（　　）。

A. 公允价值变动净收益　　B. 营业外收入

C. 投资净收益　　D. 利润总额

5. 以下情况应考虑其稀释性的包括（　　）。

A. 认股权证的行权价格低于当期普通股平均市场价格

B. 股份期权的行权价格低于当期普通股平均市场价格

C. 认股权证的行权价格高于当期普通股平均市场价格

D. 企业承诺将回购其股份的合同中规定的回购价格高于当期普通股平均市场价格

6. 下列计算式不正确的包括（　　）。

A. 增加的普通股股数 = 拟行权时转换的普通股股数 − 行权价格 × 拟行权时转换的普通股股数 ÷ 当期普通股平均市场价格

B. 增加的普通股股数 = 回购价格 × 承诺回购的普通股股数 ÷ 当期普通股平均市场价格 − 承诺回购的普通股股数

C. 增加的普通股股数 = 承诺回购股数 ×（市场价格/回购价格 − 1）

D. 增加的普通股股数 = 拟行权普通股 ×（1 − 市场价格/行权价格）

7. 所有者权益变动表中属于本年增减变动金额项目的包括（　　）。

A. 净利润

B. 直接计入所有者权益的利得和损失

C. 所有者权益内部结转

D. 所有者投入资本和减少资本

8. 所有者权益变动表中属于所有者权益内部结转项目的包括（　　）。

A. 资本公积转增资本　　B. 盈余公积转增资本

C. 盈余公积弥补亏损　　D. 对所有者的分配

9. 所有者权益变动表中属于其他综合收益项目的包括（　　）。

A. 其他债权投资/其他权益工具投资公允价值变动净额

B. 权益法下被投资单位其他所有者权益变动的影响

C. 与计入所有者权益项目相关的所得税影响

D. 现金流量套期工具公允价值变动净额

10. 所有者权益变动表中各指标间关系表述中正确的包括（　　）。

A. 所有者（股东）权益各项目的上年年末余额 + 会计政策变更、前期差错更正的调整数 = 所有者（股东）权益各项目的本年年初余额

B. 所有者（股东）权益各项目的本年年初余额 + 会计政策变更、前期差错更正的调整数 = 所有者权益各项目的本年年末余额

C. 所有者（股东）权益各项目的本年年初余额 + 所有者（股东）权益各项目的本年增减变动金额 = 所有者权益各项目的本年年末余额

D. 所有者（股东）权益各项目的上年年末余额 + 所有者（股东）权益各项目的本年增减变动金额 = 所有者（股东）权益各项目的本年年初余额

（三）判断题

1. 利润表直接揭示了企业一定会计期间经营成果的形成和获利能力的信息。（　　）

2. 损益满计观认为，以前年度损益调整项目以及不属于本期经营活动的收支项目不包括在利润表中。（　　）

3. 单步式利润表对于营业收入和一切费用支出一视同仁，不分彼此先后。（　　）

4. 如果上年度利润表规定的各个项目的名称和内容同本年度不相一致，应对上年度利润表各项目的名称和数字按本年度的规定进行调整，填入利润表“上期金额”栏内。（　　）

5. 在合并利润表中，企业应当在净利润项目之下单独列示归属于母公司的损益和归属于少数股东的损益。（　　）

6. “营业收入”项目应根据“主营业务收入”和“其他业务收入”账户的借贷方发生额分析计算填列。 ( )

7. 发行在外普通股加权平均数 = 期初发行在外普通股股数 + 当期新发行普通股股数 - 当期回购普通股股数。 ( )

8. 稀释性潜在普通股，是指假设当期转换为普通股会减少每股收益的潜在普通股。 ( )

9. 计算稀释性潜在普通股转换为已发行普通股而增加的普通股股数的加权平均数时，以前期间发行的稀释性潜在普通股，应当假设在发行日转换；当期发行的稀释性潜在普通股，应当假设在当期期初转换。 ( )

10. “股份支付计入所有者权益的金额”项目反映当年对高管人员和职工进行股权激励授予的股票期权，主要表现为以权益结算的股份支付增加的盈余公积。 ( )

（四）作业题

资料：甲公司2017年10月份发生如下经济业务：

（1）向乙公司销售一批商品，销售价格为8万元，实际成本为6.2万元，商品已发出，增值税专用发票也已交给乙公司，收到的全部款项已经存入银行。

（2）委托丙公司销售一批商品，根据双方签订的代销协议，此批商品的协议价为10万元，丙公司直接从代销款中扣除代销商品协议价的10%作为手续费。该批商品的实际成本为5.8万元。本月末收到丙公司开来的代销清单，列明已经销售出代销商品的30%，同时收到扣除手续费的代销款已经存入银行。

（3）与丁公司签订一项设备维修服务协议，按双方签订的协议，此项服务的劳务款为58.5万元。本月末，甲公司完成了该项服务，并经丁公司验收合格，收到丁公司的劳务款58.5万元已经存入银行，为完成该项服务，甲公司支付维修人员工资15.3万元。

（4）收到戊公司上月购买的商品一批，该批商品的销售价格为5万元，实际成本为3.5万元，该批商品销售收入已经在售出时确认，但款项尚未收取。本月末已办妥退货手续并开具了红字增值税专用发票，商品已存入仓库。

(5) 与己公司签订一项设备安装合同，合同规定该设备的安装期为两个月，安装总价款为5万元，分两次收取，10月收取第一笔价款2万元，安装工程完成时收取剩余的价款3万元。本月末收到第一笔价款已经存入银行，已经支付安装人员工资1.5万元。

(6) 该公司适用的所得税税率为25%，本期没有纳税调整事项。

要求：

(1) 编制甲公司10月份的经济业务相关的会计分录（甲公司为增值税一般纳税企业，适用的增值税税率17%（现为13%）。商品销售价格中均不含增值税额，每笔销售分别结转销售成本。销售商品和提供劳务均属于甲公司主营业务）。

(2) 编制甲公司10月份的利润表。

甲公司10月份发生的其他经济业务形成的账户余额如表17-1所示。

表17-1　　账户余额　　单位：万元

账户名称	借方余额	贷方余额
其他业务收入		3
其他业务成本	1.5	
投资收益		2.3
营业外收入		27
营业外支出	33	
税金及附加	12	
管理费用	6	
财务费用	2	

甲公司10月初发行在外普通股股数为10万股，本月没有新发行普通股，也没有回购普通股，亦不存在稀释性潜在普通股。

第十八章　现金流量表

学习目的与要求

学习本章的目的是正确理解现金流量的基本含义与作用；掌握现金流量表及其补充资料的编制。要求熟悉现金流量表的作用，明确现金和现金流量的概念及其分类；掌握现金流量表的编制原理和方法；了解现金流量表的关键内容。

主要名词（中英文对照）

1. 现金	cash
2. 现金等价物	cash equivalents
3. 现金流量	cash flow
4. 现金流量表	cash flow statement
5. 经营活动	operating activities
6. 投资活动	investing activities
7. 筹资活动	financial activities
8. 直接法	direct method
9. 间接法	indirect method
10. 现金净流量	net cash inflow

重点内容

1. 现金流量表的含义。现金流量表是反映企业在一定会计期间内现金及现金等价物流入和流出信息的会计报表。它是一张从动态的角度反映企业资金运行过程和结果的会计报表。

2. 现金流量表的作用。现金流量表的作用主要表现为三个方面：第一，通过现金流量表提供的企业现金流量信息，有助于会计报表使用者对企业整体财务状况做出客观的评价；第二，通过现金流量表提供的企业现金流量信息，有助于预测企业未来现金流量；第三，通过现金流量表提供的企业现金流量信息，有助于分析企业收益质量及影响现金净流量的因素。

3. 现金和现金等价物的概念。现金是指企业库存现金以及可以随时用于支付的存款。现金具体包括以下内容：

（1）库存现金。指企业持有的、可随时用于支付的现金限额，也就是“库存现金”账户核算的现金。

（2）银行存款。指企业存在金融企业、随时可以用于支付的存款，它与银行存款账户核算的银行存款基本一致，主要的区别是编制现金流量表所指的银行存款是可以随时用于支付的银行存款，如结算户存款、通知存款等。

（3）其他货币资金。指企业存在金融企业有特定用途的资金，也就是“其他货币资金”账户核算的存款，包括外埠存款、银行汇票存款、银行本票存款、信用证保证金存款、在途货币资金、信用卡存款等。

现金等价物，是指企业持有的期限短、流动性强、易于转换为已知金额现金、价值变动风险很小的投资。

4. 现金流量的分类。现金流量分为三类，即经营活动产生的现金流量、投资活动产生的现金流量和筹资活动产生的现金流量。

5. 现金流量的列报方法。经营活动产生的现金流量的列报方法有两种：直接法和间接法。

直接法是指按现金收入和现金支出的主要类别直接反映企业经营活动产生的现金流量，如销售商品、提供劳务收到的现金；购买商品、接受劳务支付的现金等就是按现金收入和支出的类别直接反映的。在直接法下，一般是以利润表中的营业收入为起点，调节与经营活动有关的项目的增减变动，然后计算出经营活动产生的现金流量。

间接法是指以净利润为起点，调整不涉及现金的收入、费用支出、营业外收支等相关项目，据此计算出经营活动产生的现金流量。

6. 现金流量表的内容。现金流量表包括主表和补充资料。主表中的内容有五项：一是经营活动产生的现金流量；二是投资活动产生的现金流量；三是筹资活动产生的现金流量；四是汇率变动对现金的影响；五是现金及现金等价物净增加额。其中，经营活动产生的现金流量，是按直接法编制的。补充资料有三项：一是将净利润调节为经营活动产生的现金流量，换言之，要在补充资料中采用间接法报告经营活动产生的现金流量信息；二是不涉及现金收支的投资和筹资活动；三是现金及现金等价物净变动情况。

7. 现金流量表的基本方法与程序。编制现金流量表的方法与程序主要包括：工作底稿法、T 形账户法、现金流量表日记账法和直接分析填列法。

8. 采用工作底稿法编制现金流量表的程序。

第一步，将资产负债表的期初数和期末数过入工作底稿的期初数栏和期末数栏。

第二步，对当期业务进行分析并编制调整分录。调整分录大体有以下几类：第一类涉及利润表中的收入、成本和费用项目以及资产负债表中的资产、负债及所有者权益项目，通过调整，将权责发生制下的收入费用转换为现金基础；第二类是涉及资产负债表和现金流量表中的投资、筹资项目，反映投资和筹资活动的现金流量；第三类是涉及利润表和现金流量表中的投资和筹资项目，目的是将利润表中有关投资和筹资方面的收入和费用列入现金流量表投资、筹资现金流量中去。此外，还有一些调整分录并不涉及现金收支，只是为了核对资产负债表项目的期末期初变动。在调整分录中，有关现金和现金等价物的事项，并不直接借记或贷记现金，而是分别记入“经营活动产生的现金流量”“投资活动产生的现金流量”“筹资活动产生的现金流量”有关项目，借记表明现金流入，贷记表明现金流出。

第三步，将调整分录过入工作底稿中的相应部分。

第四步，核对调整分录，借贷合计应当相等，资产负债表项目期初数加减调整分录中的借贷金额以后，应当等于期末数。

第五步，根据工作底稿中的现金流量表项目部分编制正式的现金流量表。

9. 采用T形账户法编制现金流量表的程序。

第一步，为所有的非现金项目（包括资产负债表项目和利润表项目）分别开设T形账户，并将各自的期末期初变动数过入各该账户。

第二步，开设一个大的“现金及现金等价物”T形账户，每边分为经营活动、投资活动和筹资活动三个部分，左边记现金流入，右边记现金流出。与其他账户一样，过入期末期初变动数。

第三步，以利润表项目为基础，结合资产负债表分析每一个非现金项目的增减变动，并据此编制调整分录。

第四步，将调整分录过入各T形账户，并进行核对，该账户借贷相抵后的余额与原先过入的期末期初变动数应当一致。

第五步，根据大的“现金及现金等价物”T形账户编制正式的现金流量表。

10. 经营活动现金流量的列示。《企业会计准则第31号——现金流量表》规定：企业应当采用直接法列示经营活动产生的现金流量。经营活动，是指企业投资活动和筹资活动以外的所有交易和事项。经营活动产生的现金流量至少应当单独列示反映下列信息的项目：（1）销售商品、提供劳务收到的现金；（2）收到的税费返还；（3）收到其他与经营活动有关的现金；（4）购买商品、接受劳务支付的现金；（5）支付给职工以及为职工支付的现金；（6）支付的各项税费；（7）支付其他与经营活动有关的现金。

11. 投资活动现金流量的列示。《企业会计准则第31号——现金流量表》规定：投资活动，是指企业长期资产的购建和不包括在现金等价物范围的投资及其处置活动。投资活动产生的现金流量至少应当单独列示反映下列信息的项目：（1）收回投资收到的现金；（2）取得投资收益收到的现金；（3）处置固定资产、无形资产和其他长期资产收回的现金净额；（4）处置子公司及其他营业单位收到的现金净额；（5）收到其他与投资活动有关的现金；（6）购建固定资产、无形资产和其他长期资产支付的现金；（7）投资支付的现金；（8）取得子公司及其他营业单位支付的现金净额；（9）支付其他与投资活动有关的现金。

12. 筹资活动现金流量的列示。《企业会计准则第31号——现金流量表》规定：筹资活动，是指导致企业资本及债务规模和构成发生变化的活动。筹资活动产生的现金流量至少应当单独列示反映下列信息的项目：（1）吸收投资收到的现金；（2）取得借款收到的现金；（3）收到其他与筹资活动有关的现金；（4）偿还债务支付的现金；（5）分配股利、利润或偿付利息支付的现金；（6）支付其他与筹资活动有关的现金。

复习思考题

1. 简述“现金流量表”中“现金”的含义，它与会计核算中的“库存现金”概念有何区别？

2. 现金流量表中的现金流量是如何分类的？各包括什么内容？

3. 现金流量表的编制方法有哪些？

4. 现金流量表中的相关项目之间的勾稽关系如何？

5. 为什么说现金流量表类似于体检报告中的“验血报告单”？分析阅读现金流量表时应重点关注哪些现金流量信息？

6. 间接法下现金流量表补充资料包含哪些信息？

练习题

（一）单项选择题

1. 现金流量表中销售商品取得现金应以利润表中商品销售收入为基础，加上应收款项的（　　）进行确定。

A. 增加额　　B. 减少额

C. 期初额　　D. 期末额

2. 下列业务中不属于经营活动现金流出的是（　　）。

A. 用现金支付所得税　　B. 用现金支付借款利息

C. 用现金支付业务招待费　　D. 用现金偿还购货款

3. 编制现金流量表时，下列各项不属于现金范畴的是（　　）。

A. 银行本票存款

B. 银行汇票存款

C. 不能随时支取的银行定期存款

D. 信用卡存款

4. 现金流量表是以现金为基础编制的，这里的“现金”是指（　　）。

A. 库存现金

B. 库存现金、银行存款

C. 库存现金、银行存款和其他货币资金

D. 现金和现金等价物

5. 下列各项中，一定不会引起现金流量表中现金数额变动的是（　　）。

A. 从银行提取现金备发工资

B. 非现金资产的增加或减少

C. 长期负债的增加或减少

D. 所有者权益的增加或减少

6. 现金流量表补充资料中的“固定资产折旧”是指（　　）。

A. “累计折旧”科目的贷方本期发生额

B. “累计折旧”科目的贷方余额

C. “累计折旧”科目的借、贷方发生净额

D. “累计折旧”科目的借方本期发生额

7. 企业接受捐赠所收到的现金在现金流量表中应反映在（　　）项目中。

A. “收到的其他与经营活动有关的现金”

B. “收到的其他与投资活动有关的现金”

C. “分得股利或利润所收到的现金”

D. “吸收权益性投资所收到的现金”

8. 下列不属于经营活动现金流出的项目是（　　）。

A. “支付诉讼赔偿”

B. “各项捐款、罚款支出现金”

C. “各项营业成本和营业费用支出现金”

D. “发放现金股利”

9. 在现金流量表中，处置固定资产收到的资金应列作（　　）。

A. 经营活动现金流入

B. 投资活动现金流入

C. 筹资活动现金流入

D. 不影响现金的投资与筹资活动

10. 用直接法计算出的经营活动现金净流量与间接法计算的经营活动现金净流量（　　）。

A. 必然相等　　B. 可能相等

C. 必然不等　　D. 无必然联系

（二）多项选择题

1. 属于筹资活动流出现金的项目有（　　）。

A. 偿还债务支付的现金

B. 向股东分配股利所支付的现金
C. 偿付利息所支付的现金
D. 融资租赁所支付的现金
E. 收兑股票支付的现金

2. 下列事项影响现金流量变动的项目有（　　）。
A. 发行长期债券收到的现金
B. 支付所欠的应付购货款
C. 用银行存款购买机器设备
D. 用银行存款购买另一家公司股票
E. 用固定资产对外投资

3. 不涉及现金收支的投资和筹资活动的项目有（　　）。
A. 以设备偿还债务　　B. 以存货偿还债务
C. 以设备对外投资　　D. 以存货对外投资
E. 以现金偿还债务

4. 采用间接法编制现金流量表，在将净利润调整为经营活动的现金流量时，需要调整的项目包括（　　）。
A. 没有实际支付现金的费用
B. 没有实际收到现金的收益
C. 不属于经营活动的损益
D. 经营性应收、应付项目的增减变动
E. 实际支付现金

5. 下列各项中，属于我国现金流量表中现金的有（　　）。
A. 银行存款　　B. 银行汇票存款
C. 外埠存款　　D. 现金等价物
E. 信用证存款

6. 下列业务属于将引起经营活动的现金流量变化的有（　　）。
A. 销售商品收到的现金
B. 经营租赁所支付的现金
C. 融资租赁所支付的现金

D. 分得股利收到的现金

E. 支付所得税款

7. 下列事项属于投资活动现金流量的有（　　）。

A. 短期股票投资所支付的现金

B. 购入长期债券所支付的债券溢价

C. 固定资产交付使用前的利息支出

D. 支付固定资产的清理费

E. 收到的出租固定资产租金

8. 下列各项中，属于筹资活动产生的现金流量的有（　　）。

A. 流动资金借款所收到的现金

B. 支付流动资金借款利息

C. 支付普通股的现金股利

D. 为发行债券而支付的咨询费

E. 工程交付使用后的长期借款利息支出

9. 下列各项中，属于筹资活动产生的现金流量的有（　　）。

A. 取得债券利息收入所收到的现金

B. 偿还债务所支付的现金

C. 融资租赁所支付的现金

D. 减少注册资本所支付的现金

10. 不减少现金的费用和损失包括（　　）。

A. 固定资产折旧

B. 递延资产和无形资产摊销

C. 转销固定资产盘亏

D. 结转固定资产清理净损失

（三）判断题

1. 企业购买商品或接受劳务所支付的增值税额应列入现金流量表经营活动产生的现金流量的“支付的各项税费”项目中。

（　　）

2. 对于企业日常活动以外的不经常发生的特殊项目，如自然灾害损失取得的保险赔款产生的现金流量，应根据产生现金流量事项的性质，区分现金流量的归属类型。 （ ）

3. 如企业取得固定资产采用分期付款，在取得当期支付的现金应属于投资活动，在以后期间支付的现金应属于筹资活动。

（ ）

4. 现金流量表中的“现金”是指企业的库存现金。 （ ）

5. 现金等价物是指企业持有的期限短、流动性强、易于转换为已知金额现金、价格变动风险很小的投资。 （ ）

6. 经营活动产生的现金流量通常可以采用间接法和直接法两种方法反映。 （ ）

7. 间接法以利润表上的净利润为起点，通过调整某些相关项目后得出经营产生的现金流量。 （ ）

8. 现金流量表的编制方法有工作底稿法和T形账户法两种。

（ ）

（四）作业题

1. **资料：** 丙公司2019年已经结账，结账后的有关资料如下：

（1）“主营业务收入”账户本期发生额4 589 000元。

（2）“应收账款”账户期末比期初增加300 000元。

（3）“应收票据”账户期末比期初减少100 000元。

（4）“主营业务成本”账户本期发生额4 000 000元。

（5）“应付账款——货款”账户期末比期初减少500 000元。

（6）“存货”账户期末比期初增加了200 000元。

（7）本期用银行存款支付的与销售业务有关的各项费用为150 000元。

（8）本期固定资产出售业务：原价800 000元，已提折旧500 000元，出售价格为400 000元，款项均已收到；同时用银行存款支付的清理费用为20 000元，已清理结束。

要求：根据以上资料编制现金流量表的调整分录，并计算经营活动的现金净流量。

2. **资料**：某公司2019年发生的经济业务如下：

（1）收到银行通知，用银行存款支付到期的商业承兑汇票100 000元。

（2）购入原材料一批，用银行存款支付货款150 000元以及购入材料支付的增值税税额为25 500元，款项已付，材料未到。

（3）收到原材料一批，实际成本100 000元，计划成本95 000元，材料已验收入库，货款已于上月支付。

（4）用银行汇票支付采购材料价款，公司收到开户银行转来银行汇票多余款收账通知，通知上填写的多余款234元，购入材料及运费99 800元，支付的增值税税额16 966元，原材料已验收入库，该批原材料计划价格100 000元。

（5）销售产品一批，销售价款300 000元（不含应收取的增值税），该批产品实际成本180 000元，产品已发出，价款未收到。

（6）公司将交易性金融资产（全部为股票投资）15 000元兑现，收到本金15 000元，投资收益1 500元，均存入银行。

（7）购入不需安装的设备一台、价款85 470元，支付的增值税14 530元，支付包装费、运费1 000元。价款及包装费、运费均以银行存款支付，设备已交付使用。

（8）购入工程物资一批，价款150 000元（含已缴纳的增值税），已用银行存款支付。

（9）计算并结转在建工程应负担的土地增值税100 000元。

（10）工程完工，计算应负担的长期借款利息150 000元，该项借款本息未付。

（11）一项工程完工，交付生产使用，已办理竣工手续，固定资产价值1 400 000元。

（12）基本生产车间一台机床报废，原价200 000元，已提折旧180 000元，清理费用500元，残值收入800元，均通过银行存款收支。该项固定资产已清理完毕。

（13）从银行借入3年期借款400 000元，借款已入银行账户，该项借款用于购建固定资产。

（14）销售产品一批，销售价款700 000元，应收的增值税税额119 000元，销售产品的实际成本420 000元，货款银行已收妥。

（15）公司将要到期的一张面值为200 000元的无息银行承兑汇票（不含增值税），连同解讫通知和进账单交银行办理转账，收到银行盖章退回的进账单一联，款项银行已收妥。

（16）收到现金股利30 000元（该项投资为成本法核算，对方税率和本企业一致，均为25%），已存入银行。

（17）公司出售一台不需用设备，收到价款300 000元，该设备原价400 000元，已提折旧150 000元，该项设备已由购入单位运走。

（18）归还短期借款本金250 000元，利息12 500元，已预提。

（19）提取现金500 000元，准备发放工资。

（20）支付工资500 000元，其中包括支付给在建工程人员的工资200 000元。

（21）分配应支付的职工工资500 000元，其中生产人员工资275 000元，车间管理人员工资10 000元；在建工程人员的工资200 000元，行政管理部门人员工资15 000元。

（22）本年实际发生职工福利费70 000元。其中生产工人福利费38 500元，车间管理人员福利费1 400元，在建工程人员福利费28 000元，行政管理部门福利费2 100元，均以现金结付。

（23）提取不予资本化的借款利息共21 500元，其中期借款利息11 500元，长期借款利息10 000元。

（24）基本生产领用原材料，计划成本700 000元，领用低值易耗品，计划成本50 000元，采用一次摊销法摊销。

（25）结转领用原材料应分摊的材料成本差异，材料成本差异率为5%。

（26）摊销无形资产 60 000 元。

（27）计提固定资产折旧 200 000 元，其中计入制造费用 170 000 元，管理费用 30 000 元。

（28）收到应收账款 51 000 元（不含增值税），存入银行，按应收账款余额的 3‰计提坏账准备。

（29）用银行存款支付产品展览费 10 000 元。

（30）计算并结转本期完工产品成本 1 282 400 元。没有期初在产品，本期生产的产品全部完工入库。

（31）广告费 10 000 元，已用银行存款支付。

（32）公司采用商业承兑汇票结算方式销售产品一批，价款 250 000 元，增值税税额为 42 500 元，收到 292 500 元的商业承兑汇票一张，产品实际成本 150 000 元。

（33）公司将上述承兑汇票到银行办理贴现，贴现息为 20 000 元。

（34）提取现金 50 000 元，准备支付退休费。

（35）支付退休金 50 000 元，未统筹。

（36）公司本期产品销售应缴纳的教育费附加为 2 000 元。

（37）用银行存款缴纳增值税 100 000 元，教育费附加 2 000 元。

（38）结转本期产品销售成本 750 000 元。

（39）计算并结转应交所得税（税率为 25%）85 075 元。

（40）将各收支科目结转本年净利润 237 901 元。

（41）提取法定盈余公积金 25 522. 50 元，宣告分配现金股利 100 000 元。

（42）将利润分配各明细科目的余额转入“未分配利润”明细科目，结转本年利润。

（43）偿还长期借款 1 000 000 元。

（44）用银行存款缴纳所得税 85 075 元。

要求：编制 2019 年度现金流量表。

第十九章　财务报表附注

学习目的与要求

本章重点介绍财务报表附注的相关知识。通过本章的学习，了解财务报表附注的含义、作用、形式和内容。

主要名词（中英文对照）

1. 财务报表附注　　financial statement footnote
2. 会计政策　　accounting policies
3. 会计估计　　accounting estimate

重点内容

1. 财务报表附注的含义。财务报表附注是对在资产负债表、利润表、现金流量表和所有者权益变动表等报表中列示项目的文字描述或明细资料，以及对未能在这些报表中列示项目的说明。

2. 财务报表附注的作用。财务报表的作用主要是提供更多与决策相关的信息和提高财务报表信息的可理解性。

3. 财务报表附注的形式。财务报表附注主要以表后注释形式来揭示基本财务报表内有关项目的附加信息和其他财务信息，以便帮助信息使用者理解和使用财务报表信息。

4. 财务报表附注的内容。

（1）企业的基本情况；

（2）报表编制基础及遵循会计准则的声明；
（3）重要会计政策和会计估计的说明；
（4）会计政策和会计估计变更以及差错更正的说明；
（5）财务报表重要项目的说明；
（6）其他需要说明的重要事项。

复习思考题

1. 编制财务报表附注的意义是什么？
2. 财务报表附注的披露方式有哪些？
3. 企业应披露哪些财务报表的编制思路与方法？
4. 如何对资产负债表的编制方法进行注释？
5. 如何对利润表的编制方法进行注释？
6. 财务报表附注的主要作用是什么？财务报表附注应按照顺序披露哪些内容？

练习题

（一）单项选择题

1. 下列有关财务报表附注的表述中正确的是（　　）。
   A. 附注中不包括对所有者权益变动表项目的说明
   B. 附注是财务报表不可或缺的组成部分
   C. 附注中不需披露财务报表的编制基础
   D. 附注中只包括对财务报表重要项目的说明，不包括其他内容
2. 财务报表附注（　　）。
   A. 只披露定量的信息
   B. 只披露定性的信息

C. 只披露已在财务报表内列示的信息

D. 既披露定量的信息，又披露定性的信息

（二）多项选择题

1.（　　）未在与财务报表一起公布的其他信息中披露的，企业应当在附注中披露。

A. 企业注册地、组织形式和总部地址

B. 企业的业务性质或主要经营活动

C. 母公司以及集团最终母公司的名称

D. 企业的联系电话

2. 财务报表附注的内容包括（　　）。

A. 企业的基本情况

B. 报表编制基础及遵循会计准则的声明

C. 重要会计政策和会计估计的说明

D. 财务报表重要项目的说明

3. 企业无论是否发生关联方交易，均应当在附注中披露与母公司和子公司有关的信息有（　　）。

A. 母公司和子公司的名称

B. 母公司和子公司的业务性质、注册地、注册资本及其变化

C. 母公司对该企业或该企业对子公司的持股比例和表决权比例

D. 交易的金额

（三）判断题

1. 财务报表附注不能代替确认和计量。（　　）

2. 企业通常不应当披露或有资产，但或有资产很可能会给企业带来经济利益的除外。（　　）

第二十章　会计调整事项

学习目的与要求

学习本章的目的是了解会计政策、会计估计、会计差错以及资产负债表日后事项的概念。通过本章的学习，要求掌握会计政策变更、会计估计变更、会计差错更正及资产负债表日后调整事项的会计处理，以及相应的会计信息披露。

主要名词（中英文对照）

1. 会计政策　　accounting policy
2. 资产负债表日后事项　　events after the balance sheet date
3. 调整分录　　adjusting entry
4. 会计差错　　accounting errors
5. 会计估计　　accounting estimate

重点内容

1. 会计政策变更的概念和条件。会计政策变更是指，企业对相同或相似的交易或者事项在不同的会计期间采用不同的会计政策进行处理。

（1）企业可以变更会计政策的两种情况：第一，法律、行政法规或者国家统一的会计制度等要求变更；第二，会计政策变更能带来更可靠、更相关的会计信息。

（2）不属于会计政策变更的情况：第一，本期发生的交易或者事项与以前相比具有本质差别而采用新的会计政策；第二，对初次发生或者不重要的交易或者事项采用新的会计政策。

2. 追溯调整法。追溯调整法是指对某项交易或事项变更会计政策，视同该项交易或事项初次发生即采用变更后的会计政策，并以此对财务报表相关项目进行调整的方法。

3. 会计政策变更累积影响数，是指按照变更后的会计政策对以前各期追溯计算的会计政策变更期间期初留存收益应有余额与现有金额之间的差额。

4. 未来适用法。如果在会计政策变更之前的任何会计期间中，都无法确定会计政策变更的累积影响数，就不能采用追溯调整法。企业会计准则明确规定，即在会计政策变更期间的期初确定会计政策变更对以前各期累积影响数不切实可行的，应当采用未来适用法处理。

未来适用法是指变更后的会计政策应用于变更日及以后发生的交易或者事项，或者在会计估计变更当期和未来期间确认会计估计变更影响数的方法。

5. 会计估计变更。会计估计是指企业在会计核算中对结果不确定的交易或事项根据最近可利用的信息所做出的判断。

一般来说，会计估计变更的原因主要有以下两种：（1）企业进行会计估计的基础发生了变化。企业进行会计估计，总是依赖于一定的基础。如果依赖的基础发生了变化，则会计估计也应相应进行变更。（2）企业取得了新的信息，积累了更多的经验。会计师在进行会计估计时，是以最近可得到的信息或资料为基础的。但随着时间的推移，企业可能取得了新的信息，积累了更多的经验，从而有可能对会计估计进行修订。

6. 会计估计变更的会计处理。企业对会计估计变更应当采用未来适用法处理。会计估计变更仅影响变更当期的，其影响数应当在变更当期予以确认；既影响变更当期又影响未来期间的，其影响数应当在变更当期和未来期间予以确认。

7. 会计差错更正。前期会计差错是指由于没有运用或错误运用下列两种信息，而对前期财务报表造成的漏报或错报：（1）编报前期财务报表时预期能够取得并加以考虑的可靠信息；（2）前期财务报告批准报出时能够取得的可靠信息。

会计差错通常包括计算错误、应用会计政策错误、疏忽或曲解事实以及舞弊产生的影响以及存货、固定资产盘盈等。

通常情况下，造成会计差错的原因有以下三种：（1）会计政策使用错误；（2）疏忽或曲解事实；（3）其他差错。

会计差错更正的处理：（1）本期发现的属于本期的会计差错，应当调整本期相关项目；（2）本期发现的属于前期的重要会计差错，企业应当采用追溯重述法更正。

8. 资产负债表日后事项的概念及其涵盖的期间。资产负债表日后事项，是指资产负债表日至财务报告批准报出日之间发生的有利或不利事项。

资产负债表日后事项涵盖的期间是指资产负债表日至财务报告批准报出日之间的期间。

资产负债表日后事项包括资产负债表日后调整事项和资产负债表日后非调整事项。资产负债表日后调整事项，是指对资产负债表日已经存在的情况提供了新的或进一步证据的事项。资产负债表日后非调整事项，是指表明资产负债日后发生的情况的事项。

复习思考题

1. 什么是会计政策？在哪些情况下企业可以变更会计政策？
2. 什么是追溯调整法？什么是未来适用法？
3. 在变更会计政策时，哪些情况下可以不用追溯调整法？
4. 什么是会计估计？为什么企业有时改变会计估计？

5. 什么是前期差错？怎样对前期差错进行会计处理？

6. 什么是资产负债表日后事项？资产负债表日后事项涵盖的期间是什么？

7. 资产负债表日后事项有哪些类别？各自的特点是什么？

8. 试举例说明调整事项的类别，处理原则是什么？

9. 试举例说明非调整事项的类别，处理原则是什么？

练习题

（一）单项选择题

1. 下列事项中，属于会计政策变更的是（　　）。

A. 某类已使用机器设备的预计剩余使用年限由 6 年改为 4 年

B. 坏账准备的计提比例由应收账款余额的 5% 改为 10%

C. 某项固定资产改扩建后将其预计剩余使用年限由 5 年延长至 8 年

D. 企业首次执行新会计准则，长期股权投资的核算由成本法改为权益法

2. 下列交易或事项中，应采用追溯调整法进行会计处理的是（　　）。

A. 因出现相关新技术，将某专利权的预计剩余摊销年限由 10 年改为 5 年

B. 发现以前会计期间计提巨额秘密准备，现予以更正

C. 因某固定资产用途发生变化导致使用寿命下降，将其折旧年限由 10 年改为 5 年

D. 对投资性房地产的后续计量由成本模式改为公允价值模式

3. 按规定，本年度发现的前期重大会计差错，应当（　　）。

A. 作为本年度事项处理

B. 修改以前年度的财务报表和账簿

C. 不作会计处理

D. 调整发现当期的期初留存收益

4. 对于会计政策变更，如果确定累积影响数不切实可行的，企业应采用的会计处理方法是（　　）。

A. 成本法　　B. 权益法

C. 未来适用法　　D. 追溯调整法

5. 2016 年 5 月 31 日某公司发现某种设备淘汰的速度加快，决定从 6 月开始将该设备预计剩余折旧年限从 10 年改为 6 年。该事项属于（　　）。

A. 会计政策变更　　B. 会计估计变更

C. 前期差错更正　　D. 以前年度损益调整

6. 对资产负债表日后调整事项，进行财务报表调整时，不需要调整的会计报表项目是（　　）。

A. 货币资金　　B. 应交税费

C. 未分配利润　　D. 存货

7. 甲公司在 2018 年 12 月 31 日编制的财务报表中，已对一项未结案的诉讼案件估计了预计负债 50 万元。2019 年 2 月 5 日在公司资产负债表日至财务报告批准报出日之间诉讼案件结案，法院判决甲公司支付 60 万元的赔偿款。对此甲公司应在“以前年度损益调整”科目调整的金额是（　　）万元。

A. 60　　B. 50

C. 20　　D. 10

8. 下列资产负债表日后事项中，属于调整事项的是（　　）。

A. 已经计提了 20% 坏账准备的应收账款全部不能收回

B. 合并子公司

C. 发生巨额亏损

D. 税收政策发生重大变化

9. “以前年度损益调整”科目的贷方核算的内容是（ ）。
A. 调整减少以前年度利润
B. 调整增加以前年度利润
C. 调整增加以前年度亏损
D. 因以前年度损益调整增加的所得税费用
10. “以前年度损益调整”科目的借方核算的内容是（ ）。
A. 调整增加以前年度亏损
B. 调整增加以前年度利润
C. 因以前年度损益调整减少的所得税费用
D. 调整减少以前年度亏损

（二）多项选择题

1. 下列各项中，属于会计政策的有（ ）。
A. 固定资产折旧计算方法
B. 实际成本法下发出存货的计价方法
C. 长期股权投资核算的权益法
D. 资产按历史成本或公允价值计量
2. 下列属于会计政策变更的事项有（ ）。
A. 发现上年应摊销低值易耗品 1 000 元没有摊销
B. 按新制度规定将长期股权投资由成本法核算改为权益法核算
C. 按新制度规定将存货发出的核算由后进先出法改为先进先出法
D. 将期末存货价值由成本法改为成本与可变现净值孰低法
3. 下列各项中，属于会计估计变更的有（ ）。
A. 将固定资产预计净残值率由 3% 改为 5%
B. 将坏账准备的计提比例由 5% 改为 10%
C. 将无形资产的摊销年限由 10 年改为 5 年
D. 会计要素计量一般采用历史成本，也可采用可变现净

值、重置成本等

4. 上市公司在其年度资产负债表日后至财务报告批准报出日前发生的下列事项中，属于非调整事项的有（　　）。

A. 因发生火灾导致存货严重损失

B. 发生企业合并

C. 因外汇汇率发生重大变化导致外币存款严重贬值

D. 发现前期存在重大的会计差错

5. 非调整事项的特点有（　　）。

A. 在资产负债表日尚未存在，在财务报告批准报出日之前才发生的事项

B. 在资产负债表日或以前已经存在，资产负债表日后得以证实的事项

C. 资产负债表日后发生的、对理解和分析财务报告将产生重大影响的事项

D. 对按资产负债表日存在状况编制的财务报告产生重大影响的事项

（三）判断题

1. 会计政策变更的处理方法可以采用追溯调整法或追溯重述法。（　　）

2. 采用未来适用法处理会计政策变更时，应计算会计政策变更的累积影响数，并调整变更当年年初的留存收益。（　　）

3. 在会计实务中，当无法区分会计估计变更和会计政策变更时，按会计估计变更的会计处理方法进行处理。（　　）

4. 由于会计估计的存在，会计核算不再具有可靠性。（　　）

5. 确定前期差错累积影响数不切实可行的，可以从可追溯重述的最早期间开始调整留存收益的期初余额，财务报表其他相关项目的期初余额也应当一并调整，也可以采用未来适用法。（　　）

6. 调整事项和非调整事项的共同点都是在资产负债表日后至

财务报告批准报出日之间发生的，对报告年度的财务状况、经营成果都将产生重大影响。（　　）

7. 调整事项与非调整事项的区别是：非调整事项存在于资产负债表日或以前，资产负债表日后提供了证据对以前已存在的事项所作的进一步说明；而调整事项是在资产负债表日尚未存在，但在财务报告批准报出日之前发生或存在。（　　）

8. 对资产负债表日后事项中的调整事项，涉及损益的，通过“以前年度损益调整”科目，然后将“以前年度损益调整”科目的余额转入“本年利润”科目。（　　）

9. 资产负债表日后发生的自然灾害导致的资产发生重大损失，属于非调整事项。（　　）

10. 资产负债表日后证实资产已发生减损，属于非调整事项。（　　）

（四）作业题

1. **资料：**某公司原对存货计价采用后进先出法，由于会计准则取消该种方法，该公司从2017年1月1日改为先进先出法。2017年1月1日存货账面余额1 000 000元，年末存货价值1 800 000元。当年销售额为10 000 000元，购入存货实际成本为7 200 000元。假定如果没有会计政策变更，2017年12月31日存货价值为880 000元。所得税税率为25%（假定在计算所得税时，不考虑应纳税暂时性差异）。

要求：计算会计政策变更对当期净利润的影响。

2. **资料：**某公司原按应收款项期末余额的5%计提坏账准备，由于近期客户群发生变化，公司董事会经研究决定，将应收款项计提坏账准备的方法自2019年1月1日起由余额百分比法改为账龄分析法，相应制定了每一账龄范围内应计提的坏账准备比例。2018年12月31日，“坏账准备”账户的余额为400 000元。2019年12月31日，根据改变后的账龄分析法确定期末应收款项的坏账准备余额应为900 000元，假定该公司在2019年没有发生应予核销坏账的情况，不考虑所得税影响。如果仍按应收款项余额百分比法计提坏账，当年度应计提的坏账准备金额为200 000元。

要求：说明该公司对上述会计估计变更的会计处理。

3. **资料：**某公司于2019年6月份发现，2018年应计入工程成本的利息费用900 000元误计入财务费用。该公司适用的所得税税率为25%，公司按净利润的10%提取盈余公积（假定在计算所得税时，不考虑应纳税暂时性差异）。

要求：

（1）对该项前期差错进行分析。

（2）编制前期差错更正的会计分录。

（3）调整会计报表有关项目。

4. **资料：**某公司于2019年5月份发现，2018年1月份购入的一项管理用低值易耗品价值2 000元，误记为固定资产，并已提折旧200元。

要求：编制该公司更正上述差错的会计分录（由于该项差错影响不大，用未来适用法）。

5. **资料：**某公司为增值税一般纳税企业，2018年11月赊销给丙企业一批产品后，货款总额为5 800 000元（含增值税额），已按正常情况进行财务处理，并结转销售成本4 000 000元。年末公司按应收账款余额的5%计提坏账准备。2019年3月22日（所得税汇算清缴前），因发生质量问题该批产品退回，同时收到了增值税进货退出证明单。退回商品已经入库，已开具红字增值税专用发票。财务报告批准报出日为2019年4月25日。适用的所得税税率为25%（在计算所得税时，不考虑应纳税暂时性差异），按净利润的10%提取盈余公积。

要求：对该公司发生的资产负债表日后调整事项编制会计分录。

6. **资料：**某公司为增值税一般纳税企业，财务报告批准报出日为 2019 年 4 月 20 日，适用的所得税税率为 25%，按净利润的 10% 提取盈余公积（在计算所得税时，不考虑应纳税暂时性差异）。该公司发生下列事项（所得税汇算清缴前）：

（1）于 2019 年 2 月 20 日经董事会批准并办理了有关手续，将 250 000 元资本公积转增资本。

（2）公司 2018 年度实现净利润 5 000 000 元，但在 2019 年 4 月 2 日对外宣布，一季度发生亏损 1 000 000 元。

（3）2019 年 3 月 15 日，经董事会决定出售所属一家全资子公司，出售工作于 2019 年 4 月 10 日结束，收取款项 3 000 000 元。

（4）按销售合同中规定，应于 2018 年 11 月 15 日提供给乙企业一批商品，由于未按合同规定按时提供商品，致使乙企业发生经济损失，乙企业于 2018 年 12 月提出起诉，要求赔偿违约经济损失 1 500 000 元。由于案件尚在审理过程中，法院尚未作出最终判决，公司于 2018 年 12 月 31 日根据当时的资料判断很可能会败诉，估计赔偿金额为 1 200 000 元，并按此估计金额入账。但在财务报告批准报出前的 3 月 20 日法院已判决，公司需赔偿乙企业经济损失 1 300 000 元，双方均接受此判决，不再上诉，且假定公司已经支付了赔偿款。

要求：判断上述事项是属于调整事项，还是属于非调整事项；对该事项该公司应怎样进行会计处理？并说明如何调整财务报表。

第二部分

练 习 题 参考答案

第一章　总　　论

(一) 单项选择题

1. D　　2. C

(二) 多项选择题

1. ABCD　　2. ABD　　3. BD

(三) 判断题

1. √　　2. √　　3. √

第二章　财务会计概念框架与企业会计准则

(一) 单项选择题

1. B　　2. A　　3. A　　4. A　　5. C　　6. B　　7. A
8. D

(二) 多项选择题

1. ABC　　2. AC　　3. ABCD　　4. AC　　5. ABC　　6. BCD
7. ABCD　8. ABCD　9. ABCD　　10. ABD

(三) 判断题

1. √　　2. √　　3. ×　　4. ×　　5. √　　6. √
7. √　　8. ×　　9. √　　10. √　　11. ×

第三章　货币资金

（一）单项选择题

1. D　2. A　3. C　4. B　5. B　6. B　7. D
8. D　9. C　10. D

（二）多项选择题

1. ABC　2. CD　3. ABD　4. ABD　5. ACD　6. ABC

（三）判断题

1. ×　2. ×　3. √　4. √　5. ×　6. ×　7. ×
8. √　9. √　10. ×

（四）作业题

1.

（1）取得银行本票时：

借：其他货币资金——银行本票存款　　50 000
　　贷：银行存款　　50 000

（2）购入材料时：

借：原材料　　40 000
　　应交税费——应交增值税（进项税额）（17%）
　　　　6 800
　　贷：其他货币资金——银行本票存款　　46 800

（3）退回余款时：

借：银行存款　　3 200

贷：其他货币资金——银行本票存款 3 200

2.

(1) 发现现金短款时：

借：待处理财产损溢 5 000

贷：库存现金 5 000

(2) 查清原因处理时：

借：其他应收款——应收现金短缺款 3 000

管理费用——现金短缺 2 000

贷：待处理财产损溢 5 000

(3) 发现现金溢余时：

借：库存现金 1 500

贷：待处理财产损溢 1 500

(4) 查明原因处理时：

借：待处理财产损溢 1 500

贷：营业外收入——现金溢余 1 500

3. (1)

① 借：库存现金 100

贷：银行存款 100

② 借：管理费用 25

贷：库存现金 25

③ 借：库存现金 19 213

贷：银行存款 19 213

④ 借：应付职工薪酬 19 213

贷：库存现金 19 213

⑤ 借：管理费用 10

贷：库存现金 10

⑥ 借：库存现金 250

贷：主营业务收入 250

⑦ 借：银行存款 250

贷：库存现金 250

⑧ 借：其他应收款——备用金——王山 50

贷：银行存款 50

⑨ 借：管理费用 300

贷：银行存款 300

⑩ 借：银行存款 1 000

贷：主营业务收入 1 000

⑪ 借：原材料 150

贷：银行存款 150

⑫ 借：银行存款 200

贷：应收账款 200

（2）现金日记账期末余额：115 元

银行存款日记账期末余额：3 137 元

（3）“银行存款余额调节表”调整后的余额：21 097 元

银行存款余额调节表

20××年3月31日 单位：元

项目	金额	项目	金额
银行对账单余额	21 047	企业银行存款日记账余额	3 137
加：企业已收，银行未收	200	加：银行已收，企业未收	18 000
减：企业已付，银行未付	150	减：银行已付，企业未付	40
调节后余额	21 097	调节后余额	21 097

4.

（1）借：其他货币资金——银行本票 8 000

贷：银行存款 8 000

（2）借：其他货币资金——外埠存款 20 000

贷：银行存款 20 000

（3）借：原材料 20 000

应交税费——应交增值税（进项税额）　3 400
贷：应付票据　23 400
（4）借：其他货币资金——银行汇票　20 000
贷：银行存款　20 000
（5）借：其他货币资金——信用卡　5 000
贷：银行存款　5 000
（6）借：原材料　7 500
贷：其他货币资金——银行本票　7 500
（7）借：银行存款　500
贷：其他货币资金——银行本票　500
（8）借：原材料　15 000
应交税费——应交增值税（进项税额）　2 550
贷：其他货币资金——外埠存款　17 550
（9）借：应付票据　180 000
贷：银行存款　180 000
（10）借：材料采购（或在途物资）　10 000
应交税费——应交增值税（进项税额）　1 700
贷：其他货币资金——银行汇票　11 700

5.

银行存款余额调节表

2018 年 1 月 31 日　单位：元

项目	金额	项目	金额
银行对账单余额	265 000	企业存款日记账余额	256 000
加：（1）	+2 000	加：（2）	+12 000
减：（4）	-3 000	减：（3）	-4 000
调节后的余额	264 000	调节后的余额	264 000

第四章 应收及预付款项

（一）单项选择题

1. D　2. C　3. A　4. B　5. C　6. D　7. B
8. D　9. B　10. D　11. C　12. B　13. D　14. D

（二）多项选择题

1. BC　2. ABC　3. AC　4. CD　5. ABC　6. ABCD
7. ABC　8. ABD　9. AB　10. AB

（三）判断题

1. ×　2. √　3. ×　4. ×　5. √　6. ×　7. ×
8. ×　9. √　10. √

（四）作业题

1.

（1）3 月 1 日，销售商品时：

借：应收账款——乙公司　2 106 000
　　贷：主营业务收入　1 800 000
　　　　应交税费——应交增值税（销项税额）　306 000

（2）3 月 8 日，收到货款：

借：银行存款　2 070 000
　　财务费用　36 000
　　贷：应收账款——乙公司　2 106 000

2.

（1）3 月 1 日，销售商品时：

借：应收账款　　23 400

　　贷：主营业务收入　　20 000

　　　　应交税费——应交增值税（销项税额）　　3 400

借：主营业务成本　　16 000

　　贷：库存商品　　16 000

（2）3 月 20 日，以应收票据抵付货款：

借：应收票据　　23 400

　　贷：应收账款　　23 400

（3）4 月 28 日，将应收票据背书转让：

借：材料采购　　20 000

　　应交税费——应交增值税（进项税额）　　3 400

　　贷：应收票据　　23 400

3.

（1）2 月 1 日，取得商业汇票：

借：应收票据　　35 100

　　贷：主营业务收入　　30 000

　　　　应交税费——应交增值税（销项税额）　　51 000

借：主营业务成本　　22 000

　　贷：库存商品　　22 000

（2）4 月 1 日，将商业汇票贴现：

贴现利息 $= 35\ 100 \times 10\% \div 12 \times 1 = 292.5$（元）

借：银行存款　　34 807.5

　　财务费用　　292.5

　　贷：短期借款　　35 100

4.

（1）2016 年年末计提坏账准备时，作会计分录如下：

坏账准备提取额 $= 1\ 000\ 000 \times 5‰ = 5\ 000$（元）

借：信用减值损失　　5 000

　　贷：坏账准备　　5 000

（2）2017 年 10 月确认坏账损失时，作会计分录如下：

借：坏账准备　　1 400

　　贷：应收账款　　1 400

（3）2017 年 12 月 31 日计提坏账准备时：

2017 年年末应收账款余额应保持的坏账准备金额（即坏账准备的余额）为：

1 200 000 ×5‰ =6 000（元）

2017 年年末计提坏账准备前，“坏账准备”科目的贷方余额为 3 600元（5 000 –1 400）；

2017 年年末应补提的坏账准备金额为 2 400 元（6 000 –3 600）。

作会计分录如下：

借：信用减值损失　　2 400

　　贷：坏账准备　　2 400

（4）2018 年 3 月 20 日收回已冲销的坏账时，作会计分录如下：

借：应收账款　　1 000

　　贷：坏账准备　　1 000

借：银行存款　　1 000

　　贷：应收账款　　1 000

或者：

借：银行存款　　1 000

　　贷：坏账准备　　1 000

（5）2018 年 12 月 31 日计提坏账准备时：

2018 年年末坏账准备余额应为 5 000 元（1 000 000 ×5‰），2018 年年末，计提坏账准备前的“坏账准备”科目的贷方余额为 7 000 元（6 000 +1 000），本年度应冲销多提的坏账准备金额为 2 000元（7 000 –5 000）。

作会计分录如下：

借：坏账准备　　2 000

　　贷：信用减值损失　　2 000

5.

（1）A 企业预付货款时：

借：预付账款　　15 000

　　贷：银行存款　　15 000

（2）收到货物时：

借：材料采购　　30 000

　　应交税费——应交增值税（进项税额）　　5 100

　　贷：预付账款　　35 100

（3）通过银行补付货款时：

借：预付账款　　20 100

　　贷：银行存款　　20 100

6.

（1）3 月 2 日支付押金：

借：其他应收款——存出保证金　　5 000

　　贷：银行存款　　5 000

（2）3 月 10 日收回押金：

借：银行存款　　5 000

　　贷：其他应收款——存出保证金　　5 000

7.

（1）借：应收票据　　70 200

　　　　贷：主营业务收入　　60 000

　　　　　　应交税费——应交增值税（销项税额）

　　　　　　　　10 200

（2）借：银行存款　　70 200

　　　　贷：应收票据　　70 200

（3）

① 销售产品时，作会计分录如下：

借：应收账款　　117 000

　　贷：主营业务收入　　100 000

应交税费——应交增值税（销项税额） 17 000

② 收到票据时，作会计分录如下：

借：应收票据 117 000

贷：应收账款 117 000

③ 年末计提票据利息时，作会计分录如下：

应计利息 = 117 000 × 10% ÷ 12 × 4 = 3 900（元）

借：应收票据 3 900

贷：财务费用 3 900

（4）借：应收票据 60 000

贷：应收账款——A 公司 60 000

（5）借：材料采购 80 000

应交税费——应交增值税（进项税额） 13 600

贷：应收票据 60 000

银行存款 33 600

（6）借：应收票据 40 000

贷：其他业务收入 34 188

应交税费——应交增值税（销项税额） 5 812

（7）票据的到期应收利息和票据到期值计算如下：

应收利息 = 40 000 × 12% × 3 ÷ 12 = 1 200（元）

票据到期值 = 40 000 + 1 200 = 41 200（元）

借：银行存款 41 200

贷：应收票据 40 000

财务费用 1 200

8.

（1）该企业的贴现收入可计算如下：

贴现天数 = 30 + 30 + 31 + 31 + 23 − 1 = 144（天）

贴现利息 = 110 000 × 12% × 144 ÷ 360 = 5 280（元）

贴现净额 = 110 000 − 5 280 = 104 720（元）

借：银行存款　　104 720
　　财务费用　　5 280
　　贷：短期借款　　110 000

（2）借：应收账款——B 公司　　110 000
　　　　贷：银行存款　　110 000

借：短期借款　　110 000
　　贷：应收票据　　110 000

（3）借：应收账款——B 公司　　110 000
　　　　贷：应收票据　　110 000

借：短期借款　　60 000
　　贷：银行存款　　60 000

（4）票据到期值 = 50 000 ×（1 + 6% × 6 ÷ 12）= 51 500（元）

贴现天数 = 19(9 月) + 31(10 月) + 30(11 月) = 80（天）

贴现利息 = 51 500 × 9% × 80 ÷ 360 = 1 030（元）

贴现净额 = 51 500 − 1 030 = 50 470（元）

借：银行存款　　50 470
　　财务费用　　1 030
　　贷：短期借款　　51 500

（5）票据到期值 = 50 000 ×（1 + 6% × 6 ÷ 12）= 51 500（元）

贴现天数 = 29(8 月) + 30(9 月) + 31(10 月) + 30(11 月)
　　　　= 120（天）

贴现利息 = 51 500 × 9% × 120 ÷ 360 = 1 545（元）

贴现净额 = 51 500 − 1 545 = 49 955（元）

借：银行存款　　49 955
　　财务费用　　1 545
　　贷：短期借款　　51 500

9.

（1）借：应收账款——乙公司　　105 300

贷：主营业务收入 90 000

应交税费——应交增值税（销项税额）

15 300

（2）

① 销售产品时，作会计分录如下：

借：应收账款——丙公司 117 000

贷：主营业务收入 100 000

应交税费——应交增值税（销项税额） 17 000

② 货款在 20 日内收到：

借：银行存款 115 000

财务费用 2 000

贷：应收账款——丙公司 117 000

③ 货款在 20 日以后收到：

借：银行存款 117 000

贷：应收账款——丙公司 117 000

10.

（1）2015 年年末应计提的坏账准备金为 5 000 元（50 000 × 1%）。

借：信用减值损失——计提的坏账准备 5 000

贷：坏账准备 5 000

（2）2016 年发生坏账 6 000 元。

借：坏账准备 6 000

贷：应收账款——A 单位 5 000

——B 单位 1 000

（3）2016 年年末计提坏账准备金 8 000 元（7 000 + 1 000）。

借：信用减值损失——计提的坏账准备 8 000

贷：坏账准备 8 000

（4）2017 年收回上年已转销的坏账 1 000 元。

借：应收账款——应收销货款（B 单位） 1 000

贷：坏账准备 1 000

借：银行存款　　　　　　　　　　　　　　1 000
　　贷：应收账款——应收销货款（B 单位）　　1 000

（5）2017 年年末计提坏账准备金 2 000 元（10 000 - 8 000）。

借：信用减值损失——计提的坏账准备　　　2 000
　　贷：坏账准备　　　　　　　　　　　　　2 000

（6）2018 年年末冲销多提的坏账准备金 1 000 元（10 000 - 9 000）。

借：坏账准备　　　　　　　　　　　　　　1 000
　　贷：信用减值损失——计提的坏账准备　　　1 000

11.

（1）预付货款时，作会计分录如下：

借：预付账款——B 公司　　　　　　　　　50 000
　　贷：银行存款　　　　　　　　　　　　　50 000

（2）材料验收入库时，作会计分录如下：

借：材料采购　　　　　　　　　　　　　100 000
　　应交税费——应交增值税（进项税额）　17 000
　　贷：预付账款——B 公司　　　　　　　　117 000

（3）补付剩余的货款时，作会计分录如下：

借：预付账款——B 公司　　　　　　　　　67 000
　　贷：银行存款　　　　　　　　　　　　　67 000

第五章　存　　货

（一）单项选择题

1. A　2. B　3. D　4. A　5. B　6. D　7. D　8. C　9. B　10. D

（二）多项选择题

1. ABC 2. AB 3. ABD 4. ABC 5. CD 6. CD
7. ACD 8. BCD 9. CD 10. ACD 11. ABCD
12. ABC

（三）判断题

1. √ 2. × 3. √ 4. × 5. √ 6. × 7. ×
8. × 9. √ 10. √ 11. ×

（四）作业题

1.

（1）先进先出法：

9 日发出材料成本 = 1 200 × 400 = 480 000（元）

24 日发出材料成本 = 300 × 400 + 500 × 420 + 200 × 430
= 416 000（元）

期末存货成本 = 1 800 × 430 = 774 000（元）

（2）加权平均法：

存货单位成本 = (1 500 × 400 + 500 × 420 + 2 000 × 430)/(1 500 + 500 + 2 000)
= 417.5（元）

本月发出材料成本 = (1 200 + 1 000) × 417.5 = 918 500（元）

期末存货成本 = 1 800 × 417.5 = 751 500（元）

（3）移动平均法：

3 日收货后的平均单位成本 = (1 500 × 400 + 500 × 420)/(1 500 + 500)
= 405（元）

9 日发出材料成本 = 1 200 × 405 = 486 000（元）

18 日收货后的平均单位成本 = (800 × 405 + 2 000 × 430)/(800

+2 000)

=422.857（元）

24 日发出材料成本 =1 000 ×422.857 =422 857（元）

期末存货成本 =1 800 ×422.857 =761 143（元）

2.

（1）借：原材料　　16 000

应交税费——应交增值税（进项税额）　　2 720

贷：银行存款　　18 720

（2）借：在途物资　　10 000

应交税费——应交增值税（进项税额）　　1 700

贷：银行存款　　11 700

（3）运费的进项税额 =400 ×11% =44（元）

借：原材料　　4 400

应交税费——应交增值税（进项税额）　　724

贷：应付账款　　5 124

（4）借：原材料　　10 000

贷：在途物资　　10 000

（5）甲公司：

借：原材料　　25 690

应交税费——应交增值税（进项税额）　　3 948.5

贷：主营业务收入　　25 000

应交税费——应交增值税（销项税额）　　4 250

银行存款　　388.5

借：主营业务成本　　20 000

贷：库存商品　　20 000

（6）借：原材料　　20 000

贷：应付账款——暂估应付账款　　20 000

11 月 1 日，用红字将上述分录原账冲回：

借：原材料 [20 000]

贷：应付账款——暂估应付账款 [20 000]

3.

（1）11 月 4 日，购进原材料时：

借：材料采购 218 600

应交税费——应交增值税（进项税额）

34 000 + 18 600 × 11% 36 046

贷：银行存款 254 646

（2）上述材料验收入库时：

借：原材料 220 000

贷：材料采购 218 600

材料成本差异 1 400

（3）本月领用材料时：

借：生产成本 700 000

制造费用 80 000

管理费用 20 000

贷：原材料 800 000

（4）11 月 27 日，购进材料尚未到货，月末按计划成本暂估入账：

借：原材料 70 000

贷：应付账款 70 000

（5）计算 11 月份应分摊的材料成本差异：

$$\text{本月材料成本差异率} = \frac{20\ 000 - 1\ 400}{1\ 000\ 000 + 220\ 000} \times 100\% = 1.525\%$$

应分摊的材料成本差异为：

生产成本分摊：700 000 × 1.525% = 10 675（元）

制造费用分摊：80 000 × 1.525% = 1 220（元）

管理费用分摊：20 000 × 1.525% = 305（元）

借：生产成本　　　　　　　　　　　10 675
　　制造费用　　　　　　　　　　　 1 220
　　管理费用　　　　　　　　　　　　 305
　　贷：材料成本差异　　　　　　　　　　12 200

（6）12 月 1 日，用红字冲回上月尚未付款的购进材料时：

借：原材料　　　　　　　　　　　　70 000
　　贷：应付账款　　　　　　　　　　　　70 000

（7）12 月 6 日，收到 11 月 27 日已入库材料的结算凭证时：

借：材料采购　　　　　　　　　　　80 000
　　应交税费——应交增值税（进项税额）　13 600
　　贷：应付票据　　　　　　　　　　　　93 600
借：原材料　　　　　　　　　　　　70 000
　　材料成本差异　　　　　　　　　10 000
　　贷：材料采购　　　　　　　　　　　　80 000

（8）12 月 12 日，进口原材料一批，付款时：

借：材料采购　　　　　　　　　　　127 200
　　应交税费——应交增值税（进项税额）　21 624
　　贷：银行存款　　　　　　　　　　　　148 824

（9）上述进口材料验收入库时：

借：原材料　　　　　　　　　　　　160 000
　　贷：材料采购　　　　　　　　　　　　127 200
　　　　材料成本差异　　　　　　　　　　32 800

（10）12 月 20 日，接受投资投入原材料时：

借：原材料　　　　　　　　　　　　500 000
　　应交税费——应交增值税（进项税额）　68 000
　　贷：实收资本　　　　　　　　　　　　468 000
　　　　材料成本差异　　　　　　　　　　100 000

（11）12 月份领用原材料时：

借：生产成本 760 000

制造费用 100 000

管理费用 40 000

贷：原材料 900 000

（12）计算12月份应分摊的材料成本差异：

$$本月材料成本差异率=\frac{6\ 400+10\ 000-32\ 800-100\ 000}{420\ 000+70\ 000+160\ 000+500\ 000}\times 100\% = -10.122\%$$

应分摊的材料成本差异为：

生产成本分摊：760 000 × 10.122% =76 927（元）

制造费用分摊：100 000 × 10.122% =10 122（元）

管理费用分摊：40 000 × 10.122% =4 049（元）

借：生产成本 [76 927]

制造费用 [10 122]

管理费用 [4 049]

贷：材料成本差异 [91 098]

4.

（1）会计分录：

6月3日，支付扁钢货款及增值税款：

借：材料采购——扁钢 4 700

应交税费——应交增值税（进项税额） 799

贷：银行存款 5 499

6月5日，扁钢验收入库予以转账：

借：原材料——原料及主要材料 5 000

贷：材料采购——扁钢 5 000

结转采购扁钢成本差异：

借：材料采购——扁钢 300

贷：材料成本差异 300

6 月 10 日，支付圆钢货款、增值税及运杂费：

借：材料采购——圆钢	22 800	
应交税费——应交增值税（进项税额）	3 828	
贷：银行存款		26 628

6 月 15 日，圆钢验收入库予以转账：

借：原材料——原料及主要材料	24 000	
贷：材料采购——圆钢		24 000

结转采购圆钢成本差异：

借：材料采购——圆钢	1 200	
贷：材料成本差异		1 200

6 月 21 日，支付圆钢货款、增值税及运杂费：

借：材料采购——圆钢	26 800	
应交税费——应交增值税（进项税额）	4 496	
贷：银行存款		31 296

6 月 26 日，圆钢验收入库予以转账：

借：原材料——原料及主要材料	28 800	
贷：材料采购——圆钢		28 800

结转采购圆钢成本差异：

借：材料采购——圆钢	2 000	
贷：材料成本差异		2 000

6 月 30 日，领用圆钢、扁钢，按计划成本结转：

借：生产成本	56 880	
制造费用	1 000	
贷：原材料——原料及主要材料		57 880

分摊本月发出材料成本差异：

借：生产成本	2 036.30	
制造费用	35.80	
贷：材料成本差异		2 072.10

（2）记账：

原材料账户

期初余额	55 500.00		
6/5	5 000.00		
6/15	24 000.00		
6/26	28 800.00		
		6/30	57 880.00
本期发生额	57 800.00	本期发生额	57 800.00
期末余额	55 420.00		

材料成本差异账户

		期初余额	555.00
		6/5	300.00
		6/15	1 200.00
		6/26	2 000.00
		6/30	2 072.10
		本期发生额	1 427.90
		期末余额	1 982.90

（3）

材料明细分类账

材料名称：圆钢　　计量单位：千克　计划单价：2.40 元

年		凭证号数	摘要	收入数量	发出数量	结存	
月	日					数量	金额
6	1		期初余额			2 000	48 000
	15		购进	1 000		3 000	
	26		购进	12 000		42 000	
	30		领用		21 200	20 800	49 920
			本期发生额及余额	22 000	21 200	20 800	49 920

材料明细分类账

材料名称：扁钢　　　　　　　　　　　　计量单位：千克　计划单价：2.50 元

年		凭证号数	摘要	收入数量	发出数量	结存	
月	日					数量	金额
6	1		期初余额			3 000	7 500
	5		购进	2 000		5 000	
	30		领用		2 800	2 200	5 500
			本期发生额及余额	2 000	2 800	2 200	5 500

5.

（1）借：低值易耗品——在用低值易耗品　　8 000

　　　贷：低值易耗品——在库低值易耗品　　8 000

（2）借：制造费用　　4 000

　　　贷：低值易耗品——低值易耗品摊销　　4 000

（3）借：制造费用　　940

　　　原材料　　60

　　　贷：低值易耗品——低值易耗品摊销　　1 000

借：低值易耗品——低值易耗品摊销　　2 000

　贷：低值易耗品——在用低值易耗品　　2 000

（4）借：制造费用　　40

　　　贷：材料成本差异——低值易耗品　　40

6.

（1）发出委托加工材料：

借：委托加工物资　　50 000

　贷：原材料　　50 000

（2）支付加工费用：

消费税组成计税价格 =（50 000 + 13 000）/（1 − 10%）

=70 000（元）

（受托方）代收代缴的消费税 =70 000×10% =7 000（元）

应纳增值税 =13 000×17% =2 210（元）

① A 企业收回加工后的材料用于连续生产应税消费品时：

借：委托加工物资 13 000

应交税费——应交增值税（进项税额） 2 210

——应交消费税 7 000

贷：应付账款 22 210

② A 企业收回加工后的材料直接用于出售时：

借：委托加工物资 20 000

应交税费——应交增值税（进项税额） 2 210

贷：应付账款 22 210

（3）加工完成收回委托加工材料：

① A 企业收回加工后的材料用于连续生产应税消费品时：

借：原材料 63 000

贷：委托加工物资 63 000

② A 企业收回加工后的材料直接用于出售时：

借：原材料 70 000

贷：委托加工物资 70 000

7.

（1）2017 年年末应提取的存货跌价准备为：

100 000 -80 000 =20 000（元）

借：资产减值损失 20 000

贷：存货跌价准备 20 000

（2）2018 年 3 月 31 日，该存货的可变现净值有所恢复，应冲减的存货跌价准备为：

95 000 -80 000 =15 000（元）

借：存货跌价准备 15 000

贷：资产减值损失 15 000

（3）2018 年 6 月 30 日，该存货的可变现净值进一步恢复，但应转回的存货跌价准备以将该材料已计提的“存货跌价准备”余额冲减至 0 为限，即 5 000 元（20 000 - 15 000）：

借：存货跌价准备　　5 000

　　贷：资产减值损失　　5 000

第六章　投　　资

（一）单项选择题

1. A　2. A　3. A　4. A　5. D　6. A　7. C
8. B　9. A　10. B　11. C　12. D　13. C　14. B
15. D　16. A　17. A　18. B

（二）多项选择题

1. AB　2. AD　3. ABCD　4. ABCD　5. AC
6. ACD　7. ABD　8. AC

（三）判断题

1. √　2. ×　3. ×　4. √　5. ×　6. ×
7. √　8. √　9. ×　10. √　11. √　12. √
13. ×

（四）作业题

1.

（1）2018 年 1 月 1 日，购入债券时：

借：交易性金融资产——成本　　2 000 000

应收利息 40 000
投资收益 40 000
贷：银行存款 2 080 000

（2）2018 年 1 月 5 日，收到该债券 2017 年下半年利息时：

借：银行存款 40 000
贷：应收利息 40 000

（3）2018 年 6 月 30 日，确认债券公允价值变动和投资收益时：

借：交易性金融资产——公允价值变动 300 000
贷：公允价值变动损益 300 000

借：应收利息 40 000
贷：投资收益 40 000

（4）2018 年 7 月 5 日，收到该债券半年利息时：

借：银行存款 40 000
贷：应收利息 40 000

（5）2018 年 12 月 31 日，确认债券公允价值变动和投资收益时：

借：公允价值变动损益 100 000
贷：交易性金融资产——公允价值变动 100 000

借：应收利息 40 000
贷：投资收益 40 000

（6）2019 年 1 月 5 日，收到该债券 2007 年下半年利息时：

借：银行存款 40 000
贷：应收利息 40 000

（7）2019 年 3 月 31 日，将该债券出售时：

借：银行存款 2 360 000
公允价值变动损益 200 000
贷：交易性金融资产——成本 2 000 000
交易性金融资产——公允价值变动 200 000

　　　　投资收益　　　　　　　　　　　　　　　360 000

或

借：银行存款　　　　　　　　　　　　　　2 360 000
　　贷：交易性金融资产——成本　　　　　　　　　2 000 000
　　　　投资收益　　　　　　　　　　　　　　　　360 000

借：公允价值变动损益　　　　　　　　　　　200 000
　　贷：交易性金融资产——公允价值变动　　　　　200 000

2.

(1) 2018 年 1 月 1 日，购入债券时：

借：债权投资——成本　　　　　　　　　　1 000 000
　　贷：银行存款　　　　　　　　　　　　　　　915 796
　　　　债权投资——利息调整　　　　　　　　　　84 204

(2) 2018 年 12 月 31 日，确认实际利息收入时：

借：应收利息　　　　　　　　　　　　　　　40 000
　　债权投资——利息调整　　　　　　　　　　14 948
　　贷：投资收益　　　　　　　　　　　　　　　　54 948

(3) 收到利息时：

借：银行存款　　　　　　　　　　　　　　　40 000
　　贷：应收利息　　　　　　　　　　　　　　　　40 000

2019 年、2020 年、2021 年可比照 2018 年进行账务处理。

(4) 2022 年 12 月 31 日，确认实际利息收入时：

借：应收利息　　　　　　　　　　　　　　　40 000
　　债权投资——利息调整　　　　　　　　　　18 813
　　贷：投资收益　　　　　　　　　　　　　　　　58 813

(5) 收到票面利息和本金时：

借：银行存款　　　　　　　　　　　　　　1 040 000
　　贷：应收利息　　　　　　　　　　　　　　　　40 000
　　　　债权投资——成本　　　　　　　　　　　1 000 000

年份	实际利息 6%	现金流入	期末摊余成本
			915 796
2018	54 948	40 000	930 744
2019	55 845	40 000	946 589
2020	56 795	40 000	963 384
2021	57 803	40 000	981 187
2022	58 813	40 000	1 000 000

前几年四舍五入的差额最后一年调整。

3. (1)

① 借：其他权益工具投资——成本　　20 050 000

　　贷：银行存款　　20 050 000

② 借：其他权益工具投资——公允价值变动

　　3 950 000

　　贷：其他综合收益　　3 950 000

③ 借：银行存款　　25 945 000

　　其他综合收益　　3 950 000

　　贷：其他权益工具投资——成本　　20 050 000

　　　　——公允价值变动

　　3 950 000

　　　　盈余公积　　589 500

　　　　利润分配——未分配利润　　5 305 500

(2)

① 借：其他债权投资——面值　　10 000 000

　　——利息调整　　282 440

　　贷：银行存款　　10 282 440

② 2018 年实际利息 = 10 282 400 × 3% = 308 473.2（元）

2018 年年末摊余成本 = 10 282 440 + 308 473.2 − 400 000
= 10 190 913.2（元）

2018 年公允价值变动 = 10 190 913.2 − 10 000 940
= 189 973.2（元）

会计分录如下：

2018 年 12 月 31 日确认应收利息、实际债券利息收入时：

借：应收利息　　400 000
　　贷：其他债权投资——利息调整　　91 526.8
　　　　投资收益　　308 473.2

2018 年 12 月 31 日确认公允价值变动时：

借：其他综合收益　　189 973.2
　　贷：其他债权投资——公允价值变动　　189 973.2

（3）

① 2018 年 3 月 8 日，购入股票时：

借：其他权益工具投资——成本　　16 030 000
　　贷：银行存款　　16 030 000

② 2018 年 5 月 12 日，宣告发放现金股利时：

借：应收股利　　300 000
　　贷：投资收益　　300 000

③ 2018 年 5 月 20 日，收到现金股利时：

借：银行存款　　300 000
　　贷：应收股利　　300 000

④ 2018 年 6 月 30 日，确认股票价格变动时：

借：其他权益工具投资——公允价值变动　　370 000
　　贷：其他综合收益　　370 000

⑤ 2018 年 12 月 31 日，确认股票价格变动时：

借：其他综合收益　　800 000
　　贷：其他权益工具投资——公允价值变动　　800 000

⑥ 2019 年 6 月 10 日，出售股票时：

借：银行存款　　16 568 000

　　其他权益工具投资——公允价值变动　　430 000

　　贷：其他权益工具投资——成本　　16 030 000

　　　　其他综合收益　　430 000

　　　　盈余公积　　53 800

　　利润分配——未分配利润　　484 200

4.（单位：万元）

（1）2018 年 11 月 8 日取得投资时：

借：长期股权投资　　2 008

　　贷：银行存款　　2 008

（2）2019 年 3 月 10 日乙公司宣告分配利润时：

借：应收股利　　360

　　贷：投资收益　　360

（3）2019 年 3 月 17 日从乙公司取得利润时：

借：银行存款　　360

　　贷：应收股利　　360

5.（单位：万元）

（1）借：长期股权投资——投资成本　　3 000

　　　　贷：银行存款　　3 000

（2）

① 2018 年年末：

借：长期股权投资——损益调整　　300

　　贷：投资收益　　300

② 2019 年 3 月 10 日：

借：应收股利　　60

　　贷：长期股权投资——损益调整　　60

③ 2019 年 3 月 17 日：

借：银行存款　　60

　　贷：应收股利　　60

④ 2019 年年末：

借：投资收益 600

　　贷：长期股权投资——损益调整 600

6. （单位：万元）

（1）2018 年 1 月 1 日：

借：长期股权投资——成本 3 615

　　贷：银行存款 3 615

（2）2018 年 12 月 31 日：

① 借：长期股权投资——其他综合收益 120

　　贷：其他综合收益 120

② 借：长期股权投资——损益调整 300

　　贷：投资收益 300

（3）2019 年 3 月 20 日：

借：应收股利 90

　　贷：长期股权投资 90

（4）2019 年 4 月 10 日：

借：银行存款 90

　　贷：应收股利 90

第七章 固定资产

（一）单项选择题

1. D　2. C　3. B　4. D　5. B　6. C　7. D　8. B　9. C　10. A

（二）多项选择题

1. ABCD　2. AB　3. ABC　4. CD　5. BD

（三）判断题

1. √　2. ×　3. ×　4. ×　5. ×　6. ×
7. ×　8. √　9. ×　10. √

（四）作业题

1.

（1）借：固定资产	30 000	
贷：银行存款		30 000
（2）盘盈固定资产：		
借：固定资产	14 000	
贷：以前年度损益调整		14 000
（3）借：长期股权投资	45 000	
贷：固定资产清理		45 000
借：固定资产清理	42 000	
累计折旧	18 000	
贷：固定资产		60 000
借：固定资产清理	3 000	
贷：资产处置损益		3 000
（4）借：固定资产清理	2 000	
累计折旧	48 000	
贷：固定资产		50 000
借：银行存款	1 000	
贷：固定资产清理		1 000
借：固定资产清理	2 000	
贷：银行存款		2 000
借：营业外支出	3 000	
贷：固定资产清理		3 000
（5）借：制造费用	10 000	

贷：银行存款 10 000

2.

2018 年应计提的固定资产折旧额为：

100 000 ÷ 5 = 20 000（元）

计提折旧的会计分录为：

借：制造费用 20 000

贷：累计折旧 20 000

2018 年年底该项固定资产的可收回金额为 75 000 元，小于 100 000 − 20 000 = 80 000（元），所以应当计提固定资产减值准备，作如下会计分录：

借：资产减值损失——计提的固定资产减值准备 5 000

贷：固定资产减值准备 5 000

2019 年应计提的固定资产折旧额为：

75 000 ÷ 3 = 25 000（元）

计提折旧的会计分录为：

借：制造费用 25 000

贷：累计折旧 25 000

3.

（1）借：固定资产 33 300

应交税费——应交增值税（进项税额） 4 223

贷：银行存款 37 523

（2）

① 借：在建工程 23 500

应交税费——应交增值税（进项税额） 3 025

贷：银行存款 26 525

② 借：在建工程 1 650

贷：原材料 1 000

应付职工薪酬 650

③ 借：固定资产　　25 150
　　贷：在建工程　　25 150

（3）

① 借：在建工程　　46 400
　　应交税费——应交增值税（进项税额）　　6 004
　　贷：银行存款　　52 404

② 借：在建工程　　900
　　贷：原材料　　500
　　　　应付职工薪酬　　400

③ 借：固定资产　　47 300
　　贷：在建工程　　47 300

（4）借：固定资产　　42 000
　　应交税费——应交增值税（进项税额）　　5 460
　　贷：实收资本　　47 460

（5）借：固定资产　　89 200
　　应交税费——应交增值税（进项税额）　　11 440
　　贷：营业外收入　　88 000
　　　　银行存款　　12 640

（6）借：固定资产清理　　6 000
　　累计折旧　　62 000
　　贷：固定资产　　68 000

借：银行存款　　18 080
　　贷：固定资产清理　　16 000
　　　　应交税费——应交增值税（销项税额）　　2 080

借：固定资产清理　　10 000
　　贷：资产处置损益　　10 000

（7）借：固定资产清理　　6 000
　　累计折旧　　48 000
　　贷：固定资产　　54 000

借：固定资产清理　　350

　　贷：银行存款　　350

借：原材料　　700

　　贷：固定资产清理　　700

借：营业外支出　　5 650

　　贷：固定资产清理　　5 650

（8）借：固定资产　　14 000

　　　　贷：以前年度损益调整　　14 000

（9）借：制造费用　　10 000

　　　　贷：银行存款等　　10 000

4.

（1）基本生产车间：

厂房月折旧率 =（50 000 − 2 400 + 400）/（20 × 50 000 × 12）× 100%

=0.4%

生产设备月折旧率 =（300 000 − 32 000 + 2 000）/（25 × 300 000 × 12）= 0.3%

辅助生产车间：

厂房月折旧率 =（4 000 − 380 + 130）/（15 × 4 000 × 12）× 100%

=0.52%

动力设备月折旧率 =（60 000 − 15 000 + 3 000）/（10 × 60 000 × 12）= 0.67%

企业管理部门：

房屋月折旧率 =（2 000 − 400 + 160）/（20 × 2 000 × 12）× 100%

=0.37%

（2）2018 年 12 月固定资产折旧额：

基本生产车间：

厂房　50 000 × 0.4% = 200（万元）

生产设备　300 000 × 0.3% + 8 000 × 0.3% − 3 000 × 0.3%

=915（万元）

辅助生产车间：

厂房 4 000×0.52%＝20.8（万元）

动力设备 60 000×0.67%＝402（万元）

企业管理部门：

房屋 2 000×0.37%＝7.4（万元）

（3）借：制造费用 15 378 000

管理费用 74 000

贷：累计折旧 15 452 000

5.

（1）采用双倍余额递减法：

折旧率＝2/5×100%＝40%

第1年计提的折旧额＝100 000×40%＝40 000（元）

第2年计提的折旧额＝（100 000－40 000）×40%＝24 000（元）

第3年计提的折旧额＝（100 000－40 000－24 000）×40%

＝14 400（元）

第4年、第5年计提的折旧额＝(21 600－2 000)/2＝9 800（元）

（2）采用年数总和法：

第1年折旧率＝5/15

第1年计提的折旧额＝（100 000－2 000）×5/15＝32 667（元）

第2年折旧率＝4/15

第2年计提的折旧额＝（100 000－2 000）×4/15＝26 133（元）

第3年折旧率＝3/15

第3年计提的折旧额＝（100 000－2 000）×3/15＝19 600（元）

第4年折旧率＝2/15

第4年计提的折旧额＝（100 000－2 000）×2/15＝13 067（元）

第5年折旧率＝1/15

第5年计提的折旧额＝（100 000－2 000）×1/15＝6 533（元）

第八章　无形资产及其他资产

（一）单项选择题

1. D　2. B　3. C　4. D　5. D　6. B　7. D
8. A　9. A　10. C　11. D

（二）多项选择题

1. ABCD　2. ABCD　3. ABCD　4. ABCD　5. ABCD
6. AD　7. BC　8. ABCD　9. ABD　10. BCD

（三）判断题

1. ×　2. √　3. √　4. √　5. ×　6. √　7. √
8. ×　9. √　10. ×　11. √

（四）作业题

1.

（1）取得 M 项非专利技术时：

借：无形资产——M 项非专利技术　　960 000
　　贷：股本——A 公司　　960 000

取得 N 项专利权时：

借：无形资产——N 项专利权　　240 000
　　贷：股本——B 研究所　　240 000

（2）计算月摊销额如下：

$$M\text{项非专利技术月摊销额}=\frac{960\ 000}{10\times 12}=8\ 000\text{（元）}$$

N 项专利权月摊销额 $=\frac{240\ 000}{8\times 12}=2\ 500$（元）

借：管理费用——无形资产摊销 10 500

贷：累计摊销——M 项非专利技术摊销 8 000

——N 项专利权摊销 2 500

（3）取得转让专利权价款时：

借：银行存款 212 000

累计摊销——N 项专利权摊销 60 000

贷：无形资产 240 000

应交税费——应交增值税（销项税额） 12 000

资产处置损益 20 000

2.

（1）2018 年发生的研发支出：

借：研发支出——费用化支出 45 000 000

贷：银行存款等 45 000 000

（2）2018 年 12 月 31 日，发生的研发支出全部属于研究阶段的支出：

借：研发费用 45 000 000

贷：研发支出——费用化支出 45 000 000

（3）2019 年，发生开发支出并满足资本化确认条件：

借：研发支出——资本化支出 500 000

贷：银行存款等 500 000

（4）2015 年 7 月 31 日，该技术研发完成并形成无形资产：

借：无形资产 500 000

贷：研发支出——资本化支出 500 000

3.

（1）借：无形资产 1 200 000

贷：银行存款 1 200 000

（2）借：管理费用——无形资产摊销 10 000

贷：累计摊销　　10 000

（3）借：银行存款　　954 000

累计摊销——N 项专利权摊销　　360 000

贷：无形资产　　1 200 000

应交税费——应交增值税　　54 000

资产处置损益　　60 000

4.

（1）2016 年 1 月 1 日，购入无形资产

借：无形资产　　2 400 000

应交税费——应交增值税（进项税额）　144 000

贷：银行存款　　2 544 000

（2）2016 年每月无形资产摊销额为：25 000 元（2 400 000 ÷ 8 ÷ 12）

借：管理费用——无形资产摊销　　25 000

贷：累计摊销　　25 000

2017 年、2018 年无形资产摊销同 2016 年。

（3）2018 年计提减值准备为：300 000 元（2 400 000 − 300 000 − 300 000 − 300 000 − 1 200 000）

借：资产减值损失——计提的无形资产减值准备

300 000

贷：无形资产减值准备　　300 000

（4）2019 年每月无形资产摊销额为：20 000 元（1 200 000 ÷ 5 ÷ 12）

借：管理费用——无形资产摊销　　20 000

贷：累计摊销　　20 000

5.

2018 年 12 月 31 日以前的 300 万元（200 + 100）支出计入管理费用，2018 年 12 月 31 日以后支出资本化金额为 400 万元。

编制会计分录如下（单位：万元）：

（1）2018 年 12 月 31 日以前的支出：

借：研发支出 300

　　贷：银行存款等 300

（2）2018 年 12 月 31 日：

借：管理费用 300

　　贷：研发支出 300

（3）2019 年 1 ~6 月支出：

借：研发支出 400

　　贷：银行存款等 400

（4）2019 年 6 月 30 日：

借：无形资产——非专利技术 400

　　贷：研发支出 400

6.

（1）计算甲公司 2018 年转让净收益 =5 400 -（4 000/10 ×9）=5 400 -3 600 =1 800（万元）。

（2）计算乙公司计提的减值准备：

2018 年年末乙公司该项无形资产账面价值 =5 400 -5 400/9 ×3/12 =5 250（万元），可收回金额 =5 300 万元，不需要计提减值准备；

2019 年年末乙公司该项无形资产账面价值 =5 250 -5 400/9 ×1 =4 650（万元），可收回金额 =3 100 万元，应计提减值准备 =4 650 -3 100 =1 550（万元）。

第九章　非货币性资产交换

（一）单项选择题

1. A　2. D　3. B　4. B　5. A　6. A　7. D

（二）多项选择题

1. ABC　2. ABD　3. AD　4. ABC　5. AD　6. ABCD

（三）判断题

1. √　2. √　3. ×　4. ×

（四）作业题

1.

（1）甲公司的账务处理如下：

借：原材料　1 000 000
　　应交税费——应交增值税（进项税额）　130 000
　　贷：固定资产清理　1 000 000
　　　　应交税费——应交增值税（销项税额）　130 000

借：固定资产清理　1 100 000
　　累计折旧　700 000
　　固定资产减值准备　100 000
　　贷：固定资产　1 900 000

借：固定资产清理　10 000
　　贷：银行存款　10 000

借：资产处置损益　110 000
　　贷：固定资产清理　110 000

（2）乙公司的账务处理如下：

借：固定资产　1 000 000
　　应交税费——应交增值税（进项税额）　130 000
　　贷：主营业务收入　1 000 000
　　　　应交税费——应交增值税（销项税额）　130 000

借：主营业务成本　900 000
　　贷：库存商品　900 000

2. 甲公司的账务处理如下：

借：固定资产 6 000 000
　　应交税费——应交增值税（进项税额） 780 000
　　长期股权投资减值准备 300 000
　　贷：长期股权投资 6 400 000
　　　　投资收益 680 000

乙公司的账务处理如下：

借：固定资产清理 6 100 000
　　累计折旧 2 100 000
　　固定资产减值准备 200 000
　　贷：固定资产 8 400 000
借：固定资产清理 780 000
　　贷：应交税费——应交增值税（销项税额） 780 000
借：长期股权投资 6 000 000
　　资产处置损益 880 000
　　贷：固定资产清理 6 880 000

3. 该项资产交换涉及补价 18 万元。

对甲公司而言，收到的补价 18 万元/换出资产价值 120 万元 = 15% <25%。因此，该项交换属于非货币性资产交换。

对乙公司而言，支付的补价 18 万元/（换出资产价值 90 万元 + 支付的补价 18 万元） = 16. 7% <25%。因此，该项交换属于非货币性资产交换。

甲公司的财务处理如下：

借：固定资产清理 1 200 000
　　累计折旧 3 300 000
　　贷：固定资产——专有设备 4 500 000
借：长期股权投资 1 020 000
　　银行存款 180 000
　　贷：固定资产清理 1 200 000

乙公司的账务处理如下：

借：固定资产——专有设备　　1 080 000

　　贷：长期股权投资　　900 000

　　　　银行存款　　180 000

第十章　流动负债

（一）单项选择题

1. A　2. C　3. D　4. A　5. C　6. A
7. B　8. B　9. B　10. B　11. C　12. B
13. B　14. C　15. A　16. C　17. C　18. B
19. B　20. B　21. B　22. D　23. A　24. D
25. A　26. B　27. C　28. B　29. C

（二）多项选择题

1. AB　2. ABCD　3. ABD　4. AC　5. ABCD
6. ACD　7. CD　8. CD　9. ABCD　10. ACD
11. ABC　12. ABD

（三）判断题

1. √　2. ×　3. √　4. ×　5. ×　6. √
7. √　8. √　9. √　10. ×　11. ×

（四）作业题

1.

（1）甲企业 5 月份增值税的销项税额为 85 万元。

（2）甲企业 5 月份应缴纳的增值税为 64.6（－3.4－17＋85）万元。

（3）甲企业5月份销售产品的会计分录：

借：应收账款 5 850 000

贷：主营业务收入 5 000 000

应交税费——应交增值税（销项税额） 850 000

2.

（1）应计入生产成本的职工薪酬金额 = 500 + 500 ×（10% + 12% + 2% + 10.5% + 2% + 1.5%）= 690（万元）

（2）应计入制造费用的职工薪酬金额 = 100 + 100 ×（10% + 12% + 2% + 10.5% + 2% + 1.5%）= 138（万元）

（3）应计入管理费用的职工薪酬金额 = 180 + 180 ×（10% + 12% + 2% + 10.5% + 2% + 1.5%）= 248.4（万元）

（4）应计入销售费用的职工薪酬金额 = 50 + 50 ×（10% + 12% + 2% + 10.5% + 2% + 1.5%）= 69（万元）

（5）应计入在建工程成本的职工薪酬金额 = 110 + 110 ×（10% + 12% + 2% + 10.5% + 2% + 1.5%）= 151.8（万元）

（6）应计入无形资产的职工薪酬金额 = 60 + 60 ×（10% + 12% + 2% + 10.5% + 2% + 1.5%）= 82.8（万元）

（7）分配工资等职工薪酬时的会计分录：

借：生产成本 6 900 000

制造费用 1 380 000

管理费用 2 484 000

销售费用 690 000

在建工程 1 518 000

研发支出——资本化支出 828 000

贷：应付职工薪酬——工资 10 000 000

——社会福利费 2 400 000

——住房公积金 1 050 000

——工会经费 200 000

——职工教育经费 150 000

3.

彩电的售价总额 = 14 000 × 170 + 14 000 × 30

= 2 800 000（元）

彩电的增值税销项税额 = 170 × 14 000 × 17% + 30 × 14 000 × 17% = 476 000（元）

借：生产成本 2 784 600

管理费用 491 400

贷：应付职工薪酬——非货币性福利 3 276 000

借：应付职工薪酬——非货币性福利 3 276 000

贷：主营业务收入 2 800 000

应交税费——应交增值税（销项税额） 476 000

借：主营业务成本 2 000 000

贷：库存商品 2 000 000

电暖气的售价总额 = 170 × 1 000 + 30 × 1 000 = 200 000（元）

电暖气的进项税额 = 170 × 1 000 × 17% + 30 × 1 000 × 17%

= 34 000（元）

借：生产成本 198 900

管理费用 35 100

贷：应付职工薪酬——非货币性福利 234 000

借：应付职工薪酬——非货币性福利 234 000

贷：银行存款 234 000

4.

借：管理费用 60 000

贷：应付职工薪酬 60 000

借：应付职工薪酬 60 000

贷：累计折旧 20 000

其他应付款 40 000

5.

（1）借：原材料 8 000 000

应交税费——应交增值税（进项税额）

1 360 000

贷：银行存款 9 360 000

销项税额 =2 000 ×17% =340（万元）

借：应收账款 23 400 000

贷：主营业务收入 20 000 000

应交税费——应交增值税（销项税额）

3 400 000

（2）进项税额 =500 ×13% =65（万元）

借：原材料 4 350 000

应交税费——应交增值税（进项税额） 650 000

贷：银行存款 5 000 000

（3）进项税额 =100 ×13% =13（万元）

借：原材料 870 000

应交税费——应交增值税（进项税额） 130 000

贷：银行存款 1 000 000

（4）借：原材料 200 000

应交税费——应交增值税（进项税额）

34 000

贷：实收资本 234 000

（5）借：固定资产 2 000 000

应交税费——应交增值税（进项税额）

340 000

贷：银行存款 2 340 000

（6）材料入库：

借：原材料 2 000 000

应交税费——应交增值税（进项税额） 340 000

贷：银行存款 2 340 000

工程领用材料：

借：在建工程　　1 170 000
　　贷：原材料　　1 000 000
　　　　应交税费——应交增值税（进项税额转出）
　　　　　　170 000

(7) 捐赠货物应交增值税 = 50 × 17% = 8.5（万元）

借：营业外支出　　585 000
　　贷：主营业务收入　　500 000
　　　　应交税费——应交增值税（销项税额）　85 000
借：主营业务成本　　400 000
　　贷：库存商品　　400 000

(8) 计算销项税额 = 250 × 17% = 42.50（万元）

借：应付利润　　2 425 000
　　贷：主营业务收入　　2 000 000
　　　　应交税费——应交增值税（销项税额）　425 000
借：利润分配——应付利润　　2 425 000
　　贷：应付利润　　2 425 000
借：主营业务成本　　2 000 000
　　贷：库存商品　　2 000 000

6.

应向购买方收取的增值税额 = 1 000 000 × 17% = 170 000（元）

应缴纳的消费税 = 1 000 000 × 10% = 100 000（元）

借：材料采购　　1 000 000
　　应交税费——应交增值税（进项税额）　170 000
　　贷：主营业务收入　　1 000 000
　　　　应交税费——应交增值税（销项税额）　170 000
借：原材料　　1 050 000
　　贷：材料采购　　1 000 000
　　　　材料成本差异　　50 000
借：税金及附加——应交消费税　　100 000

贷：应交税费——应交消费税 100 000

借：主营业务成本 700 000

贷：库存商品 700 000

7.

（1）购进货物时：

借：原材料 585 000

贷：应付票据 5 850 000

（2）销售货物时：

不含税价格 = 103 ÷（1 + 3%）= 100（万元）

应交增值税 = 100 × 3% = 3（万元）

借：应收账款 1 030 000

贷：主营业务收入 1 000 000

应交税费——应交增值税 30 000

（3）上交本月应纳增值税 30 000 元时：

借：应交税费——应交增值税 30 000

贷：银行存款 30 000

8.

（1）丙企业：

债务重组损失 = 234 000 − 204 000 − 20 000 = 10 000（元）

借：银行存款 204 000

营业外支出 10 000

坏账准备 20 000

贷：应收账款 234 000

（2）丁企业：

债务重组利得 = 234 000 − 204 000 = 30 000（元）

借：应付账款 234 000

贷：银行存款 204 000

营业外收入 30 000

9.

（1）4 月份：

借：银行存款　　5 000 000

　　贷：短期借款　　5 000 000

借：财务费用　　37 500

　　贷：应付利息　　37 500

（2）5 月份：

借：财务费用　　37 500

　　贷：应付利息　　37 500

（3）6 月份：

借：短期借款　　5 000 000

　　应付利息　　75 000

　　财务费用　　37 500

　　贷：银行存款　　5 112 500

10.

（1）借：库存现金　　55 000

　　贷：银行存款　　55 000

（2）借：生产成本　　30 000

　　制造费用　　8 000

　　管理费用　　6 000

　　在建工程　　4 000

　　贷：应付职工薪酬——工资　　48 000

（3）借：应付职工薪酬——工资　　48 000

　　贷：库存现金　　48 000

11.（1）

① 借：原材料　　3 000 000

　　应交税费——应交增值税（进项税额）

　　510 000

　　贷：应付票据　　3 510 000

② 借：原材料 (500 000 - 65 000) 435 000
应交税费——应交增值税（进项税额）
(500 000 × 13%) 65 000
贷：银行存款 500 000
③ 借：银行存款 5 850 000
贷：主营业务收入 5 000 000
应交税费——应交增值税（销项税额）
850 000
④ 借：原材料 50 000
应交税费——应交增值税（进项税额） 8 500
贷：银行存款 58 500
⑤ 借：在建工程 50 000
贷：原材料 50 000
⑥ 借：待处理财产损溢 29 250
贷：原材料 25 000
应交税费——应交增值税（进项税额转出）
4 250

（2）本月应交增值税额 = 850 000 + 4 250 - 583 500 = 270 750（元）

12.

（1）借：材料采购（在途物资） 68 376
应交税费——应交增值税（进项税额）
11 624
贷：应付票据 80 000
借：财务费用 80
贷：银行存款 80

（2）借：原材料 (3 000 + 500) 3 500
应交税费——应交增值税（进项税额）
(3 000 × 17% + 500 × 11%) 565
贷：应付账款 4 065

（3）借：银行存款　　500 000
　　贷：短期借款　　500 000
（4）借：应付票据　　30 000
　　财务费用　　300
　　贷：银行存款　　30 300
（5）借：固定资产　　6 154
　　应交税费——应交增值税（进项税额）
　　1 046
　　贷：银行存款　　1 200
　　　应付票据　　6 000
（6）借：银行存款　　9 850
　　财务费用　　150
　　贷：应收票据　　10 000
（7）借：银行存款　　100 000
　　贷：预收账款　　100 000
（8）借：生产成本　　120 000
　　制造费用　　40 000
　　管理费用　　20 000
　　贷：应付职工薪酬——工资　　180 000
（9）借：应付利息　　2 200
　　财务费用　　1 200
　　贷：银行存款　　3 400
（10）借：应收账款　　500 000
　　贷：主营业务收入　　427 350
　　　应交税费——应交增值税（销项税额）
　　72 650

13.（用于连续生产）

（1）发出委托加工材料：

借：委托加工物资　　28 000

贷：原材料 28 000

（2）支付加工费用：

28 000 + 10 000 + 5% X = X

消费税组成计税价格 X =（28 000 + 10 000）/（1 − 5%）

=40 000（元）

（受托方）代收代缴的消费税 = 40 000 × 5% = 2 000（元）

应纳增值税 = 10 000 × 17% = 1 700（元）

借：委托加工物资 10 000

应交税费——应交增值税（进项税额） 1 700

——应交消费税 2 000

贷：应付账款 13 700

（3）加工完成收回委托加工材料：

借：原材料 38 000

贷：委托加工物资 38 000

第十一章 非流动负债

（一）单项选择题

1. D 2. D 3. B 4. B 5. C 6. B 7. D
8. A 9. A 10. B 11. D 12. C 13. A 14. A
15. C 16. A 17. A 18. B 19. C 20. B 21. B
22. B 23. C 24. C 25. C 26. C 27. C 28. B
29. B 30. A 31. D 32. D

（二）多项选择题

1. ABC 2. ACD 3. ABC 4. BCD 5. CD
6. BCD 7. BCD 8. AB 9. ABCD 10. ABCD

11. AC　12. ABCD　13. BD　14. ACD　15. AC

（三）判断题

1. ×　2. √　3. ×　4. √　5. √　6. √　7. √
8. ×　9. ×　10. √

（四）作业题

1.

（1）1月1日发行债券时：

借：银行存款　630 453.9
　贷：应付债券——面值　600 000
　　　　——利息调整　30 453.9

利息费用一览　单位：元

付息时间	利息费用 ①＝④×10%÷2	支付利息 ②＝债券面值×12%÷2	摊销的利息调整 ③＝①－②	应付债券摊余成本 ④
2018年1月1日				630 453.90
2018年6月30日	31 522.70	36 000	－4 477.30	625 976.60
2018年12月31日	31 298.83	36 000	－4 701.17	621 275.43
2019年6月30日	31 063.77	36 000	－4 936.23	616 339.20
2019年12月31日	30 816.96	36 000	－5 183.04	611 156.16
2020年6月30日	30 557.81	36 000	－5 442.19	605 713.96
2020年12月31日	30 286.04	36 000	－5 713.96	600 000.00

（2）2018年6月底计息时：

实际付出现金＝600 000×12%×6/12＝36 000（元）

实际利息费用＝630 453.9×10%×6/12＝31 522.695（元）

借：财务费用等　　31 522.695
　　应付债券——利息调整　　4 477.305
　　贷：应付利息　　36 000

（3）2018 年 7 月 1 日付息时：

借：应付利息　　36 000
　　贷：银行存款　　36 000

（4）2018 年 12 月底计息时：

摊余成本 = 630 453.9 + 31 522.695 − 36 000
　　　　 = 625 976.595（元）

实际利息费用 = 625 976.595 × 10% × 6/12 = 31 298.83（元）

实际支付现金 = 36 000（元）

借：财务费用等　　31 298.83
　　应付债券——利息调整　　4 701.17
　　贷：应付利息　　36 000

（5）2019 年 1 月 1 日付息时：

借：应付利息　　36 000
　　贷：银行存款　　36 000

（6）2019 年 6 月 30 日计算利息费用时：

借：财务费用等　　31 063.77
　　应付债券——利息调整　　4 936.23
　　贷：应付利息　　36 000

（7）2019 年 12 月 31 日计算利息费用时：

借：财务费用等　　30 816.96
　　应付债券——利息调整　　5 183.04
　　贷：应付利息　　36 000

（8）2020 年 6 月 30 日计算利息费用时：

借：财务费用等　　30 557.81
　　应付债券——利息调整　　5 442.19
　　贷：应付利息　　36 000

(9) 2020 年 12 月 31 日归还本金和最后一期利息费用时：

借：财务费用等　　30 286.04

　　应付债券——利息调整　　5 713.96

　　　　　　——面值　　600 000

　　贷：银行存款　　636 000

2.

(1) 第一季度。

发生产品质量保证费用（维修费）：

借：预计负债——产品质量保证　　40 000

　　贷：银行存款或原材料等　　40 000

第一季度末应确认的产品质量保证负债金额为：

200×100 000×1.25% =250 000（元）

借：销售费用——产品质量保证　　250 000

　　贷：预计负债——产品质量保证　　250 000

第一季度末，“预计负债——产品质量保证”科目余额为 410 000 元。

(2) 第二季度。

发生产品质量保证费用（维修费）：

借：预计负债——产品质量保证　　300 000

　　贷：银行存款或原材料等　　300 000

第二季度末应确认的产品质量保证负债金额为：

300×100 000×1.25% =375 000（元）

借：销售费用——产品质量保证　　375 000

　　贷：预计负债——产品质量保证　　375 000

第二季度末，“预计负债——产品质量保证”科目余额为 485 000 元。

(3) 第三季度。

发生产品质量保证费用（维修费）：

借：预计负债——产品质量保证　　250 000

贷：银行存款或原材料等 250 000

第三季度末应确认的产品质量保证负债金额为：

400×100 000×1.25% =500 000（元）

借：销售费用——产品质量保证 500 000

贷：预计负债——产品质量保证 500 000

第三季度末，“预计负债——产品质量保证”科目余额为735 000 元。

（4）第四季度。

发生产品质量保证费用（维修费）：

借：预计负债——产品质量保证 400 000

贷：银行存款或原材料等 400 000

第四季度末应确认的产品质量保证负债金额为：

350×100 000×1.25% =437 500（元）

借：销售费用——产品质量保证 437 500

贷：预计负债——产品质量保证 437 500

第四季度末，“预计负债——产品质量保证”科目余额为772 500 元。

3.

（1）该公司2018 年12 月31 日应计专门借款利息的资本化金额 =1 000×5% +500×8% ×9/12 =80（万元）

（2）该公司2018 年累计资产支出超过专门借款部分的资产支出加权平均数 =（1 520 －1 500）×3/12 +160 ×2/12 +140 ×1/12 =5 +26.67 +11.67 =43.34（万元）

（3）该公司2018 年一般借款资本化率为4%。

（4）该公司2018 年一般借款应予资本化的利息金额 =43.34 ×4% =1.74（万元）。

4.

（1）可转换公司债券负债成分的公允价值

=200 000 000 ×0.6499 +200 000 000 ×6% ×3.8897

=176 656 400（元）

可转换公司债券权益成分的公允价值

=200 000 000 - 176 656 400 =23 343 600（元）

（2）2017 年 1 月 1 日发行可转换公司债券时的会计分录：

借：银行存款　　200 000 000

　　应付债券——可转换公司债券（利息调整）

　　　　23 343 600

　　贷：应付债券——可转换公司债券（面值）

　　　　200 000 000

　　　　其他权益工具　　23 343 600

（3）2017 年 12 月 31 日确认利息费用的会计分录：

借：财务费用等　　15 899 076

　　贷：应付债券——可转换公司债券（利息调整）

　　　　3 899 076

　　　　应付债券——可转换公司债券（应计利息）

　　　　12 000 000

（4）2018 年 1 月 1 日债券持有人行使转换权时：

转换的股数为：

（176 656 400 +12 000 000 +3 899 076）/10 =19 255 547.6（股）

不足 1 股的部分支付现金 0.6 元。

借：应付债券——可转换公司债券（面值）

　　200 000 000

　　应付债券——可转换公司债券（应计利息）

　　12 000 000

　　其他权益工具　　23 343 600

　　贷：股本　　19 255 547

　　　　资本公积——股本溢价　　196 643 528.4

　　　　应付债券——可转换公司债券（利息调整）

　　　　19 444 524

库存现金 0.6

5.

（1）2017年1月1日，取得借款时：

借：银行存款 1 000 000

贷：长期借款 1 000 000

（2）2017年年初，支付工程款时：

借：在建工程 600 000

贷：银行存款 600 000

（3）2017年12月31日，计算2017年应计入工程成本的利息时：

借款利息 = 1 000 000 × 9% = 90 000（元）

借：在建工程 90 000

贷：应付利息 90 000

（4）2017年12月31日支付借款利息时：

借：应付利息 90 000

贷：银行存款 90 000

（5）2018年年初支付工程款时：

借：在建工程 400 000

贷：银行存款 400 000

（6）2018年8月底，达到预定可使用状态，该期应计入工程成本的利息 =（1 000 000 × 9% ÷ 12）× 8 = 60 000（元）

借：在建工程 60 000

贷：应付利息 60 000

借：固定资产 1 150 000

贷：在建工程 1 150 000

（7）2018年12月31日，计算2018年9～12月应计入财务费用的利息：

（1 000 000 × 9% ÷ 12）× 3 = 30 000（元）

借：财务费用 30 000

贷：应付利息　　30 000

（8）2018 年 12 月 31 日支付利息时：

借：应付利息　　90 000

贷：银行存款　　90 000

（9）2019 年 1 月 1 日到期还本时：

借：长期借款　　1 000 000

贷：银行存款　　1 000 000

6.

（1）借：营业外支出　　（10×50）500

贷：预计负债　　500

完工交付使用：

借：预计负债　　500

贷：库存商品　　500

（2）属于亏损合同：亏损 2 000 元和违约金 3 000 元，选择较低者，确认预计负债。

借：营业外支出　　2 000

贷：预计负债　　2 000

购入商品后：

借：预计负债　　2 000

贷：库存商品　　2 000

（3）属于亏损合同：亏损 2 000 元和违约金 1 000 元，选择较低者，确认预计负债。

借：营业外支出　　1 000

贷：预计负债　　1 000

支付违约金时：

借：预计负债　　1 000

贷：银行存款　　1 000

第十二章 所有者权益

（一）单项选择题

1. B 2. D 3. D 4. B 5. B 6. B 7. B
8. A 9. C 10. D

（二）多项选择题

1. BC 2. ABCD 3. ACD 4. AB 5. ABCD
6. BC 7. ABC

（三）判断题

1. × 2. √ 3. √ 4. × 5. √ 6. √
7. × 8. √ 9. √ 10. ×

（四）作业题

1.

2017 年 1 月 1 日发行可转换公司债券：

借：银行存款 200 000 000

应付债券——可转换公司债券（利息调整） 23 343 600

贷：应付债券——可转换公司债券（面值） 200 000 000

其他权益工具 23 343 600

可转换公司债券负债成分的公允价值为：

200 000 000 ×0. 6499 +200 000 000 ×6% ×3. 8897

=176 656 400（元）

2017 年 12 月 31 日确认利息费用：

借：财务费用等 15 899 076

贷：应付债券——可转换公司债券（应计利息） 12 000 000

——可转换公司债券（利息调整） 3 899 076

2018 年 1 月 1 日债券持有人行使转换权：

（176 656 400 + 12 000 000 + 3 899 076）÷ 10 = 19 255 547.6（股）

不足 1 股的部分支付现金 0.6 元。

借：应付债券——可转换公司债券（面值） 200 000 000

——可转换公司债券（应计利息） 12 000 000

其他权益工具 23 343 600

贷：股本 19 255 547

应付债券——可转换公司债券（利息调整） 19 444 524

资本公积——股本溢价 196 643 528.4

库存现金 0.6

2.（1）

① 回购：

借：库存股 2 400

贷：银行存款 2 400

② 注销：

借：股本 3 000

贷：库存股 2 400

资本公积——股本溢价 600

（2）

① 回购：

借：库存股	6 000	
贷：银行存款		6 000

② 注销：

借：股本	3 000	
资本公积——股本溢价	3 000	
贷：库存股		6 000

（3）

① 回购：

借：库存股	9 000	
贷：银行存款		9 000

② 注销：

借：股本	3 000	
资本公积——股本溢价	5 000	
盈余公积	1 000	
贷：库存股		9 000

3.

（1）2017 年度终了时，企业结转本年实现的净利润：

借：本年利润	50 000 000	
贷：利润分配——未分配利润		50 000 000

（2）提取法定盈余公积和任意盈余公积：

借：利润分配——提取法定盈余公积	5 000 000	
——提取任意盈余公积	2 500 000	
贷：盈余公积——法定盈余公积		5 000 000
——任意盈余公积		2 500 000

（3）结转“利润分配”的明细科目：

借：利润分配——未分配利润	7 500 000	
贷：利润分配——提取法定盈余公积		5 000 000

——提取任意盈余公积　　2 500 000

（4）批准发放现金股利：

100 000 000 ×0.2 =20 000 000（元）

借：利润分配——应付现金股利　　20 000 000

　　贷：应付股利　　20 000 000

2018 年 3 月 15 日，实际发放现金股利：

借：应付股利　　20 000 000

　　贷：银行存款　　20 000 000

（5）2018 年 3 月 15 日，发放股票股利：

100 000 000 ×1 ×30% =30 000 000（元）

借：利润分配——转作股本的股利　　20 000 000

　　贷：股本　　20 000 000

4.

公司收到受托发行单位交来的现金 =2 000 000 ×1.2 ×（1 −3%）

=2 328 000（元）

借：银行存款　　2 328 000

　　贷：股本　　2 000 000

　　　　资本公积——股本溢价　　328 000

5.

借：银行存款　　800 000

　　原材料　　550 000

　　固定资产　　9 000 000

　　无形资产　　400 000

　　贷：实收资本——甲　　800 000

　　　　——乙　　550 000

　　　　——丙　　9 000 000

　　　　——丁　　400 000

6.

借：银行存款　　2 182 500

贷：实收资本　　1 500 000

　　资本公积　　682 500

7.

（1）2018 年 1 月 1 日发行可转换公司债券：

借：银行存款　　1 050 000

　　应付债券——可转换公司债券（利息调整）

　　119 350

　　贷：应付债券——可转换公司债券（面值）

　　1 000 000

　　　　其他权益工具　　169 350

可转换公司债券负债成分的公允价值为：

$1\ 000\ 000 \times 0.681 + 1\ 000\ 000 \times 5\% \times 3.993 = 880\ 650$（元）

（2）第 5 年末债券持有人行使转换权：

$10\ 000 \times 10 = 100\ 000$（股）

借：应付债券——可转换公司债券（面值）

　　1 000 000

　　其他权益工具　　169 350

　　贷：股本　　100 000

　　　　资本公积——股本溢价　　1 069 350

8.

借：利润分配——提取法定盈余公积　　300 000

　　贷：盈余公积　　300 000

借：利润分配——应付股利　　1 000 000

　　贷：应付股利　　1 000 000

借：利润分配——转作股本的股利　　1 200 000

　　贷：股本　　1 200 000

借：利润分配——未分配利润　　2 500 000

　　贷：利润分配——提取法定盈余公积　　300 000

　　　　　　　　——应付股利　　1 000 000

——转作股本的股利　　1 200 000

9.

借：盈余公积——法定盈余公积　　200 000

——任意盈余公积　　300 000

贷：利润分配——盈余公积补亏　　500 000

借：盈余公积——法定盈余公积　　700 000

贷：实收资本　　700 000

10.

2012 年，结转亏损：

借：利润分配——未分配利润　　800 000

贷：本年利润　　800 000

结转亏损后，未分配利润余额为借方（亏损）600 000 元。

2013 ~ 2017 年，每年进行利润结转：

借：本年利润　　100 000

贷：利润分配——未分配利润　　100 000

2013 ~ 2017 年是税法允许税前利润补亏期间，所以无须缴纳所得税，全部利润直接结转。2014 年年底，未分配利润余额为借方（亏损）100 000 元。

2018 年，应缴纳所得税：

借：所得税费用　　100 000

贷：应交税费——应交所得税　　100 000

缴纳所得税后，结转本年利润：

借：本年利润　　300 000

贷：利润分配——未分配利润　　300 000

本年转入 300 000 元利润中，弥补以前年度亏损 100 000 元，剩余 200 000 元，可以计提盈余公积，200 000 × 10% = 20 000（元）。

借：利润分配——提取法定盈余公积　　20 000

贷：盈余公积——法定盈余公积　　20 000

第十三章 收 入

（一）单项选择题

1. B 2. B 3. B 4. C 5. B 6. D 7. D
8. C 9. D 10. A 11. C 12. D 13. D 14. B
15. A 16. A 17. A 18. D 19. A 20. B

（二）多项选择题

1. CD 2. ABD 3. ABCD 4. BCD 5. ABC
6. AB 7. ABC 8. CD 9. AC 10. BD
11. BCD 12. ABC

（三）判断题

1. √ 2. √ 3. × 4. × 5. × 6. √ 7. ×
8. √ 9. √ 10. √ 11. × 12. √ 13. √ 14. √
15. √

（四）作业题

1.

（1）2019 年 10 月 1 日发出 A 产品时：

借：应收账款	565 000	
贷：主营业务收入		400 000
预计负债——应付退货款		100 000
应交税费——应交增值税（销项税额）		65 000
借：主营业务成本	320 000	
应收退货成本	80 000	

　　贷：库存商品　　　　　　　　　　　　　　400 000

(2) 2019 年 12 月 1 日前收到货款时：

借：银行存款　　　　　　　　　　　　565 000

　　贷：应收账款　　　　　　　　　　　　　　565 000

(3) 2019 年 12 月 31 日，甲公司对退货率重新评估时：

借：预计负债——应付退货款　　　　　　50 000

　　贷：主营业务收入　　　　　　　　　　　　50 000

同时：

借：主营业务成本　　　　　　　　　　40 000

　　贷：应收退货成本　　　　　　　　　　　　40 000

(4) 2020 年 3 月 31 日收到退回 A 产品并支付退款时：

收到退回 A 产品时：

借：库存商品　　　　　　　　　　　　60 000

　　贷：应收退货成本　　　　　　　　　　　　40 000

　　　　主营业务成本　　　　　　　　　　　　20 000

支付退货款时：

借：预计负债——应付退货款　　　　　　50 000

　　应交税费——应交增值税（销项税额）　9 750

　　主营业务收入　　　　　　　　　　　25 000

　　贷：银行存款　　　　　　　　　　　　　　84 750

2.

(1) 2019 年 10 月 1 日发出 A 产品时：

借：应收账款　　　　　　　　　　　　565 000

　　贷：主营业务收入　　　　　　　　　　　　410 000

　　　　预计负债——应付退货款　　　　　　　90 000

　　　　应交税费——应交增值税（销项税额）　65 000

借：主营业务成本　　　　　　　　　　326 000

　　应收退货成本　　　　　　　　　　74 000

　　贷：库存商品　　　　　　　　　　　　　　400 000

（2）2019 年 12 月 1 日前收到货款时：

借：银行存款　　565 000

　　贷：应收账款　　565 000

（3）2019 年 12 月 31 日，甲公司对退货率重新评估时：

借：预计负债——应付退货款　　45 000

　　贷：主营业务收入　　45 000

同时：

借：主营业务成本　　37 000

　　贷：应收退货成本　　37 000

（4）2020 年 3 月 31 日收到退回 A 产品并支付退款时：

收到退回 A 产品时：

借：库存商品　　60 000

　　贷：应收退货成本　　37 000

　　　　主营业务成本　　17 000

　　　　银行存款　　6 000

支付退货款时：

借：预计负债——应付退货款　　45 000

　　应交税费——应交增值税（销项税额）　　9 750

　　主营业务收入　　22 500

　　贷：银行存款　　77 250

3.

本题中，乙公司授予客户的积分为客户提供了一项重大权利，应当作为单项履约义务。考虑积分的兑换率，积分的单独售价为 90 000［100 000 × 90%］元。乙公司应按商品和积分单独售价的相对比例对交易价格进行分摊：

商品应分摊：5 000 000 ÷（5 000 000 + 90 000）× 5 000 000 = 4 911 591(元)

积分应分摊：90 000 ÷（5 000 000 + 90 000）× 5 000 000 = 88 409（元）

2019 年 7 月 31 日，乙公司将商品的控制权转移给客户时：

借：银行存款 5 000 000

贷：主营业务收入 4 911 591

合同负债 88 409

2019 年 12 月 31 日，乙公司根据客户兑换的积分数及重估的兑换率确认收入 55 837［60 000 ÷（100 000 ×95%）×88 409］元，未兑换的积分仍然作为合同负债。乙公司应进行如下账务处理：

借：合同负债 55 837

贷：主营业务收入 55 837

4.

（1）2019 年年初发货时：

借：长期应收款 8 000

贷：主营业务收入 6 625

未实现融资收益 1 375

同时：

借：主营业务成本 5 800

贷：库存商品 5 800

（2）丙公司每年应摊销的未实现融资收益计算见下表。

未实现融资收益摊销计算 单位：万元

年度	年初摊余成本	应分摊的融资收益	按合同收款额	年末摊余成本
2019	6 625	530	2 000	5 155
2020	5 155	412	2 000	3 567
2021	3 567	285	2 000	1 852
2022	1 852	148	2 000	0
合计	—	1 375	8 000	—

（3）根据上表计算结果，丙公司对每年分摊融资收益、收取合同价款进行如下处理：

第 1 年末摊销未实现融资收益时：

借：未实现融资收益　　530

　　贷：财务费用　　530

收取合同价款时：

借：银行存款　　2 000

　　贷：长期应收款　　2 000

第 2 ~4 年摊销未实现融资收益及收取合同价款的账务处理略。

5.

本题中，客户付款日与相关设备控制权转移日之间的时间间隔以及客户付款金额与控制权转移日商品市场价格之间的差额，表明该合同包含重大融资成分。甲公司在确定合同交易价格时，应当剔除合同中包含的重大融资成分的影响，即以相关设备在控制权转移日的现销价格作为交易价格。

甲公司的账务处理如下（金额单位为万元）：

（1）2019 年 1 月 1 日：

借：长期应收款　　8 000

　　未确认融资费用　　1 012

　　贷：合同负债　　9 012

（2）以后各年未确认融资费用分摊如下表所示。

未确认融资费用摊销计算　　单位：万元

年度	年初摊余成本	应确认的融资费用	各年收款额	年末摊余成本
2019	—	—	2 000	2 000
2020	2 000	160	2 000	4 160
2021	4 160	333	2 000	6 493
2022	6 493	519	2 000	9 012
合计	—	1 012	8 000	—

（3）甲公司应当根据表 13 －2 计算结果及合同约定，进行如

下处理：

2019 年年末：

分摊未确认融资费用时：

借：财务费用 0

贷：未确认融资费用 0

按合同约定收款时：

借：银行存款 2 000

贷：长期应收款 2 000

2020 年、2021 年的账务处理略。

2022 年年末：

分摊未确认融资费用时：

借：财务费用 519

贷：未确认融资费用 519

按合同约定收款时：

借：银行存款 2 000

贷：长期应收款 2 000

确认收入时：

借：合同负债 9 012

贷：主营业务收入 9 012

结转成本时：

借：主营业务成本 7 800

贷：库存商品 7 800

6.

本题中，甲公司将 A 商品发送至丁公司后，丁公司虽然已经实物占有 A 商品，但是仅是接受甲公司的委托销售 A 商品，并根据实际销售的数量赚取一定比例的手续费。甲公司有权要求收回 A 商品或将其销售给其他的客户，丁公司并不能主导这些商品的销售，这些商品对外销售与否、是否获利以及获利多少等不由丁公司控制，丁公司没有取得这些商品的控制权。因此，该代销安排中甲公司的身份为主要责任人，丁公司的身份为代理人。甲公司将 A 商品发送至丁公司时，不应确认收入，而应当在丁公司将 A 商品销售给最终客户时确认收入。

根据上述资料，甲公司的账务处理如下：

发出商品时：

借：发出商品——丁公司　　1 500
　　贷：库存商品——A 商品　　1 500

收到代销清单、发生增值税纳税义务时：

借：应收账款——丁公司　　2 260
　　贷：主营业务收入——销售 A 商品　　2 000
　　　　应交税费——应交增值税（销项税额）　　260

结转销售成本时：

借：主营业务成本——A 商品　　1 500
　　贷：发出商品——丁公司　　1 500

计算销售费用及相应增值税时：

借：销售费用——代销手续费　　160
　　应交税费——应交增值税（进项税额）　　9.6
　　贷：应收账款——丁公司　　169 6

收到丁公司支付的货款时：

借：银行存款　　2 090.4
　　贷：应收账款——丁公司　　2 090.4

丁公司的账务处理如下：

收到代销商品时：

借：受托代销商品——甲公司　　2 000
　　贷：受托代销商品款——甲公司　　2 000

对外销售时：

借：银行存款　　2 260
　　贷：受托供销商品——甲公司　　2 000
　　　　应交税费——应交增值税（销售税额）　　260

收到增值税专用发票时：

借：受托代销商品款——甲公司　　2 000

　　应交税费——应交增值税（进项税额）　　260

　　贷：应付账款——甲公司　　2 260

确认代销手续费时：

借：应付账款　　169.6

　　贷：其他业务收入——代销手续费　　160

　　　　应交税费——应交增值税（销项税额）　　9.6

支付代销款时：

借：应付账款　　2 090.4

　　贷：银行存款　　2 090.4

7.

本题中，乙公司预期将有权获得的与客户未行使的合同权利相关的金额为200万元，该金额应当按照客户行使合同权利的模式按比例确认为收入。

因此，乙公司在2019年销售的储值卡应当确认的收入金额为：

$(1\ 900 + 1\ 900 \div 3\ 800 \times 200) \times 100 \div 113 = 1\ 769.91$（万元）

乙公司的账务处理如下（金额单位为万元）：

（1）销售储值卡时：

借：银行存款　　4 000

　　贷：合同负债$(4\ 000 \times 100 \div 113)$　　3 539.82

　　　　应交税费——待转销项税额$(4\ 000 \times 13 \div 113)$

　　　　　　460.18

（2）2019年末确认收入及应纳增值税时：

借：合同负债　　1 769.91

　　应交税费——待转销项税额（$1\ 900 \times 13 \div 113$）

　　　　218.58

　　贷：主营业务收入　　1 769.91

　　　　应交税费——应交增值税（销项税额）　　218.58

8.

本题中，根据合同约定，甲公司负有在两年后回购设备的义务，因此，乙公司并未取得该设备的控制权。假定不考虑货币时间价值，该交易的实质是乙公司支付了100（500－400）万元的对价取得了该设备两年的使用权。甲公司应当将该业务作为租赁进行会计处理。

2019年1月1日发出设备时：

借：银行存款　565

　　贷：合同负债　500

　　　　应交税费——应交增值税（销项税额）　65

同时：

借：发出商品　400

　　贷：库存商品　400

2019年确认租赁收入时：

借：合同负债　50

　　贷：其他业务收入　50

2020年确认租赁收入时：

借：合同负债　50

　　贷：其他业务收入　50

2021年1月1日购回设备时：

借：合同负债　400

　　应交税费——应交增值税（进项税额）　52

　　贷：银行存款　452

同时：

借：库存商品　400

　　贷：发出商品　400

9.

本题中，甲公司应当将该业务视为融资，将取得的合同价款500万元作为负债，将该负债金额与回购价格之间的差额在回购期间内按实际利率法摊销。本例中用插值法计算的实际利率为 10%，各年摊销的融资费用计算如下表所示。

融资费用摊销计算　　单位：万元

年度	年初摊余成本	应摊销融资费用	本期偿还金额	年末摊余成本
2019	500	50	—	550
2020	550	55	605	—
合计	—	105	—	—

根据上表计算结果，甲公司应作如下账务处理（金额单位为万元）：

2019 年 1 月 1 日发出设备时：

借：银行存款　565

　　未确认融资费用　105

　　贷：长期应付款　605

　　　　应交税费——应交增值税（销项税额）　65

同时：

借：发出商品　400

　　贷：库存商品　400

2019 年分摊融资费用时：

借：财务费用　50

　　贷：未确认融资费用　50

2020 年分摊融资费用时：

借：财务费用　55

　　贷：未确认融资费用　55

2021 年 1 月 1 日购回设备时：

借：长期应付款　605

　　应交税费——应交增值税（进项税额）　78.65

贷：银行存款　　683.65

同时：

借：库存商品　　400

　贷：发出商品　　400

10.

本题中，该合同仅包括一项履约义务，即授予乙公司专利使用权许可，除此之外并未向乙公司转让任何可明确区分的商品，因此，甲公司授予的该药品生产专利许可，属于在2年内履行的履约义务。甲公司收取的400万元专利使用费应当在2年内平均确认收入，按照乙公司相关商品销售额5%计算的提成应当在其销售发生时确认收入。

（1）2019年7月1日收取400万元专利使用费时：

借：银行存款　　400

　贷：合同负债　　400

（2）2019年末确认收入额为：

固定收入：　　100

提成收入（2 000×10%）　　200

收入合计　　300（万元）

年末的账务处理为：

借：合同负债　　100

　银行存款　　200

　贷：主营业务收入　　300

11.

本题中，甲公司为乙公司建造的设备工程属于在某一时段内履行的履约义务，且合同整体构成单项履约义务，故核算中涉及的“合同资产”及“合同负债”可以通过“合同结算”科目进行核算。甲公司的账务处理如下：

（1）2019年1月1日至6月30日期间：

此期间支付工程成本时：

借：合同履约成本　　　　　　　　　　　　18 000 000
　　贷：工程物资、应付职工薪酬等　　　　　　　18 000 000

2019 年 6 月 30 日：

确定合同履约进度为：1 800 ÷ 5 000 = 36%

确认合同收入 2 520（7 000 × 36%）万元时：

借：合同结算——收入结转　　　　　　　　25 200 000
　　贷：主营业务收入　　　　　　　　　　　　25 200 000

结转合同成本 1 800（5 000 × 36%）万元时：

借：主营业务成本　　　　　　　　　　　　18 000 000
　　贷：合同履约成本　　　　　　　　　　　　18 000 000

结算合同价款时：

借：应收账款　　　　　　　　　　　　　　28 600 000
　　贷：合同结算——价款结算　　　　　　　　　26 000 000
　　　　应交税费——应交增值税（销项税额）
　　　　　　　　　　　　　　　　　　　　　　　2 600 000

收取合同价款及相应增值税时：

借：银行存款　　　　　　　　　　　　　　22 000 000
　　贷：应收账款　　　　　　　　　　　　　　22 000 000

当日，“合同结算”科目有贷方余额 80（2 520 − 2 600）万元，表明甲公司已经与客户结算但尚未履行履约义务的金额为 80 万元，由于甲公司预计该部分履约义务将在 2019 年内完成，因此，应在资产负债表中的“合同负债”项目中列示，同时列示“应收账款”660（2 860 − 2 200）万元。

（2）2019 年 7 月 1 日至 12 月 31 日期间：

此期间支付工程成本为 2 000（3 800 − 1 800）万元，账务处理为：

借：合同履约成本　　　　　　　　　　　　20 000 000
　　贷：工程物资、应付职工薪酬等　　　　　　　20 000 000

2019 年 12 月 31 日：

确定合同履约进度：3 800 ÷ 5 000 = 76%

确认合同收入 2 800（7 000 × 76% － 2 520）万元，账务处理为：

借：合同结算——收入结转　　28 000 000

　　贷：主营业务收入　　28 000 000

结转合同成本 2 000（5 000 × 76% － 1 800）万元，账务处理为：

借：主营业务成本　　20 000 000

　　贷：合同履约成本　　20 000 000

结算合同价款的账务处理为：

借：应收账款　　26 400 000

　　贷：合同结算——价款结算　　24 000 000

　　　　应交税费——应交增值税（销项税额）

　　　　　　2 400 000

收取合同价款及相应增值税的账务处理为：

借：银行存款　　24 200 000

　　贷：应收账款　　24 200 000

当日，"合同结算"科目有借方余额 320（2 800 － 2 400 － 80）万元，表明甲公司已经履行义务但尚未与客户结算的金额为 320 万元，由于该部分金额将在 2020 年内结算，因此，应在资产负债表中的"合同资产"项目中列示，同时列示"应收账款"880（660 + 2 640 － 2 420）万元。

（3）2020 年 1 月 1 日至 6 月 30 日期间：

此期间支付工程成本为 1 400（5 200 － 3 800）万元，账务处理为：

借：合同履约成本　　14 000 000

　　贷：工程物资、应付职工薪酬等　　14 000 000

2020 年 6 月 30 日：

确定合同履约进度为：5 200 ÷ 5 200 = 100%

确认合同收入 1 680（7 000 - 2 520 - 2 800）万元，账务处理为：

借：合同结算——收入结转　　16 800 000
　　贷：主营业务收入　　16 800 000

结转合同成本为 1 400（5 200 - 3 800）万元，账务处理为：

借：主营业务成本　　14 000 000
　　贷：合同履约成本　　14 000 000

结算合同价款的账务处理为：

借：应收账款　　22 000 000
　　贷：合同结算——价款结算　　20 000 000
　　　　应交税费——应交增值税（销项税额）　　2 000 000

收取合同价款及相应增值税的账务处理为：

借：银行存款　　30 800 000
　　贷：应收账款　　30 800 000

当日，“合同结算”科目及“应收账款”科目均无余额，无须在资产负债表中列示。

12.

本题中，甲公司与客户签订的合同属于在某一时段内履约的合同，合同整体构成单项履约义务，该合同可以通过“合同结算”科目进行核算。

甲公司的账务处理如下：

（1）2018 年 1 月 1 日至 6 月 30 日期间：

支付工程成本时 1 000 万元：

借：合同履约成本　　10 000 000
　　贷：工程物资、应付职工薪酬等　　10 000 000

2018 年 6 月 30 日：

确定合同履约进度：1 000 ÷ 4 000 = 25%

确认合同收入 1 000（4 000 × 25%）万元：

借：合同结算——收入结转　　10 000 000

　　贷：主营业务收入　　10 000 000

结转合同成本 1 000（4 000×25%）万元：

借：主营业务成本　　10 000 000

　　贷：合同履约成本　　10 000 000

结算合同价款及相应增值税时：

借：应收账款　　12 100 000

　　贷：合同结算——价款结算　　11 000 000

　　　　应交税费——应交增值税（销项税额）

　　　　　　1 100 000

收取合同价款及相应增值税时：

借：银行存款　　11 000 000

　　贷：应收账款　　11 000 000

当日，“合同结算”科目有贷方余额 100（1 100－1 000）万元，表明甲公司已经与客户结算但尚未履行履约义务的金额为 100 万元，由于甲公司预计该部分履约义务将在 2018 年内完成，因此应在资产负债表中作为“合同负债”列示，同时列示“应收账款”110（1 210－1 100）万元。

（2）2018 年 7 月 1 日至 12 月 31 日期间：

支付工程成本：2 255－1 000＝1 255（万元）

借：合同履约成本　　12 550 000

　　贷：工程物资、应付职工薪酬等　　12 550 000

2018 年 12 月 31 日：

确定合同履约进度：2 255÷4 100＝55%

确认合同收入 1 200（4 000×55%－1 000）万元：

借：合同结算——收入结转　　12 000 000

　　贷：主营业务收入　　12 000 000

结转合同成本 1 255（4 100×55%－1 000）万元：

借：主营业务成本　　12 550 000

贷：合同履约成本　　12 550 000

确认合同预计损失：（4 100 - 4 000）×（1 - 55%）= 45（万元）

借：主营业务成本　　450 000

贷：预计负债——合同预计损失　　450 000

结算合同价款 1 000 万元：

借：应收账款　　11 000 000

贷：合同结算——价款结算　　10 000 000

应交税费——应交增值税（销项税额）

1 000 000

收取合同价款及相应增值税时：

借：银行存款　　9 900 000

贷：应收账款　　9 900 000

2018 年末，“合同结算”科目有借方余额 100（2 200 - 2 100）万元，表明甲公司已经履行履约义务但尚未与客户结算的金额为 100 万元，甲公司预计该金额将在 2019 年内完成结算，因此，应在资产负债表中作为“合同资产”列示，同时列示“预计负债”45 万元，列示“应收账款”220（1 210 - 990）万元。

（3）2019 年 1 月 1 日至 6 月 30 日期间：

支付工程成本为：3 600 - 2 255 = 1 345（万元）

借：合同履约成本　　13 450 000

贷：工程物资、应付职工薪酬等　　13 450 000

2019 年 6 月 30 日：

确定合同履约进度：3 600 ÷ 4 500 = 80%

确认合同收入 1 000（4 000 × 80% - 2 200）万元：

借：合同结算——收入结转　　10 000 000

贷：主营业务收入　　10 000 000

结转合同成本 1 345（4 500 × 80% - 2 255）万元：

借：主营业务成本　　13 450 000

贷：合同履约成本　　13 450 000

确认合同预计损失(4 500 - 4 000) × (1 - 80%) - 45 = 55（万元）：

借：主营业务成本　　550 000

　　贷：预计负债——合同预计损失　　550 000

结算合同价款及增值税 1 100 万元：

借：应收账款　　11 000 000

　　贷：合同结算——价款结算　　10 000 000

　　　　应交税费——应交增值税（销项税额）

　　　　　　1 000 000

收取合同价款及相应增值税 1 100 万元：

借：银行存款　　11 000 000

　　贷：应收账款　　11 000 000

2019 年 6 月 30 日，“合同结算”科目有借方余额 100（3 200 - 3 100）万元，表明甲公司已经履行履约义务但尚未与客户结算的金额为 100 万元，甲公司预计该金额将在 2019 年内完成结算，因此，应在资产负债表中作为“合同资产”列示，但应列示“预计负债”100 万元，列示“应收账款”220 万元。

（4）2019 年 7 月 1 日至 12 月 31 日期间：

支付工程成本为：4 800 - 3 600 = 1 200（万元）

借：合同履约成本　　12 000 000

　　贷：工程物资、应付职工薪酬等　　12 000 000

2019 年 12 月 31 日：

确定履约进度：4 800 ÷ 4 800 = 100%

确认合同收入 800（4 000 - 3 200）万元：

借：合同结算——收入结转　　8 000 000

　　贷：主营业务收入　　8 000 000

结转合同成本 1 200（4 800 - 3 600）万元：

借：主营业务成本　　12 000 000

　　贷：合同履约成本　　12 000 000

转销合同预计损失 100 万元：

借：预计负债——合同预计损失　　1 000 000

　　贷：主营业务成本　　1 000 000

结算合同价款及相关增值税 990 万元：

借：应收账款　　9 900 000

　　贷：合同结算——价款结算　　9 000 000

　　　　应交税费——应交增值税（销项税额）　900 000

收取合同价款及增值税 990 万元：

借：银行存款　　9 900 000

　　贷：应收账款　　9 900 000

2019 年年末，“合同结算”及“预计负债”科目均无余额，无须在资产负债表中列示，但应列示“应收账款”220 万元。

第十四章　费　　用

（一）单项选择题

1. B　2. A　3. D　4. D　5. A

（二）多项选择题

1. CD　2. AD　3. ACD　4. ABCD　5. ABC
6. AB

（三）判断题

1. ×　2. ×

（四）作业题

（1）借：生产成本——基本生产成本（甲产品）

2 600 000

——基本生产成本（乙产品）

1 560 000

贷：原材料 4 000 000

材料成本差异 160 000

（2）借：低值易耗品（在用） 200 000

贷：低值易耗品（在库） 200 000

借：制造费用 104 000

贷：低值易耗品（摊销） 100 000

材料成本差异 4 000

（3）借：制造费用 200 000

管理费用 100 000

贷：累计折旧 300 000

（4）借：生产成本——基本生产成本（甲产品）

240 000

——基本生产成本（乙产品）

160 000

制造费用 40 000

管理费用 60 000

贷：应付职工薪酬（工资） 500 000

第十五章 利　润

（一）单项选择题

1. A　2. C　3. D　4. A　5. C　6. B　7. C
8. A

（二）多项选择题

1. BC　2. ABC　3. BCD　4. ACD　5. BD
6. CD　7. AD　8. BD　9. ABC

（三）判断题

1. ×　2. √　3. √　4. ×　5. ×　6. √　7. √

（四）作业题

1.

（1）12 月 31 日发生经济业务时，作如下会计分录；

① 处理毁损的库存商品时：

借：管理费用	1 000	
营业外支出	7 500	
贷：待处理财产损溢		8 500

② 支付违约罚款时：

借：营业外支出	10 000	
贷：银行存款		10 000

（2）结转损益类科目余额时：

借：主营业务收入	400 000	
其他业务收入	80 000	
投资收益	7 500	
营业外收入	30 000	
贷：本年利润		517 500
借：本年利润	480 000	
贷：主营业务成本		250 000
税金及附加		18 000
其他业务成本		55 000
销售费用		20 000
管理费用		62 000

财务费用 12 500

营业外支出 62 500

税前会计利润 = 517 500 - 480 000 = 37 500（元）

2.（1）

① 借：本年利润 50 000 000

贷：利润分配——未分配利润 50 000 000

② 借：利润分配——提取法定盈余公积 5 000 000

贷：盈余公积——法定盈余公积 5 000 000

③ 借：利润分配——应付现金股利 3 000 000

贷：应付股利 3 000 000

④ 借：利润分配——转作股本的股利 30 000 000

贷：股本 30 000 000

（2）借：利润分配——未分配利润 38 000 000

贷：利润分配——提取法定盈余公积 5 000 000

——应付现金股利 3 000 000

——转作股本的股利 30 000 000

3.

（1）应纳税暂时性差异 = 20 000 + 96 000 = 116 000（元）

可抵扣暂时性差异 = 20 000 + 10 000 + 3 000 = 33 000（元）

递延所得税资产 = 33 000 × 25% = 8 250（元）

递延所得税负债 = 116 000 × 25% = 29 000（元）

（2）应交所得税 = [1 000 - 100 + (220 - 200) - 250 + 50] × 25%

= 180(万元)

递延所得税费用 = 250 × 25% - 50 × 25% = 50(万元)

所得税费用 = 180 + 50 = 230(万元)

(3)应交所得税 = 95 000 × 25% = 23 750(元)

递延所得税资产 = 35 000 × 25% = 8 750（元）

递延所得税负债 = 240 000 × 25% - 25 000 = 35 000（元）

借：所得税费用 50 000

递延所得税资产 8 750

贷：应交税费——应交所得税 23 750

递延所得税负债 35 000

（4）2016 年：

应交所得税 =350 000 ×25% =87 500（元）

递延所得税资产 =30 000 ×25% =7 500（元）

递延所得税负债 =500 000 ×25% =12 500（元）

所得税费用 =87 500 +12 500 −7 500 =92 500（元）

借：所得税费用 92 500

递延所得税资产 7 500

贷：应交税费——应交所得税 87 500

递延所得税负债 12 500

2017 年：

应交所得税 =350 000 ×25% =87 500（元）

递延所得税资产为：0 −30 000 ×25% = −7 500（元）

递延所得税负债为：50 000 ×25% −20 000 ×25% =7 500（元）

所得税费用 =87 500 +7 500 −7 500 =87 500（元）

借：所得税费用 87 500

递延所得税负债 7 500

贷：应交税费——应交所得税 87 500

递延所得税资产 7 500

2018 年：

应交所得税 =350 000 ×25% =87 500（元）

递延所得税资产 = 0

递延所得税负债 =0 −5 000 = −5 000（元）

所得税费用 =87 500 −5 000 =82 500（元）

借：所得税费用 82 500

递延所得税负债 5 000

贷：应交税费——应交所得税 875 000

第十六章 资产负债表

（一）单项选择题

1. B　2. A　3. C　4. C　5. D　6. A
7. A　8. B　9. C

（二）多项选择题

1. AC　2. BCD　3. ABCD　4. ABC　5. ABCD

（三）判断题

1. ×　2. ×　3. √　4. √　5. ×

（四）作业题

资产负债表

单位名称：恒运股份有限公司　2017 年 12 月 31 日　单位：元

资产	期末数	年初数	负债和所有者权益	期末数	年初数
流动资产：			流动负债：		
货币资金	1 641 490	2 812 600	短期借款	100 000	600 000
交易性金融资产		30 000	应付票据	200 000	400 000
应收票据	92 000	492 000	应付账款	1 907 600	1 907 600

续表

资产	期末数	年初数	负债和所有者权益	期末数	年初数
应收账款	1 196 400	598 200	预收款项		
应收款项融资			应付职工薪酬	560 000	220 000
其他应收款	10 000	10 000	应交税费	174 240	73 200
预付款项	400 000	400 000	其他应付款	164 431.70	100 000
存货	5 149 400	5 160 000	合同负债		2 000
合同资产			持有待售负债		
持有待售资产			一年内到期的非流动负债		2 000 000
一年内到期的非流动资产			其他流动负债		
其他流动资产			流动负债合计	3 106 271.70	5 302 800
流动资产合计	8 289 290	9 502 800	非流动负债：		
非流动资产：			租赁负债		
债权投资			长期借款	2 320 000	1 200 000
其他债权投资/其他权益工具投资			应付债券		
使用权资产			长期应付款		
长期股权投资	500 000	500 000	递延收益		
固定资产	4 262 000	2 200 000	递延所得税负债		
工程物资	300 000	30 000	其他非流动负债		
在建工程	1 156 000	3 000 000	非流动负债合计	2 320 000	1 200 000
固定资产清理			负债合计	5 426 271.70	6 502 800
生产性生物资产			所有者权益（或股东权益）		

续表

资产	期末数	年初数	负债和所有者权益	期末数	年初数
油气资产			实收资本（或股本）	10 000 000	10 000 000
无形资产	1 080 000	1 200 000	其他权益工具		
开发支出			资本公积		
商誉			减：库存股		
长期待摊费用	400 000	370 000	其他综合收益		
递延所得税资产			专项储备		
其他非流动资产			盈余公积	278 817.50	200 000
非流动资产合计	7 698 000	7 300 000	未分配利润	482 200.80	100 000
			所有者权益合计	10 761 018.30	10 300 000
资产总计	16 187 290	16 802 800	负债和所有者权益总计	16 187 290	16 802 800

第十七章 利润表和所有者权益变动表

（一）单项选择题

1. B 2. C 3. B 4. D 5. A 6. A 7. C
8. B 9. C 10. B

（二）多项选择题

1. BCD 2. BD 3. ABCD 4. ACD 5. ABD
6. CD 7. ABCD 8. ABC 9. ABCD 10. AC

（三）判断题

1. × 2. × 3. √ 4. √ 5. √ 6. √
7. × 8. √ 9. × 10. ×

（四）作业题

（1）

① 借：银行存款	93 600	
贷：主营业务收入		80 000
应交税费——应交增值税（销项税额）		13 600
借：主营业务成本	62 000	
贷：库存商品		62 000
② 借：委托代销商品（发出商品）	58 000	
贷：库存商品		58 000
借：银行存款	32 100	
销售费用——代销手续费	3 000	
贷：主营业务收入		30 000
应交税费——应交增值税（销项税额）		5 100
借：主营业务成本	17 400	
贷：委托代销商品		17 400
③ 借：银行存款	585 000	
贷：主营业务收入		500 000
应交税费——应交增值税（销项税额）		85 000
借：劳务成本	153 000	
贷：应付职工薪酬		153 000

借：主营业务成本　　153 000
　　贷：劳务成本　　153 000

④ 借：主营业务收入　　50 000
　　应交税费——应交增值税（销项税额）　8 500
　　贷：应收账款——戊公司　　58 500

借：库存商品　　35 000
　　贷：主营业务成本　　35 000

⑤ 借：银行存款　　20 000
　　贷：预收账款　　20 000

借：劳务成本　　15 000
　　贷：应付职工薪酬　　15 000

⑥ 本月实现的利润总额 =（80 000 + 30 000 + 500 000 − 50 000）+ 30 000 + 23 000 + 270 000 −（62 000 + 17 400 + 153 000 − 35 000）− 15 000 − 330 000 − 120 000 − 60 000 − 20 000 − 3 000 = 883 000 − 745 400 = 137 600（元）

所得税 = 137 600 × 33% = 45 408（元）

借：所得税费用　　45 408
　　贷：应交税费——应交所得税　　45 408

（2）编制 10 月份利润表如下表所示。

利　润　表

编制单位：甲公司　　2017 年 10 月　　单位：元

项　　目	本期金额
一、营业收入	590 000
减：营业成本	212 400
税金及附加	120 000
销售费用	3 000
研发费用	
管理费用	60 000

续表

项　目	本期金额
财务费用	20 000
资产减值损失	
加：公允价值变动收益（损失以“-”号填列）	
投资收益（损失以“-”号填列）	23 000
其中：对联营企业和合营企业的投资收益	
二、营业利润（亏损以“-”号填列）	197 600
加：营业外收入	270 000
减：营业外支出	330 000
其中：非流动资产处置损失	
三、利润总额（亏损总额以“-”号填列）	137 600
减：所得税费用	34 400
四、净利润（净亏损以“-”号填列）	103 200
五、每股收益	
（一）基本每股收益	1.032
（二）稀释每股收益	1.032

注：其他综合收益与综合收益总额项目，略。

第十八章　现金流量表

（一）单项选择题

1. B　2. B　3. C　4. D　5. A　6. A　7. A
8. D　9. B　10. A

（二）多项选择题

1. ABCDE　2. ABCD　3. ABCD　4. ABCD　5. ABCDE

6. ABE　7. ABD　8. ABCDE　9. BCD　10. ABCD

（三）判断题

1. ×　2. √　3. √　4. ×　5. √　6. √
7. √　8. ×

（四）作业题

1.

（1）借：经营活动现金流量——销售商品收到的现金　4 589 000
　　贷：主营业务收入　4 589 000

（2）借：应收账款　300 000
　　贷：经营活动现金流量——销售商品收到的现金　300 000

（3）借：经营活动现金流量——销售商品收到的现金　100 000
　　贷：应收票据　100 000

（4）借：主营业务成本　4 000 000
　　贷：经营活动现金流量——购买商品支付的现金　4 000 000

（5）借：应付账款——货款　500 000
　　贷：经营活动现金流量——购买商品支付的现金　500 000

（6）借：存货　200 000
　　贷：经营活动现金流量——购买商品支付的现金　200 000

（7）借：销售费用　150 000
　　贷：经营活动现金流量——购买商品支付的现金　150 000

（8）借：投资活动现金流量——处置固定资产收到的现金
400 000
累计折旧　500 000
贷：固定资产　800 000
投资活动现金流量——处置固定资产支付的现金
20 000
营业外收入　80 000

经营活动的现金净流量为：

4 589 000 − 300 000 + 100 000 − 4 000 000 − 500 000 − 200 000 − 150 000 = − 461 000（元）

2.

现金流量表

编制单位：××公司　　2016 年度　　单位：元

项　目	本期金额	上期金额
一、经营活动产生的现金流量		略
销售商品、提供劳务收到的现金	1 342 500	
收到的税费返还	0	
收到其他与经营活动有关的现金	0	
经营活动现金流入小计	1 342 500	
购买商品、接受劳务支付的现金	392 266	
支付给职工以及为职工支付的现金	342 000	
支付的各项税费	187 075	
支付其他与经营活动有关的现金	70 000	
经营活动现金流出小计	991 341	
经营活动产生的现金流量净额	351 159	

续表

项　　目	本期金额	上期金额
二、投资活动产生的现金流量		
收回投资收到的现金	16 500	
取得投资收益收到的现金	30 000	
处置固定资产、无形资产和其他长期资产收回的现金净额	300 300	
处置子公司及其他营业单位收到的现金净额	0	
收到其他与投资活动有关的现金	0	
投资活动现金流入小计	346 800	
购建固定资产、无形资产和其他长期资产支付的现金	479 000	
投资支付的现金	0	
取得子公司及其他营业单位支付的现金净额	0	
支付其他与投资活动有关的现金	0	
投资活动现金流出小计	479 000	
投资活动产生的现金流量净额	-132 200	
三、筹资活动产生的现金流量		
吸收投资收到的现金	0	
取得借款收到的现金	400 000	
收到其他与筹资活动有关的现金	0	
筹资活动现金流入小计	400 000	
偿还债务支付的现金	1 250 000	
分配股利、利润或偿付利息支付的现金	12 500	
支付其他与筹资活动有关的现金	0	
筹资活动现金流出小计	1 262 500	
筹资活动产生的现金流量净额	-862 500	
四、现金及现金等价物净增加额	-643 541	

补充资料	本期金额	上期金额
1. 将净利润调节为经营活动现金流量：		略
净利润	255 225	
加：资产减值准备	900	
固定资产折旧、油气资产折耗、生产性生物资产折旧	200 000	
无形资产摊销	60 000	
长期待摊费用摊销	0	
处置固定资产、无形资产和其他长期资产的损失（收益以“－”号填列）	－50 000	
固定资产报废损失（收益以“－”号填列）	19 700	
公允价值变动损失（收益以“－”号填列）	0	
财务费用（收益以“－”号填列）	21 500	
投资损失（收益以“－”号填列）	－31 500	
递延所得税资产减少（增加以“－”号填列）	0	
递延所得税负债增加（减少以“－”号填列）	0	
存货的减少（增加以“－”号填列）	5 300	
经营性应收项目的减少（增加以“－”号填列）	－100 000	
经营性应付项目的增加（减少以“－”号填列）	－29 966	
其他		
经营活动产生的现金流量净额	351 159	
2. 不涉及现金收支的重大投资和筹资活动：		
债务转为资本	0	
一年内到期的可转换公司债券	0	
融资租入固定资产	0	
3. 现金及现金等价物净变动情况：	643 541	

第十九章 财务报表附注

（一）单项选择题

1. B　　2. D

（二）多项选择题

1. ABC　　2. ABCD　　3. ABC

（三）判断题

1. √　　2. √

第二十章 会计调整事项

（一）单项选择题

1. D　　2. D　　3. D　　4. C　　5. B　　6. A　　7. D
8. A　　9. B　　10. A

（二）多项选择题

1. BCD　　2. BCD　　3. ABC　　4. ABC　　5. AC

（三）判断题

1. ×　　2. ×　　3. √　　4. ×　　5. √　　6. ×
7. ×　　8. ×　　9. √　　10. ×

（四）作业题

1.

2017 年改变会计政策后该公司的销售成本

=期初存货+购入存货实际成本-期末存货

=1 000 000+7 200 000-1 800 000=6 400 000（元）

如果 2017 年没有改变会计政策该公司的销售成本

=期初存货+购入存货实际成本-期末存货

=1 000 000+7 200 000-880 000=7 320 000（元）

两者销售成本的差额=6 400 000-7 320 000=-920 000（元）

该公司由于会计政策变更使当期利润总额增加了 920 000 元，扣除所得税的影响使当期利润总额增加了 690 000（920 000-920 000×25%）元。

2.

该公司对会计估计变更的处理如下：

（1）该公司对于计提坏账准备方法的变更应作为会计估计变更处理，不追溯调整以前期间已计提的坏账准备金额，也不计算累积影响数，对于变更以后发生的经济业务按照新的方法计提坏账准备。

（2）由于 2019 年按照账龄分析法计算的坏账准备余额为 900 000 元，原 2018 年年末“坏账准备”账户余额 400 000 元在 2019 年度没有发生变化，则 2019 年年末应计提坏账准备 500 000 元，会计处理分录：

借：资产减值损失　　500 000

　　贷：坏账准备　　500 000

（3）附注说明：该会计估计变更影响本年度净利润为 300 000 元。

3.

该公司对前期差错更正的处理如下：

（1）对前期差错进行分析：上年多计财务费用 900 000 元，少计在建工程 900 000 元，少计所得税费用 225 000 元，少计净利润 675 000 元，少计应交税费 225 000 元，少提盈余公积 67 500 元。该项前期差错金额较大，属于重大前期差错，应采用追溯重述法进行更正。

（2）编制前期差错更正的会计分录。

① 补计在建工程：

借：在建工程　　900 000

　　贷：以前年度损益调整　　900 000

② 调整应交税费：

借：以前年度损益调整　　225 000

　　贷：应交税费　　225 000

③ 将“以前年度损益调整”科目的余额转入利润分配：

借：以前年度损益调整　　675 000

　　贷：利润分配——未分配利润　　675 000

④ 调整利润分配有关数字：

借：利润分配——未分配利润　　67 500

　　贷：盈余公积　　67 500

（3）调整财务报表有关项目。

调整资产负债表有关项目的年初数：

调增在建工程 900 000 元，调增应交税费 225 000 元，调增盈余公积 67 500 元，调增未分配利润 607 500 元。

调整利润表有关项目的上年数：

调减财务费用 900 000 元，调增所得税费用 225 000 元。

4.

该公司应于发现时进行更正，编制如下会计分录：

借：低值易耗品　　2 000

　　贷：固定资产　　2 000

借：累计折旧　　200

　　贷：管理费用　　200

5.

某公司发生的资产负债表日后调整事项应编制会计分录如下：

（1）2016 年 3 月 22 日，调整销售收入：

借：以前年度损益调整　　5 000 000

　　应交税费——应交增值税（销项税额）　　800 000

　　贷：应收账款　　5 800 000

（2）调整坏账准备余额：

借：坏账准备（5 800 000 ×5%）　　290 000

　　贷：以前年度损益调整　　290 000

（3）调整销售成本：

借：库存商品　　4 000 000

　　贷：以前年度损益调整　　4 000 000

（4）调整所得税费用：

借：应交税费——应交所得税［(5 000 000 −4 000 000 −290 000) ×25%］

　　177 500

　　贷：以前年度损益调整　　177 500

（5）将“以前年度损益调整”科目余额转入未分配利润：

借：利润分配——未分配利润（710 000 − 177 500）

　　532 500

　　贷：以前年度损益调整　　532 500

（6）因净利润减少，冲回多提的盈余公积：

借：盈余公积（532 500 ×10%）　　53 250

　　贷：利润分配——未分配利润　　53 250

6.

（1）资产负债表日后资本公积转增资本，属于非调整事项，公司在 2018 年度会计报表附注中应披露与这一非调整事项有关的增加股本金额的信息。

（2）资产负债表日后发生巨额亏损，属于非调整事项，公司在2018年度会计报表附注中应披露与这一非调整事项有关的发生亏损的事实、原因等信息。

（3）资产负债表日后发生的处置下属子公司，属于非调整事项，甲公司在2018年度会计报表附注中应披露与这一非调整事项有关处置所属子公司的事实，以及有关出售价格的信息。

（4）属于调整事项，该公司应进行如下处理：

① 支付赔偿款：

借：以前年度损益调整　　100 000

　　贷：其他应付款　　100 000

借：预计负债　　1 200 000

　　其他应付款　　100 000

　　贷：银行存款　　1 300 000

② 调整应交所得税：

借：应交税费——应交所得税　　25 000

　　贷：以前年度损益调整（100 000×25%）　　25 000

③ 将"以前年度损益调整"科目余额转入利润分配：

借：利润分配——未分配利润　　75 000

　　贷：以前年度损益调整（100 000－25 000）　　75 000

④ 调整利润分配有关数字：

借：盈余公积　　7 500

　　贷：利润分配——未分配利润（75 000×10%）7 500

⑤ 调整2018年财务报表相关项目的数字（会计报表略）：

调整2018年资产负债表年末数：调增其他应付款100 000元；调减应交税费25 000元；调减盈余公积7 500元；调减未分配利67 500（75 000－7 500）元。

调整2018年度利润表本年数：调增营业外支出100 000元；调减所得税费用25 000元。

调整2018年所有者权益变动表年末数：调减提取盈余公积7 500元；调减未分配利润67 500元。

⑥ 调整 2019 年 1 季度资产负债表相关项目的年初余额。该公司在编制 2019 年 1 季度的会计报表时，按照调整前的数字作为资产负债表的年初数，由于发生了资产负债表日后调整事项，该公司除了调整 2018 年度会计报表相关项目的数字外，还应当调整 2019 年 1 季度资产负债表相关项目的年初余额，其年初数按照上述调整后的数字填列。

主要参考书目

1. 中华人民共和国财政部：《企业会计准则》（2006）及2014年以来的修订准则，经济科学出版社2016年版。

2. 中华人民共和国财政部：《企业会计准则》（应用指南）（2006），中国财政经济出版社2006年版。

3. 中华人民共和国财政部会计司：《企业会计准则讲解》，人民出版社2007年版。

4. 王君彩：《中级财务会计》（第七版），经济科学出版社2019年版。

5. 中国注册会计师协会：《会计》，中国财政经济出版社2018年版。

6. 财政部会计资格评价中心：《中级会计实务》，经济科学出版社2018年版。

7. 盖地、赵书和：《财务会计》（第六版），经济科学出版社2016年版。

8. 中国资产评估协会：《财务会计》，经济科学出版社2016年版。

9. 企业会计实务操作指南编委会：《企业会计实务操作指南2007》，经济科学出版社2007年版。

10. 陈少华主编：《财务会计研究》，中国金融出版社2007年版。

11. IASB：《国际财务报告准则（2015）》，中国财政经济出版社2015年版。

12. IFRS：《国际财务报告准则使用指南》，中国财政经济出版社2007年版。

13. 中华人民共和国财政部：《企业会计准则应用指南2018》2018年7月11日发布，2018年1月第一版。